Zentralkreta
Seiten 68–107

W0180500

IRAKLIO

Chersonissos

Malia

Elounda

Agios
Nikolaos

Sitia

Zentralkreta

Ostkreta

Zakros

ortyn

Ierapetra

0 Kilometer   10

Ostkreta
Seiten 108–123

VIS-À-VIS

KRETA

VIS-À-VIS

KRETA

Autorin **Barbara Rusch**

London · New York · München
Melbourne · Delhi

Matala an der Südküste – einst Hippie-Hochburg, nun lässiger Ferienort *(siehe S. 98f)*

www.dorlingkindersley.de

Produktion DK Verlag GmbH, München
Programmleitung Dr. Jörg Theilacker, DK Verlag
Projektleitung Stefanie Franz, DK Verlag
Projektassistenz Antonia Wiesmeier, Sonja Baldus,
DK Verlag
Text Barbara Rusch, München
Fotografien Jürgen Roß, Barbara Rusch
Illustrationen Stephen Conlin, Paul Weston
Kartografie Suresh Kumar, Mohammad Hassan,
Animesh Kumar Pathak, DK India
Gestaltung Ute Berretz, München
Redaktion Dr. Elfi Ledig, München
Schlussredaktion Philip Anton, Köln,
Petra Zanner, Berlin
Satz und Produktion DK Verlag
Druck L. Rex Printing Co. Ltd., China
© 2017 Dorling Kindersley Verlag GmbH, München
Zuerst erschienen 2017 in Deutschland
bei Dorling Kindersley Verlag GmbH, München
A Penguin Random House Company

Aktualisierte Neuauflage 2017 / 2018

ISBN 978-3-7342-0112-7
1 2 3 4 5 6 19 18 17 16

Dieser Reiseführer wird regelmäßig aktualisiert. Angaben wie Telefonnummern, Öffnungszeiten, Adressen, Preise und Fahrpläne können sich jedoch ändern. Der Verlag kann für fehlerhafte oder veraltete Angaben nicht haftbar gemacht werden. Für Hinweise, Verbesserungsvorschläge und Korrekturen ist der Verlag dankbar. Bitte richten Sie Ihr Schreiben an:

DK Verlag GmbH
Redaktion Reiseführer
Arnulfstraße 124
80636 München
travel@dk-germany.de

Barbara Rusch

Barbara Rusch M.A. studierte Ethnologie und Sozialpsychologie in ihrer Heimatstadt München sowie in Rom. Danach verbrachte sie im Rahmen eines Forschungsprojekts längere Studienaufenthalte in Ostafrika.

Als Autorin und Ko-Autorin hat sie Bücher über Deutschland und einzelne deutsche Regionen geschrieben und zudem Beiträge für Reiseführer zu weltweiten Zielen verfasst – u. a. für den Vis-à-Vis-Band *Danzig und Ostpommern*.

In Büchern, Zeitschriften, Lexika und Ausstellungskatalogen hat sie über Reise- und kulturhistorische Themen, Kunst, Pädagogik und Wissenschaftsgeschichte publiziert.

Kreta kennt und liebt Barbara seit ihrer Jugend – sie hat die Insel schon mehrmals bereist.

◀ **Zentrale Südküste beim idyllischen Dorf Loutro** *(siehe S. 150f)*
◀◀ **Umschlag: Strand von Matala, im Hintergrund die Höhlen der Nordklippe** *(siehe S. 98f)*

Inhalt

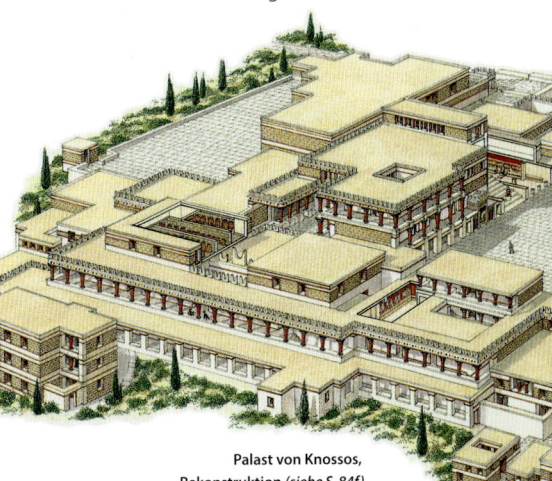

Palast von Knossos,
Rekonstruktion *(siehe S. 84f)*

Benutzerhinweise

Mit diesem Reiseführer wird Ihr Aufenthalt auf Kreta zum unvergesslichen Erlebnis. Das Kapitel *Kreta stellt sich vor* präsentiert die attraktivsten Themen für einen schönen Urlaub. *Die Regionen Kretas* zeigen Orte und alles Sehenswerte mit persönlichen Favoriten der Autorin sowie mit Texten, Karten, Fotos und ganzseitigen Features. Ausgewählte

Restaurants, Cafés und Bars sowie Tipps für Shopping und Wellness finden Sie jeweils am Ende einer Region sowie im Kapitel *Zu Gast auf Kreta*. Die *Grundinformationen* bieten vielfältige Tipps und Hinweise für die Anreise und den Aufenthalt. Mit der *Extrakarte* finden Sie sich auf der Insel jederzeit gut zurecht.

Die Regionen Kretas

Die größte griechische Insel ist in diesem Buch in drei Regionen unterteilt. Alle Orte sind nummeriert und auf den **Regionalkarten** eingetragen. Die Fährverbindungen finden Sie auf den hinteren Umschlaginnenseiten. Eine Übersicht über Kreta mit praktischen Tipps (z. B. für Verkehrsmittel) bietet die **Extrakarte** zum Herausnehmen.

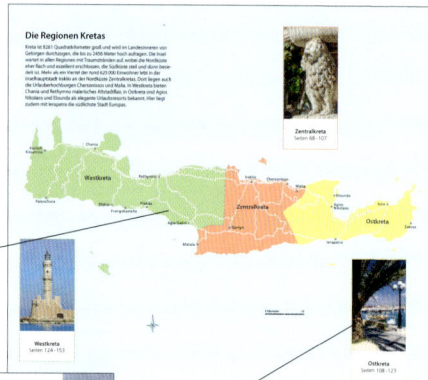

1 Kreta im Überblick
Diese Seite zeigt Kreta, unterteilt in die drei Regionen mit ihrer jeweiligen Farbcodierung.

Viele Fotos bieten einen Eindruck von der Schönheit und Vielfalt der Region und ihrer Attraktionen.

2 Panoramen
Die spannendsten Themen für den Urlaub werden auf Doppelseiten mit großformatigen Fotos und kurzen inspirierenden Texten vorgestellt: Strände, Kultur, Schluchten, Natur, Aktivurlaub, Genuss, Wellness, Shopping und Antike.

Die Verweise **Karte** *im Buch beziehen sich auf die* **Extrakarte** *zum Herausnehmen.*

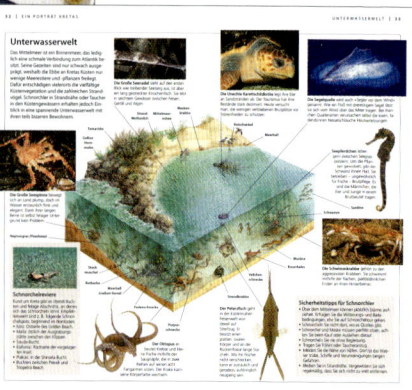

3 Porträtthemen
Im Porträt (im Anschluss an Panoramen) werden einzelne Themen vertieft: Strände, antike Kunst und Architektur, Ikonen, Natur in den Bergen und am Meer, Küche, Sport, Wellness und vieles mehr.

Tabellen liefern den perfekten Überblick über Qualität und Ausstattung der Strände – Strandmöbel, Duschen, Sport-Equipment, Blaue Flagge etc.

Top 3 Strände zeigt Ihnen den jeweils besten Strand für Ihre ganz individuellen Ansprüche – ob Wassersport, Spaß für Kinder oder Ruhe.

Strände

4 Auf zwei Doppelseiten werden *Beliebte Strände* und *Strände für Individualisten* vorgestellt. Am Ende der Regionen folgen weitere Strand-Doppelseiten. So finden Sie garantiert »Ihren« Strand.

Highlights

5 Top-Attraktionen werden auf Doppelseiten detailliert präsentiert, Illustrationen bieten ungeahnte Einblicke. Der **Palast von Knossos** wird auf einer Ausklappseite im heutigen Zustand und als Rekonstruktion vorgestellt – so wird die Antike lebendig. Zudem finden Sie praktische Tipps für einen Besuch.

Die Infobox liefert für Hauptsehenswürdigkeiten alle praktischen Hinweise.

Touren

6 Die Tourenvorschläge werden mit Karten, Texten und Fotos illustriert – ob Stadtspaziergang, Schluchtenwanderung oder Autotour.

Im Außerdem-Kasten finden Sie weitere Detailinformationen oder nette Kleinigkeiten.

Persönliche Favoriten

7 Auf diesen Seiten (*Seite 8f* sowie jeweils zu Beginn einer Region) verrät die Autorin ihre ganz persönlichen Highlights der Trauminsel – seien es »Zeitreisen«, feine Genüsse, Feste oder intensive Naturerlebnisse. Lassen Sie sich inspirieren!

Infoblöcke zeigen Kontaktdaten wie Adressen, Telefonnummern und Weblinks – kurz und knapp.

Persönliche Favoriten

Traumstrände, Meer, Bergeinsamkeit, die geheimnisvolle Kultur der Minoer, sinnenfrohe Kirchenfeste, gutes Essen und die entspannte Lebensart seiner Bewohner – Kreta ist ein Sehnsuchtsziel. Hier einige (subjektive) Insel-Highlights.

Faszinierende Zeitreisen – minoische Stätten

Die minoischen Stätten auf Kreta sind schlicht spektakulär. Schöne Frauen, heilige Stiere, Doppeläxte – die erste europäische Hochkultur ist nach wie vor rätselhaft.

Stierkopf-Rhyton aus Knossos

Auf Kreta, heißt es, erwachte Europa, und in den jahrtausendealten Palastkomplexen, Villen und Dörfern kann man mit Staunen entdecken, welche Errungenschaften die minoische Kultur vor knapp 4000 Jahren aufwies. Treppauf, treppab führen die Wege durch die Stätten, deren mehrstöckige Gebäude so genial konstruiert waren, dass die Räume selbst in der größten Mittagshitze angenehm klimatisiert blieben. Warenmagazine zeugen von einem weitverzweigten Handelsnetz von Ägypten bis zur Ägäis, leuchtend bunte Fresken erzählen von einer Zivilisation, die das Leben und dessen Genüsse bejahte. Und: Verteidigungsbauten scheinen die Minoer nicht gebraucht zu haben.

KULTUR PUR

Knossos *(siehe S. 82–93)*, Phaestos *(siehe S. 100f)*, Archäologisches Museum, Iraklio *(siehe S. 76f)*.

Kreta für die Sinne – kulinarische Ausflüge

Naturgenuss im wahrsten Sinn des Wortes – auf Kreta lassen sich herrliche Landschaften und deren köstliche Produkte als wunderbare Einheit erleben.

Kretas beeindruckende Natur und seine kulinarische Kultur sind untrennbar miteinander verbunden, am besten entdeckt man sie deshalb zusammen. Ein solch sinnliches Rundumvergnügen bietet das Team von Natour Lab: Auf Tagesausflügen, mehrtägigen Wanderungen oder Segeltouren zeigt es seinen Gästen nicht nur traumhaft schöne Ecken der Insel, sondern verwöhnt sie auch mit köstlichen traditionellen Gerichten aus saisonalen Bio-Produkten, selbstverständlich von lokalen Produzenten. Wer tiefer in die kretische Küche einsteigen möchte, kann an einem unterhaltsamen Kochkurs teilnehmen.

GENUSS UND NATUR

Natour Lab
Xanthoudidou 25, Chania. ☎ 69510 02502.
 natour-lab.gr

Ein Weg in abgelegene Regionen – kretische Bergstraße

Köstlich: über Holzkohle gegrilltes Lamm

Knorrig für die Ewigkeit – Olivenbäume

Knapp ein Viertel der Insel ist von Olivenbäumen bedeckt – Olivenöl ist Kretas flüssiges Gold. Als Mitbringsel verlängert es das Urlaubsgefühl in der heimischen Küche.

Spieglein, Spieglein an der Wand, wer ist der älteste im Land? Die Dörfchen Kavousi im Nordosten und Ano Vouves im Nordwesten der Insel konkurrieren um die Ehre, den ältesten Olivenbaum Griechenlands, vielleicht sogar Europas oder gar der ganzen Welt zu besitzen. Die beiden fraglichen Exemplare haben auf jeden Fall mehr als 3000 Jahre auf dem Buckel, und sicher haben schon minoische Bauern aus ihren Früchten Öl gepresst. Die beiden Baum-Methusaleme sind in ihrer bizarren Knorrigkeit imposante Naturdenkmäler, doch auch ihre weitaus jüngeren Brüder beeindrucken als eigenwillige Gestalten, die bisweilen an knarzige alte Männer oder wunderliche Fabelwesen erinnern.

Alter Olivenbaum in karger Bergeinsamkeit

Olivenöl, Produkte aus Oliven und Olivenholz
Olivenöl *(siehe S. 117)*, Shopping *(siehe S. 160)*, Zentral- und Ostkreta *(siehe S. 106 und S. 123)*.

Mächtig verspielt – Delfine und Wale

Sechs Wal- und vier Delfinarten fühlen sich in den Gewässern um Kreta wohl – übrigens auch ein Zeichen für die Sauberkeit des Wassers.

Schon die Minoer haben Delfine auf ihren bunten Fresken verewigt. Auch heute rangieren die torpedoschnellen Meeressäuger auf der tierischen Sympathieliste vieler Menschen ganz oben. Vor Kreta kann man häufig Delfine und mit Glück auch Wale beobachten. In den tiefen Gewässern vor der Südwestspitze der Insel leben sogar gigantische Pottwale, von denen es nur noch einige Hundert im gesamten Mittelmeer gibt. In der Paarungszeit zwischen Mitte Juni und Ende August fahren nachmittags von Paleochora aus Boote in die tiefen Gewässer zu Delfin- und Wal-Safaris – ein unvergessliches Erlebnis.

AKTIVURLAUB

Auf Wal-Safaris häufig als Erstes zu sehen: die Fluke

Selino Travel Agency
Paleochora, beim Hafen. 📞 28230 42272. ⏰ tägl.

Fest der Feste – Ostern

An Ostern wird im Familienkreis getafelt – Fremde sind willkommen.

Das Osterfest ist ein Höhepunkt im Jahresverlauf, eine uralte Tradition, die intensiv zelebriert wird. An das strenge Fastengebot in der *megali evdomada* (Karwoche) hält man sich als Besucher wohl weniger, beeindruckend sind vor allem die Prozessionen. Sobald die Gläubigen in der Nacht zum Ostersonntag um Mitternacht das Osterlicht in der Kirche empfangen haben und nach Hause tragen, fängt die große Feier mit Feuerwerk an. Spätestens beim gegrillten Lamm am Ostersonntag lässt man sich von der fröhlichen Stimmung anstecken.

EIN PORTRÄT KRETAS

STRÄNDE

Klassisch griechisch, mit sanften Wellen und dunkelblauem Meer? Wie in St. Tropez mit einem Drink und cooler Musik das süße Leben genießen? Südseefeeling unter leise raschelnden Palmen? Ein Hauch Karibik mit feinem Sand an türkisblauem Wasser? Wer will, kann an Kretas Stränden eine kleine Weltreise unternehmen, einfach die Augen schließen und sich davonträumen …

Aber stopp! Wer will sich auf Kreta schon davonträumen? Schließlich kann hier jeder sein ganz persönliches Strandglück finden. Abenteuerlustige wandern in einsame Buchten, hinter deren Felsen in der flirrenden Mittagshitze Gott Pan samt Nymphen erscheinen könnte – oder zumindest die ein oder andere Ziege, die mit Gemecker den Eindringling in ihrem Revier begrüßt.

Sportliche jagen beim Windsurfen über das Wasser, Familien haben Spaß beim Sandburgenbauen, und anderen geht das Herz auf, wenn sie in ihrer Lieblingsstrandbar mit Blick auf die ewigen Wellen des Mittelmeers in aller Ruhe Stress und Alltag vergessen können. Ach ja, einfach schön.

Beliebte Strände

Die meisten Besucher erkunden Kreta von den großen Urlaubsorten an der Nordküste aus. Östlich von Iraklio bieten dort vor allem Chersonissos und Malia pures Strandvergnügen, westlich locken Bali, Rethymno und Georgioupoli mit weichem Sand und klarem Wasser. Sicherheit und Kinderfreundlichkeit wird an allen Stränden großgeschrieben. Für Verpflegung, Unterhaltung und Wassersportmöglichkeiten ist überall gesorgt. Wer abseits vom Trubel Ruhe sucht, muss oft nur zur nächsten Bucht spazieren.

Mit Spielzeug ins nasse Vergnügen

Stavros liegt an einer lagunenartigen Bucht – schlicht traumhaft.

Malias lange weiche Sandstrände bieten puren Urlaubsspaß und machen Partylaune.

Top 3 Strände

Viele Strände sind auch für kleinere Kinder geeignet

★ Spaß und Sport   Malia
★ Familien mit Kindern   Bali
★ Ruhige Atmosphäre   Paleochora

① **Chersonissos** *siehe S. 94 und S. 103.*

② **Malia** *siehe S. 94 und S. 103.*

③ **Sitia** Wassersport und Unterhaltung in der Strandbar, oder ein ruhiges Fleckchen mit leichtem Meeresrauschen? An Sitias langem Stadtstrand kann man es sich aussuchen. Mit weichem Sand, feinem Kies, flachem Wasser und aufmerksamen Rettungsschwimmern ist er für Familien besonders gut geeignet.

④ **Makrigialos** Makrigialos und Analipsi teilen sich ihre Strände. Das Wassersportangebot ist exzellent. Am langen schmalen Sandstrand der Ortschaft findet man Tavernen, in die man quasi vom Wasser aus hineinfällt, sowie Schatten spendende Tamarisken. In der Nähe liegen auch unerschlossene ruhige Strände.

⑤ **Matala** *S. 98f und S. 103.*

⑥ **Paleochora** Paleochora liegt auf einer Halbinsel, auf der man zwischen zwei »Welten« wählen kann – Pahia Ammos, einem langen Strand mit feinem hellem Sand an der Westseite des Kaps und einem kleineren Kiesstrand an der Ostseite. Schirme, Sportangebote und Bars gibt es auf beiden Seiten – ganz am Ende des Pahia Ammos sogar einen FKK-Abschnitt.

◀ Strand von Balos mit weißem Sand und türkisblauer Lagune *(siehe S. 16)*

	①	②	③	④	⑤	⑥	⑦	⑧	⑨	⑩
Blaue Flagge	★	★	★	★	★	★	★	★	★	★
Sauberkeit	★	★	★	★	★	★	★	★	★	★
Ruhe			★	★		★				
Party	★	★								
Toiletten	★	★	★	★	★	★	★	★	★	★
Duschen	★	★	★	★	★	★	★	★	★	★
Liegen und Schirme	★	★	★	★	★	★	★	★	★	★
Rettungsschwimmer	★	★	★	★	★	★	★	★	★	★
Wassersport	★	★	★	★	★	★	★	★	★	★
Meeresschildkröten							★		★	
Gastro/Shopping	★	★	★	★	★	★	★	★	★	★
Kinderfreundlich	★	★	★	★	★	★	★	★	★	★
Rollstuhlgerecht	★	★		★	★			★	★	★
Glasbodenboote	★	★								
Parken	★	★	★	★	★	★	★	★	★	★

Bali-Livadi liegt geschützt zwischen Bergen.

Chersonissos-Sarandari ist eine malerische Bucht westlich von Chersonissos.

Infobox

Webcams
- rethymnon.gr/camera
- visitmatala.com
- analipsi-village.gr
- palaiochora.com

360°-Panoramafotos
- 360crete.gr

Sonnenschutz – nicht nur im Hochsommer wichtig

Matala, die einstige Hippie-Hochburg, bietet gute Stimmung und eine entspannte Atmosphäre.

⑦ **Stavros** Die windgeschützte Bucht im Osten des Ferienorts bildet einen perfekten weißen Sandbogen am türkisblauen Meer – ideal zum Schwimmen. Vor der Kulisse ihres markanten Bergs tanzte Anthony Quinn in *Alexis Sorbas* Sirtaki. Eine ruhigere Alternative, wenn auch mit Felsen und höheren Wellen, ist der kleinere Nachbarstrand.

⑧ **Georgioupoli** Zehn Kilometer lang erstreckt sich der helle Sandstrand von Georgioupoli. Ein »Handtuchkrieg« kann hier nicht ausbrechen – es gibt zudem Liegen. Für gute Laune sorgen Wassersport und Bars, auch Ausritte sind möglich. Wer Abkühlung braucht, badet an der Mündung des Perastikos, dort ist das Wasser kalt.

⑨ **Rethymno** Der Stadtstrand ist eine goldene Sandperle und führt 13 Kilometer gen Osten, wo man in Clubatmosphäre in schicken Strandgazebos Cocktails trinken kann. An dem nie überlaufenen Strand findet man ganz nach Belieben Action oder ruhige Fleckchen.

⑩ **Bali** Vor allem Familien lieben den flachen Sandstrand in der Livadi-Bucht – doch Bali hat noch drei weitere Buchten zu bieten, in denen das Meer grün schimmert. Am hübschen Hafenstrand ist der Weg zu den Bars naturgemäß am kürzesten.

Weitere Informationen *siehe Seiten 164f*

Strände für Individualisten

Kretas Küstenlinie ist über 1000 Kilometer lang – hier findet jeder sein persönliches Strandparadies. Abseits der großen Ferienorte lassen sich kleine Juwele entdecken, die man nur per Boot oder nach einer Wanderung erreicht. Vor allem in der Nebensaison ist man dort bisweilen allein oder trifft auf wenige Gleichgesinnte. Andere Strände sind mittlerweile so bekannt, dass sie in der Hauptsaison überlaufen sein können. Einmalig schön sind sie trotzdem.

Grundausstattung Sonnenbrille

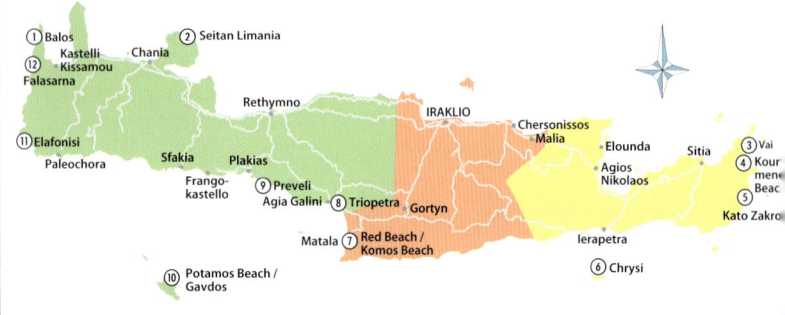

① Balos
Kastelli
⑫ Kissamou   Chania
Falasarna
② Seitan Limania

Rethymno

IRAKLIO

Chersonissos
Malia   • Elounda
⑪ Elafonisi
Sfakia   Plakias
Paleochora
Frangokastello
⑨ Preveli
Agia Galini ⑧ Triopetra   Gortyn
Matala ⑦ Red Beach / Komos Beach
⑩ Potamos Beach / Gavdos

Agios Nikolaos
Sitia   ③ Vai
④ Kouremenos Beach
⑤ Kato Zakros
Ierapetra
⑥ Chrysi

Balos ist eine herrliche Lagune, die an ein Südseeparadies erinnert.

Chrysi bietet Inselglück im Libyschen Meer. Das sandige Eiland ist mit uraltem Wacholderwald bewachsen und berühmt für sein seichtes türkisblaues Wasser.

Top 3 Strände

★ Spaß und Sport	Falasarna
★ Familien mit Kindern	Preveli
★ Ruhige Atmosphäre	Triopetra

① **Balos** Der puderfeine weiße Sandstrand an der türkisblauen Lagune lässt von Südseewelten träumen. Praktischerweise gibt es dort ganz real zwei Lokale und einen Schirmverleih.

② **Seitan Limania** In der Region der »Teufelshäfen« auf Akrotiri muss man trittsicher sein, um den sandigen Stefanou-Strand zu erreichen – oder ein Boot haben, das einen durch das tiefblaue Wasser schippert.

③ **Vai** Vais Dattelpalmen wuchsen angeblich aus Kernen, die sarazenische Piraten ausspuckten (obwohl man diese Datteln gar nicht essen kann). Schöner noch als die Sage ist der weiße Sandstrand, an dem die Palmen für karibisches Flair sorgen.

④ **Kouremenos Beach** Der lange Sandstrand ist nach Lee abgeschlossen und ideal zum Wind- und Kitesurfen. Unterkünfte und Bars gibt es auch.

⑤ **Kato Zakros** Beim malerischen Fischerdorf Zakros liegt ein ruhiger Kiesstrand in einer geschützten Bucht. Für die Bequemlichkeit sorgen hier Liegen, für das sonstige Wohlergehen einige Tavernen.

⑥ **Chrysi** Das Inselchen vor Ierapetra ist unbewohnt und streng geschützt – gleichwohl gibt es eine Taverne. Höchst angenehm ist der feine helle Sandstrand bei Vagies.

	①	②	③	④	⑤	⑥	⑦	⑧	⑨	⑩	⑪	⑫
Blaue Flagge				★	★	★					★	★
Sauberkeit	★	★	★	★	★	★	★	★	★	★	★	★
Ruhe		★		★	★	★		★		★		
Party												
Toiletten	★		★	★	★		★	★			★	★
Duschen		★									★	★
Liegen und Schirme	★		★	★	★	★	★	★			★	★
Rettungsschwimmer											★	★
Wassersport		★	★							★	★	★
Meeresschildkröten							★				★	
Gastro/Shopping	★		★	★	★	★	★	★	★		★	★
Kinderfreundlich	★		★	★	★	★	★	★	★	★	★	★
Rollstuhlgerecht												
Glasbodenboote	★											
Parken		★	★	★	★			★	★		★	★

Seitan Limanias Strand Stefanou liegt versteckt zwischen hohen Klippen.

Falasarna bietet ungetrübte Badefreuden und für Surfer gute Bedingungen.

Strandtücher gehören ins Gepäck

Preveli ist Kretas romantischer »Dschungelstrand«.

Infobox

Webcams
- visitmatala.com
- cretadeluxe.de/webcam

360°-Panoramafotos
- 360crete.gr

⑦ **Red Beach** Individuell aus Tradition: 25 Gehminuten von Matala entfernt findet man am Red Beach roten Sand und eine Bar mit Schirmverleih. Eine Stunde wandert man zum feinsandigen **Komos Beach**, Kretas bestem FKK-Strand.

⑧ **Triopetra** Bei Akoumia liegen zwei Sand-Kies-Strände mit Tavernen. Schön ist der Weststrand. Von hier sollen Dädalus und Ikarus losgeflogen sein.

⑨ **Preveli** An dem malerischen Sand-Kies-Strand fließt der Megalopotamos aus seiner wildromantischen Schlucht zwischen Oleander, Palmen und Eukalypten ins Meer – Kretas Dschungel.

⑩ **Potamos Beach** Südlicher als am Potamos auf Gavdos geht es in Europa kaum mehr. Zu dem Sandstrand samt Pinien, Fluss und Wildcampern führt eine sieben Kilometer lange Wanderung von Karave.

⑪ **Elafonisi** Der weiß-rosa Strand mit Insel und Lagune präsentiert sich exotisch, wobei an der Ostseite Bars und Duschen das Paradies »zivilisieren«. In den anschließenden Buchten ist FKK möglich.

⑫ **Falasarna** Er zählt zu den schönsten Stränden Europas und wirkt mit weißem Sand und türkisblauem Meer beinahe tropisch. Surfen, Schnorcheln, Entspannen ist hier angesagt.

Weitere Informationen siehe Seiten 164f

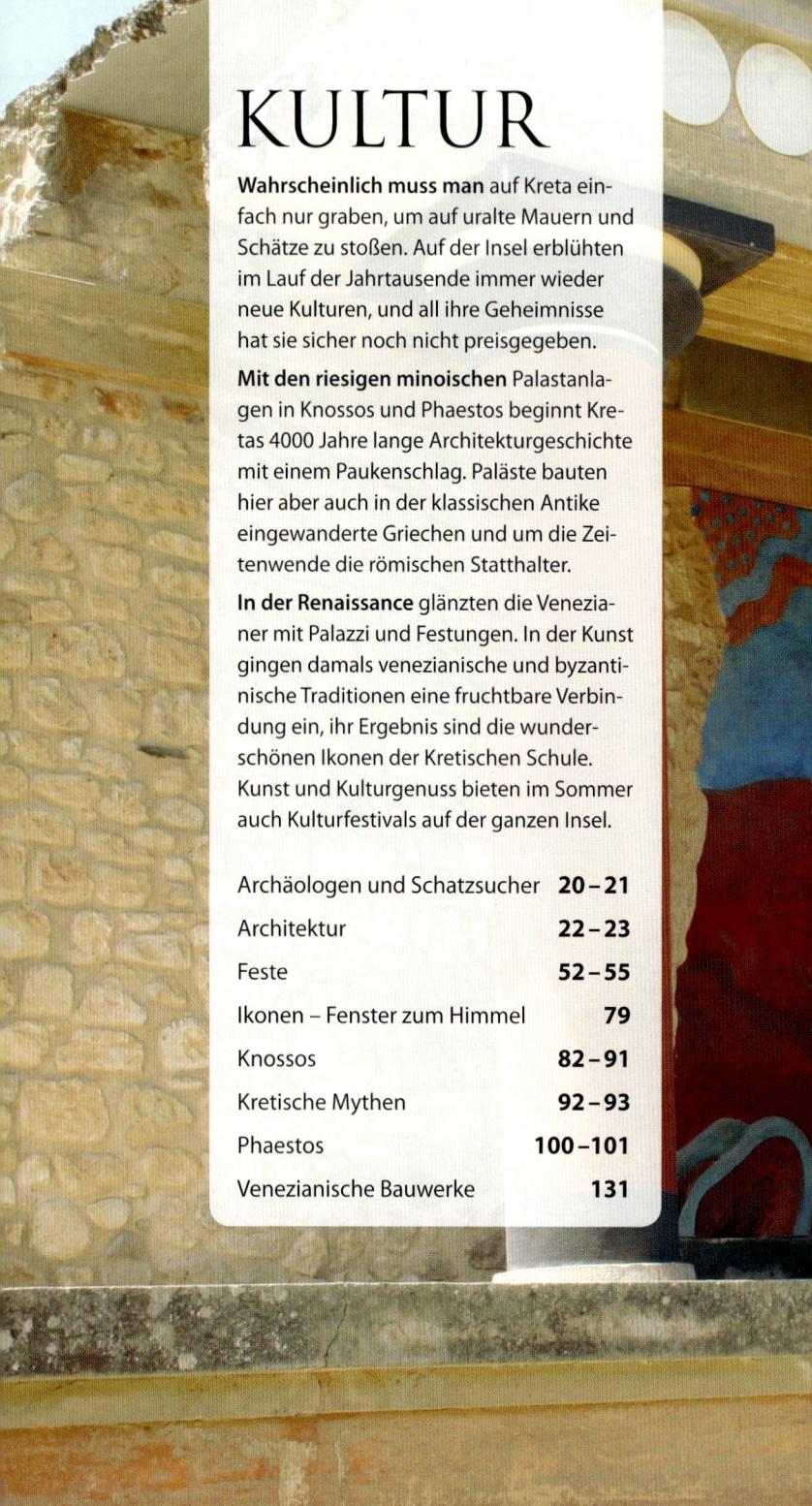

KULTUR

Wahrscheinlich muss man auf Kreta einfach nur graben, um auf uralte Mauern und Schätze zu stoßen. Auf der Insel erblühten im Lauf der Jahrtausende immer wieder neue Kulturen, und all ihre Geheimnisse hat sie sicher noch nicht preisgegeben.

Mit den riesigen minoischen Palastanlagen in Knossos und Phaestos beginnt Kretas 4000 Jahre lange Architekturgeschichte mit einem Paukenschlag. Paläste bauten hier aber auch in der klassischen Antike eingewanderte Griechen und um die Zeitenwende die römischen Statthalter.

In der Renaissance glänzten die Venezianer mit Palazzi und Festungen. In der Kunst gingen damals venezianische und byzantinische Traditionen eine fruchtbare Verbindung ein, ihr Ergebnis sind die wunderschönen Ikonen der Kretischen Schule. Kunst und Kulturgenuss bieten im Sommer auch Kulturfestivals auf der ganzen Insel.

Archäologen und Schatzsucher

Die wissenschaftliche »Schatzsuche« in Form von systematischen archäologischen Grabungen wird auf Kreta seit rund 140 Jahren betrieben, ihre Erfolge sind schlicht sensationell. Um 1900 entdeckten Forscher auf der Insel die Paläste der über 4000 Jahre alten minoischen Kultur, deren Existenz im Lauf der Geschichte vergessen worden war. Seither gab es zahlreiche Entdeckungen und einige spektakuläre Funde, Kretas Museen haben sich zu wahren Schatzkammern entwickelt. Die Suche geht auch heute noch weiter, denn in Kretas Boden ruhen noch viele archäologische Sensationen – unter dem Städtchen Archanes (siehe S. 96) beispielsweise ein weiterer großer minoischer Palast.

Minoisches Gefäß, Kato Zakros

Diskos von Phaestos
Die Symbole auf der gebrannten Tonscheibe (17. Jh. v. Chr.) sind nicht entschlüsselt. Sie wurden mit Stempeln eingedrückt – im Prinzip ein Druck mit beweglichen Lettern (siehe S. 100).

Minoische Göttin, Archanes
Die Tonskulptur stellt eine Göttin dar, die seitwärts auf einem Pferd reitet.

Goldschmuck
Minoischer Goldschmuck fasziniert durch seine meisterhafte filigrane Ausführung, die auch schon den Besatz mit winzigen Goldkügelchen (Granulation) kennt.

Kastelli Kissamou · Chania ③ · Rethymno ⑪ · IRAKLIO · Chersonissos · ⑥ · ⑧ Knossos · ⑨ Malia · Elounda · Sitia · Paleochora · Sfakia · Plakias · Frango-kastello · Agia Galini · ② Archanes · Agios Nikolaos · ⑤ Gournia · Zak · ⑫ Vathypetro · Agia Triada ① · ④ Gortyn · ⑩ · Matala · Phaestos · Ierapetra · Kato Zakros ⑦

Minos Kalokairinos (1843–1907)
Der kretische Geschäftsmann und Amateurarchäologe begann 1878 noch vor Arthur Evans mit systematischen Ausgrabungen in Knossos und stieß dort auf große Vorratsgefäße und mykenische Keramiken aus dem Palast. Seine Entdeckungen machten Heinrich Schliemann auf Knossos aufmerksam, der dort jedoch kein Grabungsareal erwerben konnte.

Iosif Chatzidakis (1848–1936)
Der Arzt, Archäologe und Bürgermeister von Iraklio war Mitbegründer und Direktor des dortigen Archäologischen Museums. Er forschte in der Idäischen Grotte und leitete von 1915 bis 1920 die Ausgrabung des minoischen Palasts in Malia.

Federico Halbherr (1857–1930)
Der bedeutende italienische Archäologe fand 1884 zusammen mit dem Deutschen Ernst Fabricius das Stadtrecht von Gortyn. Ab 1900 leitete er die Grabungen an den minoischen Palästen Phaestos und Agia Triada.

Harriet Boyd-Hawes (1871–1945)
Die Archäologin aus den USA legte von 1901 bis 1904 die kleine minoische Hafenstadt Gournia bei Agios Nikolaos frei. Sie war die erste Frau, die in Griechenland eine große archäologische Grabung leitete.

◀ Stierfresko am Nordpropylon von Knossos (siehe S. 84)

Arthur Evans (1851–1941)

Sir Arthur Evans studierte in Oxford, wo er später das archäologische Ashmolean Museum leitete. Evans gilt als Entdecker der minoischen Kultur. 1900 begann er mit den Ausgrabungen in Knossos, denen er mehr als 30 Jahre seines Lebens widmete.

Stätten und Museen

① **Agia Triada:** Sommerpalast von Phaestos *(siehe S. 100f)*

② **Archanes:** minoischer Palast *(siehe S. 96)*

③ **Chania:** Archäologisches Museum *(siehe S. 140)*

④ **Gortyn:** griechisch-römische Stadt *(siehe S. 96)*

⑤ **Gournia:** spätminoische Stadt *(siehe S. 116)*

⑥ **Iraklio:** Archäologisches Museum *(siehe S. 76f)*

⑦ **Kato Zakros:** minoischer Palast *(siehe S. 118)*

⑧ **Knossos:** minoischer Palast *(siehe S. 82–91)*

⑨ **Malia:** minoischer Palast *(siehe S. 94)*

⑩ **Phaestos:** minoischer Palast *(siehe S. 100f)*

⑪ **Rethymno:** Archäologisches Museum *(siehe S. 129)*

⑫ **Vathypetro:** minoische Siedlung *(siehe S. 97)*

Goldring mit Stierspringer (um 1500 v. Chr.), Archanes

Rhyton, Gournia
Das Gefäß (13. Jh. v. Chr.) stellt eine schwangere Frau dar und wurde für Trankopfer verwendet.

Minoische Schaukel, Agia Triada
Die Tonskulptur (um 1500 v. Chr.) zeigt eine Figur, die zwischen zwei Säulen schaukelt. Es handelt sich um eine Göttin, die zur Erde herabsteigt. Zwei Vögel, die auf den Säulen sitzen, begleiten sie.

Stadtrecht von Gortyn
Das auf Dorisch geschriebene Stadtrecht von Gortyn (5. Jh. v. Chr.) ist die älteste erhaltene griechische Inschrift auf Kreta.

Richard Seager (1882–1925)

Der US-Archäologe erforschte zwischen 1903 und 1906 die minoische Stätte bei Vasiliki nahe Ierapetra. Anschließend arbeitete er in Mochlos, einem bedeutenden minoischen Hafen. Dort fand man in Gräbern herrlichen Goldschmuck.

John Pendlebury (1904–1941)

Der britische Archäologe führte Arthur Evans' Arbeit in Knossos fort. Er erkundete weite Teile der Insel und stieß dabei auf Dutzende bedeutende Stätten. Im Zweiten Weltkrieg wurde er 1941 von den deutschen Besatzern auf Kreta exekutiert.

Nikolaos Platon (1909–1992)

Der griechische Archäologe grub ab 1961 den minoischen Palast Kato Zakros aus. Er teilte die Chronologie der minoischen Kultur zwischen 2600 und 1150 v. Chr. in Vor-, Alte, Neue und Nachpalastzeit ein.

Yannis Sakellarakis (1936–2010)

Der Archäologe und Direktor des Archäologischen Museums in Iraklio führte zahlreiche Grabungen auf Kreta aus. 1979 entdeckte er zusammen mit seiner Frau Efi das minoische Gipfelheiligtum Anemospilia. Dort wurden die Beteiligten eines Menschenopfers von einem Erdbeben getötet, das wohl durch das Opfer hätte abgewendet werden sollen.

Architektur

Kretas Baugeschichte begann vor rund 4000 Jahren mit den Minoern. Deren Architektur genügte mit klimatisierten Räumen und Wassertoiletten bereits höchsten Wohnansprüchen. Das Gesicht der kretischen Städte prägten ab dem 15. Jahrhundert Festungen und elegante Renaissance-Bauten der Venezianer. Ab 1650 brachten die Osmanen mit Moscheen und verzierten Holzerkern orientalisches Flair. Kretas heutige Architektur ist ausschließlich schnörkellos und funktional.

Chanias Leuchtturm steht seit 1830 im venezianischen Hafen

Rekonstruierte Säulenhalle in Knossos

Minoische Architektur (2. Jahrtausend v. Chr.)

Minoische Paläste bestanden aus mehrstöckigen Gebäuden mit Flachdächern, die durch Korridore und Treppen miteinander verbunden waren. Die Wände waren verputzt, bemalt und innen mit Holz und Stuck verkleidet. In die Steinmauern waren Balken eingelassen. Wie die Holzsäulen, die sich nach unten verjüngen, verliehen sie Gebäuden durch ihre Elastizität eine gewisse Erdbebensicherheit.

Byzantinische Architektur (300–1200 n. Chr.)

Byzantinische Kirchen sind in ihrer ältesten Form Basiliken mit einem Langhaus. Solch einfache Kirchen findet man auf Kreta häufig auf dem Land. Später wurden sie mit einer Kuppel überdacht und durch Schiffe ergänzt. Bei Kirchen mit einem kreuzförmigen Grundriss thront eine Kuppel über der Vierung. An der Westseite liegt ein Vorraum (Narthex). Innen trennt die Ikonostase, eine mit Ikonen verzierte Wand, den Altar vom Gemeinderaum im Hauptschiff (Naos) ab.

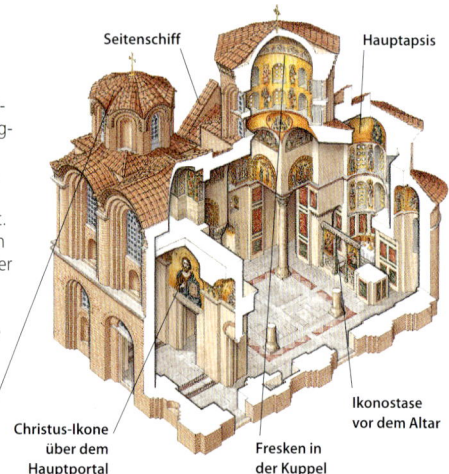

Seitenschiff

Hauptapsis

Kuppel über dem Vorraum (Narthex) am Eingang

Christus-Ikone über dem Hauptportal

Fresken in der Kuppel

Ikonostase vor dem Altar

Venezianisches Kastell, Rethymno

Venezianische Architektur (13.–17. Jahrhundert)

Auffällige Bauwerke sind die Kastelle an der Küste, Kirchen mit vorgeblendeten Halbsäulen an den Renaissance-Fassaden sowie Loggien mit Arkaden. Die Wohnhäuser umstehen oft einen Hof, das Erdgeschoss diente als Lager. Ein Merkmal sind ihre mit Reliefs verzierten Portale.

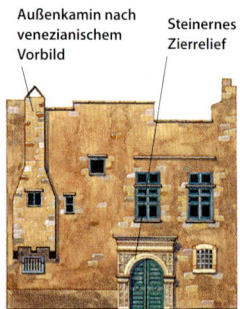

Außenkamin nach venezianischem Vorbild

Steinernes Zierrelief

Die Moschee (19. Jh.) in Ierapetra mit Reinigungsbrunnen

Osmanische Architektur (1650–1913)

Typische Bauwerke sind die Moscheen mit bis zu 40 Meter hohen Minaretten und einer Zentralkuppel, um die sich bei großen Bauwerken kleinere Kuppeln scharen. Häufig wurden sie nicht neu errichtet, sondern sind umgebaute Kirchen. Bei den Wohnhäusern besteht das Erdgeschoss meist aus Stein, die leicht hervorstehenden oberen Etagen sind aus Holz. Traditionell waren sie in Männer- und Frauenbereiche aufgeteilt.

Moderne Architektur

Kretische Häuser zeichnen sich seit Langem durch ihre schlichte, kubische Form aus. Häufiges Baumaterial ist unbearbeiteter Naturstein, der teils weiß verputzt wird. Der einzige Schmuck sind oft Kassettentüren mit schönen Türklopfern sowie kunstvoll gearbeitete Eisengitter. Häuser auf dem Land waren früher eingeschossig und umfassten meist nur einen Raum. Ein typisches Element sind die verputzten Flachdächer, auf denen auch Wasser gesammelt wird. Sie wurden früher aus Holzbalken, Rohr und gestampften Erdschichten konstruiert.

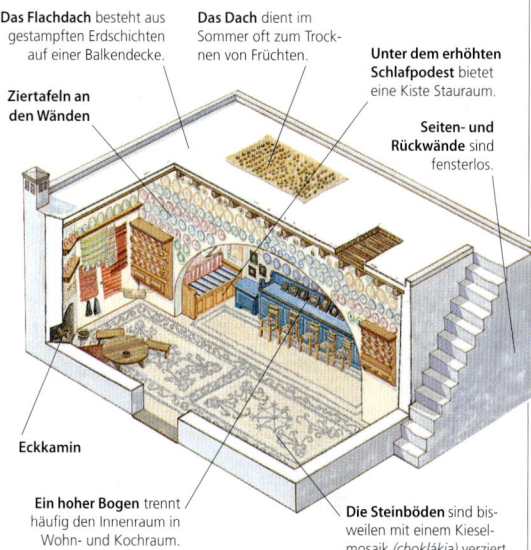

Das Flachdach besteht aus gestampften Erdschichten auf einer Balkendecke.

Das Dach dient im Sommer oft zum Trocknen von Früchten.

Unter dem erhöhten Schlafpodest bietet eine Kiste Stauraum.

Ziertafeln an den Wänden

Seiten- und Rückwände sind fensterlos.

Eckkamin

Ein hoher Bogen trennt häufig den Innenraum in Wohn- und Kochraum.

Die Steinböden sind bisweilen mit einem Kieselmosaik *(choklákia)* verziert.

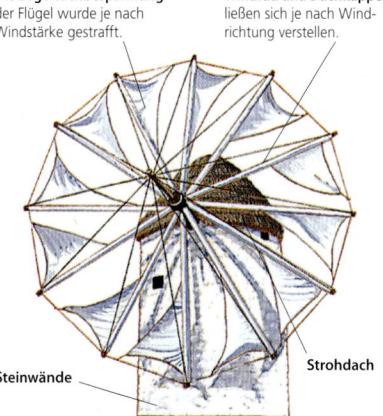

Die Segeltuchbespannung der Flügel wurde je nach Windstärke gestrafft.

Windrad und Dachkappe ließen sich je nach Windrichtung verstellen.

Steinwände

Strohdach

Moderne Windräder zur Stromerzeugung

Windmühlen

In gemauerten Windmühlen wurde Getreide gemahlen. Die Windräder, mit denen Wasser aus dem Boden gepumpt wurde, waren oft einfache, teilweise mit Segeln bespannte Konstruktionen.

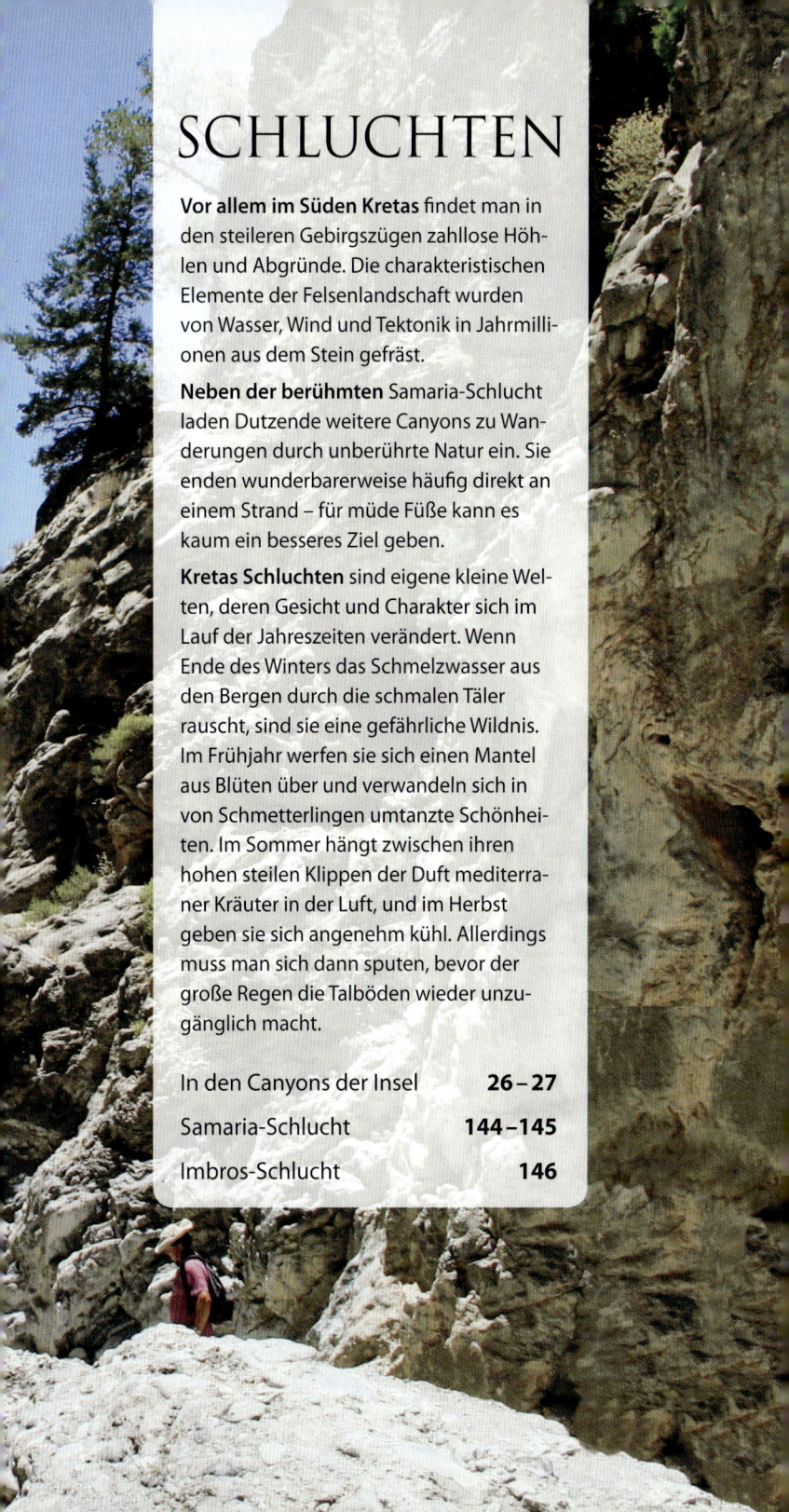

SCHLUCHTEN

Vor allem im Süden Kretas findet man in den steileren Gebirgszügen zahllose Höhlen und Abgründe. Die charakteristischen Elemente der Felsenlandschaft wurden von Wasser, Wind und Tektonik in Jahrmillionen aus dem Stein gefräst.

Neben der berühmten Samaria-Schlucht laden Dutzende weitere Canyons zu Wanderungen durch unberührte Natur ein. Sie enden wunderbarerweise häufig direkt an einem Strand – für müde Füße kann es kaum ein besseres Ziel geben.

Kretas Schluchten sind eigene kleine Welten, deren Gesicht und Charakter sich im Lauf der Jahreszeiten verändert. Wenn Ende des Winters das Schmelzwasser aus den Bergen durch die schmalen Täler rauscht, sind sie eine gefährliche Wildnis. Im Frühjahr werfen sie sich einen Mantel aus Blüten über und verwandeln sich in von Schmetterlingen umtanzte Schönheiten. Im Sommer hängt zwischen ihren hohen steilen Klippen der Duft mediterraner Kräuter in der Luft, und im Herbst geben sie sich angenehm kühl. Allerdings muss man sich dann sputen, bevor der große Regen die Talböden wieder unzugänglich macht.

In den Canyons der Insel

Kretas malerische Schluchten durchziehen wie tiefe schmale Narben seine Gebirgslandschaften. Im Südwesten, wo die Berge steiler sind und die Erosion leichteres Spiel hat, kommen die Risse und Abgründe gehäufter vor. Der berühmteste Canyon ist sicherlich die Samaria-Schlucht, deren Felswände teils 600 Meter aufragen und sich bis auf wenige Meter einander nähern. Wem diese spektakuläre Wanderung zu lang oder zu überlaufen ist, kann in vielen weiteren Schluchten wandern, klettern oder den Adrenalinspiegel beim Canyoning in die Höhe treiben – allein im Bezirk Chania gibt es über 60 Canyons.

Wildziege,
Samaria-
Schlucht

② Imbros-Schlucht
Durch die acht Kilometer lange Imbros-Schlucht verlief einst der wichtigste Verbindungsweg von Chora Sfakion zur Nordküste *(siehe S. 146)*.

① Samaria-Schlucht
Die Wanderung durch Kretas berühmteste Schlucht beginnt in 1200 Meter Höhe und führt zwischen den steilen Felswänden der Lefka Ori, der »Weißen Berge«, zum Meer *(siehe S. 144f)*.

⑦ Midia-Schlucht
Zehn Kilometer östlich von Iraklio zieht sich die Midia-Schlucht drei Kilometer durch das sanfte Hügelland bei Elia. Der Weg führt im Flussbett des Midia bergauf Richtung Süden. Die Felswände sind zu beiden Seiten von teils großen Höhlen durchzogen, von denen man einen herrlichen Blick hat.

Schluchten
Kretas Schluchten verlaufen meist an den Rändern der Gebirge und enden am Meer. Sie sind uralte Flusstäler und teils Hunderte Meter tief. Zwischen den steilen Felswänden herrscht ein besonderes Mikroklima, das eine artenreiche Pflanzenwelt begünstigt. Die Schluchten sind zudem Rückzugsgebiete für seltene Tiere wie Wildziegen oder Bartgeier.

Kastelli Kissamou
Chania
Rethymno
IRAKLIO
Chersonissos
Samaria-Schlucht ①
Imbros-Schlucht ②
Midia-Schlucht ⑦
⑥
Malia
Elounda
Sitia
Paleochora
Sfakia
Plakias
Aposelemis-Schlucht
Agios Nikolaos
Frango-kastello
Kourtaliotiko-Schlucht ③
Gortyn
Zakros-Schlucht ⑤
Za
Agia Galini
Red-Butterfly-Schlucht ④
Matala
Ierapetra

◀ Wanderer zwischen den Steilwänden der Samaria-Schlucht *(siehe S. 144f)*

③ Kourtaliotiko-Schlucht

Durch die wildromantische Schlucht fließt der Megalopotamos, der in einem Dschungel aus Palmen, Eukalyptusbäumen und Oleander am Palmenstrand von Preveli *(siehe S. 17)* ins Meer mündet. Die Schlucht ist teils befahrbar, kann aber auch erwandert werden. Unterwegs erspäht man hoch in den Lüften Bartgeier und Steinadler.

Nachtreiher in der Zakros-Schlucht

⑥ Aposelemis-Schlucht

Bei Chersonissos *(siehe S. 94)* hat der Aposelemis zwischen den Hügeln bei Kalo Chorio und seiner Mündung ins Meer eine beeindruckende Schlucht gegraben. Ein Weg mit kleinen Klettereinlagen führt vom Schluchtende zwischen Kato Gouves und Analipsi rund vier Kilometer bergauf. Unterwegs sieht man bizarre Felsen und eine artenreiche Vegetation.

④ Red-Butterfly-Schlucht

Der Name ist Programm: In der sieben Kilometer langen Schlucht leben viele der 45 auf Kreta heimischen Schmetterlingsarten. Seit einem Waldbrand 1993 hat ihr Bestand abgenommen, und man sieht sie vorwiegend im Mai. Der Weg beginnt rund 20 Kilometer östlich von Ierapetra *(siehe S. 116)* bei Koutsouras und führt nach Oreino, wo Tavernen warten.

Kleopatrafalter in der Red-Butterfly-Schlucht

⑤ Zakros-Schlucht

Die Wanderung beginnt in Zakros und endet am minoischen Palast Kato Zakros *(siehe S. 118)*. Der schöne, acht Kilometer lange Weg führt durch das »Tal der Toten«. Dort nutzten die Minoer die Höhlen als Felsengräber.

NATUR

Ein Hochgebirge im Meer, nur eine Nasen-länge von Europa, Asien und Afrika ent-fernt – auf Kreta treffen sich ganz unter-schiedliche Einflüsse und Lebensräume. Im milden Mittelmeerklima treibt die Natur viele und auch eigene Blüten. So gehören zu Kretas fantastisch artenreicher Flora nicht nur Dutzende Orchideenarten, son-dern auch viele Pflanzen, die weltweit nur hier wachsen.

Kreta ist eine Insel der Kräuter, und wenn die Sonne strahlt, duftet die Luft würzig. An den Küsten leuchtet das Meer im klaren Licht in allen Schattierungen von Türkis bis Tiefblau. Unter seiner Oberfläche fasziniert eine mediterrane Unterwasserwelt, der Boden fällt in solche Tiefen ab, dass sogar Pottwale Lebensraum finden.

Hoch in der Luft kreisen über den Bergen und Hochebenen Adler und Geier. Seltener noch als die majestätischen Vögel erspäht man die Kri-kri genannten Wildziegen. Die trittsicheren Kletterer sind das bekannteste tierische »Eigengewächs« der Insel und äußerst scheu.

Landschaft, Flora und Fauna

Kretas mildes Klima und abwechslungsreiche Topografie bieten ideale Voraussetzungen für eine vielfältige Flora. Mehr als 1500 Pflanzenarten finden sich auf der Insel, davon gedeihen rund 170 nur hier. Zwischen Blumen, Olivenhainen, Wiesen und Obstgärten stößt man auf Felsheiden (*phrygana*) und in den Schluchten auf immergrüne Waldstücke. Kreta ist im Frühjahr und Herbst ein idealer Rastplatz für Zugvögel. Ganzjährige Bewohner sind hingegen Bartgeier, Steinadler und andere seltene Greifvögel sowie die fast ausgestorbene Kretische Wildkatze.

Auf der Akrotiri-Halbinsel gibt es Chamäleons.

Die Samaria-Schlucht (siehe S. 144f) entstand durch Bewegungen der Erdkruste und die winterlichen Sturzbäche von der Omalos-Hochebene. Hier wachsen Pfingstrosen, Alpenveilchen und der endemische Kretische Ebenholzstrauch. Die steilen Abhänge der Schlucht sind das Revier der Kretischen Wildziege Kri-kri.

Plagia

Chania

Omalos-Hochebene

Samaria-Schlucht

Rethymno

Pott- und Schnabelwale schwimmen vor der Südwestspitze Kretas.

0 Kilometer   20

Moni Preveli

Agia Galini

In der Kourtaliotiko-Schlucht wächst Salbei, das Kraut der Aphrodite.

Auf der Omalos-Hochebene zieht der Bartgeier (Lämmergeier) über Bergen und Schluchten seine Kreise. Europas größter Greifvogel hat eine Spannweite von fast drei Metern und spielt als Aasfresser eine wichtige Rolle im Ökosystem.

Agia Triada

Die Bucht von Messara lockt mit ihren von Gräsern bewachsenen Küsten Schmetterlinge wie den Schwalbenschwanz an.

In den Sümpfen bei Agia Triada staksen Stelzenläufer auf ihren extrem langen Beinen umher.

Moni Preveli (siehe S. 136) ist zwischen Mai und August das Ziel von Maskengrasmücken. Das Männchen besitzt eine markante schwarz-weiße Kopfzeichnung und rote Knopfaugen.

Bei Agia Galini (siehe S. 136) erstreckt sich im Frühjahr ein buntes Blütenmeer. Ab Februar blüht auch das stattliche Riesenknabenkraut. Die Orchidee kann über 60 Zentimeter groß werden.

◀ **Kulturpflanze Olive** – einige der knorrigen Ölbäume der Insel sind über 3000 Jahre alt

Gelbe Ragwurz,
eine Orchideenart

Pechnelke mit
klebrigen Stängeln

Kretischer
Ebenholzstrauch

Wildblumen auf Kreta

Kretas spektakuläre Wildblumen ziehen alljährlich zahlreiche begeisterte Hobby-Botaniker an. Von Februar bis Mai steht die Insel in voller Blütenpracht, gegen Ende Mai sind die meisten Blumen bereits verblüht und viele verdorrt. Den Sommer verbringen sie vor Hitze geschützt als Zwiebeln oder Knollen unter der Erde, wo sie neue Kräfte sammeln.

Tourenanbieter

Nektarios Trifinopoulos
+30 69488 19145.
E-Mail: nektar.guide@gmail.com
travelcrete.gr/guide/
nektarios-trifinopoulos

Duma Naturreisen
Geislinger Straße 33,
70327 Stuttgart.
(0711) 838 65 80.
duma-naturreisen.de

Intercontact, Gesellschaft
für Studien- und
Begegnungsreisen mbH
In der Wässerscheid 49,
53424 Remagen.
(02642) 200 90.
ic-naturreisen.de

forum anders reisen e.V.
Brandstwiete 4,
20457 Hamburg.
(040) 18 12 60 460.
forumandersreisen.de

Malia (siehe S. 94) ist eines der vielen Küstengebiete, in denen Wat- und Stelzvögel im Frühjahr und Herbst auf ihren Wanderzügen Station machen. Wie dieser Bruchwasserläufer gehen sie an Tümpeln und Marschen auf Futtersuche.

Die Hänge des Dikti-Gebirges sind im Frühjahr von Orchideen und anderen Wildblumen übersät.

Delfine tummeln sich vor den Küsten Kretas.

IRAKLIO

Eloundas Salzpfannen ziehen Säbelschnäbler an.

Malia

Lasithi-Hochebene

An den steilen Klippen Sitias (siehe S. 116) wächst der Kretische Ebenholzstrauch. Im Frühjahr bringen seine lilafarbenen Blüten frische Farbe in die Landschaft.

Agios
Nikolaos

Sitia

Ierapetra

Im Lasithi-Bezirk sieht man bunte Wiedehopfe auf den Feldern.

Agios Nikolaos ist ein Rastplatz für Bachstelzen und andere Zugvögel.

Geckos sonnen sich an den Steinmauern im Osten Kretas.

Bei Ierapetra (siehe S. 116) brüten seltene Rotkopfwürger. Die schlauen Zugvögel ernähren sich von Insekten und kleinen Wirbeltieren, die sie auf Dornen spießen, um sie leichter fressen zu können.

An den Klippen von Zakros (siehe S. 118) vollführen Eleonorenfalken akrobatische Flugmanöver.

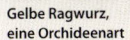

Unterwasserwelt

Das Mittelmeer ist ein Binnenmeer, das lediglich eine schmale Verbindung zum Atlantik besitzt. Seine Gezeiten sind nur schwach ausgeprägt, weshalb die Ebbe an Kretas Küsten nur wenige Meerestiere und -pflanzen freilegt. Dafür entschädigen vielerorts die vielfältige Küstenvegetation und die zahlreichen Strandvögel. Schnorchler in Strandnähe oder Taucher in den Küstengewässern erhalten jedoch Einblick in eine spannende Unterwasserwelt mit ihren teils bizarren Bewohnern.

Die Große Seenadel sieht auf den ersten Blick wie treibender Seetang aus, ist aber ein lang gestreckter Knochenfisch. Sie lebt in seichtem Gewässer zwischen Felsen, Geröll und Algen.

Maskenkrabbe

Strand-Wolfsmilch

Mittelmeermöwe

Tamariske

Gelber Hornmohn

Die Große Seespinne bewegt sich an Land plump, doch im Wasser erstaunlich flink und elegant. Dank ihrer langen Beine ist selbst felsiger Untergrund kein Problem.

Neptungras *(Posidonia)*

Steckmuschel

Rotbarbe

Meerball *(codium bursa)*

Fadenschnecke

Purpurschnecke

Schnorchelreviere

Rund um Kreta gibt es überall Buchten und felsige Abschnitte, an denen sich das Schnorcheln lohnt. Empfehlenswert sind z. B. folgende Schnorchelspots, beginnend im Nordosten.
- Istro: Ostseite des Golden Beach.
- Malia: östlich der Ausgrabungsstätte zwischen den Klippen.
- Souda-Bucht.
- Elafonisi: Rückseite der vorgelagerten Insel.
- Plakias: in der Shinaria-Bucht.
- Buchten zwischen Preveli und Triopetra Beach.

Der Oktopus erbeutet Krebse und kleine Fische mithilfe der Saugnäpfe, die in zwei Reihen auf seinen acht Fangarmen sitzen. Der Krake kann seine Körperfarbe wechseln.

Die Unechte Karettschildkröte legt ihre Eier an Sandstränden ab. Der Tourismus hat ihre Bestände stark dezimiert. Heute versucht man, die wenigen verbliebenen Brutplätze vor Störenfrieden zu schützen.

Die Segelqualle wird auch »Segler vor dem Wind« genannt. Wie ein Floß mit dreieckigem Segel lässt sie sich vom Wind über das Meer tragen. Bei manchen Quallenarten verursachen selbst die losen, fadendünnen Nesselschläuche Hautverletzungen.

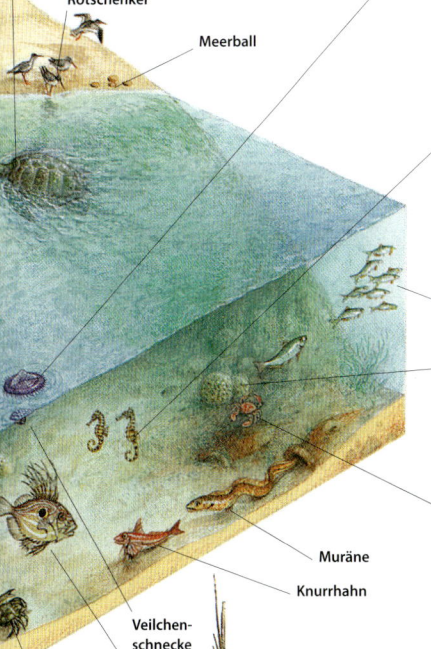

Rotschenkel

Meerball

Seepferdchen leben gern zwischen Seegras-polstern. Um die Pflanzen gewickelt, gibt der Schwanz ihnen Halt. Sie betreiben – ungewöhnlich für Fische – Brutpflege. Es sind die Männchen, die Eier und Junge in einem Brutbeutel tragen.

Sardine

Schwamm

Muräne

Knurrhahn

Veilchen-schnecke

Strandkrabbe

Die Schwimmkrabbe gehört zu den aggressivsten Krabben. Sie schwimmt mithilfe der flachen, paddelähnlichen Enden an ihren Hinterbeinen.

Der Petersfisch geht in der küstennahen Felsenwelt würdevoll auf Streifzug. Er besitzt einen platten, ovalen Körper und an der Rückenflosse lange Stacheln. Wo ihn Fischer nicht verschrecken, kann er zutraulich und geradezu aufdringlich neugierig sein.

Sicherheitstipps für Schnorchler

• Über dem Mittelmeer können plötzlich Stürme aufziehen. Erfragen Sie die Witterungs- und Badebedingungen, ehe Sie auf Schnorcheltour gehen.
• Schnorcheln Sie nicht dort, wo es Quallen gibt.
• Schnorchel und Maske müssen perfekt sitzen, achten Sie beim Kauf oder Ausleihen darauf.
• Schnorcheln Sie nie ohne Begleitung.
• Tragen Sie T-Shirt oder Taucheranzug.
• Meiden Sie die Nähe von Häfen. Dort ist das Wasser trübe, Schiffe und Verunreinigungen bergen Gefahren.
• Bleiben Sie in Strandnähe. Vergewissern Sie sich regelmäßig, dass Sie sich nicht zu weit entfernen.

AKTIV-URLAUB

Ein mediterraner Kosmos im bequemen Wohnzimmerformat – vielleicht trifft diese knappe Beschreibung am besten, was Kreta seinen Gästen bietet. Meer oder Berge? Die Gretchenfrage der Urlaubsplanung stellt sich hier nicht, denn die Insel besitzt beides in einmaliger Schönheit.

Der Kosmos Kreta bietet eine umfassende Bandbreite an Aktivitäten: Hier kann man in faszinierende Meerestiefen abtauchen und in luftige Höhen abheben, rasant mit dem Wind über die Wellen flitzen und gepflegt das Eisen auf dem Green schwingen, auf einsamen Wegen wandern, ins weite Blau hinaussegeln, Berge und Küsten auf dem Rücken der Pferde erkunden – und dies alles in direkter Nachbarschaft.

Vom Strand in die Berge, von der Urlaubshochburg in die unberührte Natur ist es auf Kreta nur ein Katzensprung. Die Möglichkeiten auf dieser reizvollen Insel liegen Tür an Tür – für Gelegenheitsaktive genauso wie für ambitionierte Sportler und abenteuerlustige Naturfreunde.

Wassersport bis Golf

Wandern Sie über Klippen zu einem abgelegenen Strand, jagen Sie mit dem Mountainbike auf einsamen Bergstrecken oder mit dem Jetski über die Wellen, lassen Sie sich beim Surfen oder beim Galopp den warmen Wind um die Nase wehen, heben Sie ab oder tauchen Sie unter – ganz wie es Ihnen beliebt. Kreta ist ein sonnenverwöhntes Hochgebirge im Mittelmeer und bietet vom Meeresgrund bis zum höchsten Felsgipfel zahllose Möglichkeiten, sportliche Leidenschaften mehr oder minder ambitioniert zu pflegen. Genießen Sie Kretas Landschaften, erleben Sie Abenteuer – und haben Sie vor allem viel Spaß.

Taucher-flossen

Tempofahrten mit Jetski und Co.
In allen Ferienorten kann man die gemütliche Strandliege zwischendurch Liege sein lassen und sich bei schnellen Fahrten über das Wasser von der Gischt bespritzen lassen. Holen Sie sich den Kick beim Wasserskifahren oder Wakeboarden, auf dem Jetski oder dem Bananenboot.

Aktiv sein
Für den entspannten Ausflügler ist Kreta ein ebenso lohnendes Ziel wie für den ambitionierten Sportler. Hier kann jeder nach seiner Fasson aktiv werden.

Delfine und Wale
Pfeilschnelle Delfine jagen durch die Gewässer rund um Kreta. Auf Boots- und Tauchtouren sind die Schwimmkünstler häufig zu sehen.

Ein besonderes Erlebnis bietet Kretas Südküste: Hier tauchen riesige Pottwale in die Tiefen des Hellenischen Grabens ab, Buckelwale vollführen akrobatische Sprünge. Bootstouren in die Walgründe starten von Juli bis September ab Paleochora (siehe S. 149).

Sogar Orcas wurden vor Kreta gesichtet

Reiten
Ein Ausritt am Strand – für Reiter ein Traum, der in Georgioupoli (siehe S. 15) in Erfüllung geht. Für Reiterferien ist Kreta ideal.

◄ Tauchen mit Delfinen – ein faszinierendes Erlebnis in Kretas Gewässern

Golf

Golffans müssen auf Kreta keineswegs auf das geliebte Green verzichten. Bei Chersonissos liegt ein sehr schöner 18-Loch-Golfplatz *(siehe S. 163)* in den Hügeln – der Blick aufs Meer und eine frische Brise im Sommer steigern das Vergnügen. Direkt am Meer golft man auf dem 9-Loch-Platz in Elounda *(siehe S. 163)*.

Golfausrüstung

Tauchen und Schnorcheln

Drehen Sie Trubel und Hektik eine lange Nase, und tauchen Sie ein in die stille Unterwasserwelt. Gute Schnorchelspots finden Sie rund um die Insel vor allem an felsigen Küstenabschnitten *(siehe S. 32)*. Wen es weiter in die Tiefe zieht, bucht in den Urlaubsorten einen Tauchkurs und erkundet auf Ausflügen die schönsten Tauchgründe.

Paragliding

Gleitschirmfliegen ist auf Kreta zwar erst seit Kurzem, aber dennoch mächtig im Kommen – der Blick über die Berge und das Meer ist von oben fantastisch. Anfänger können auch Tandemflüge buchen oder mit einem erfahrenen Piloten in einem motorisierten Paratrike abheben.

Wind- und Kitesurfen

Auf Kreta sorgt der Meltemi, der von April bis Oktober vom griechischen Festland über das Meer nach Süden weht, für heiteres Wetter – und an einigen Küstenabschnitten für hervorragende Surfbedingungen. Ein Top-Ziel für Anfänger und Profis ist der Kouremenos Beach *(siehe S. 16)* im äußersten Osten der Insel.

Weitere Informationen *siehe Seiten 162–165*

GENUSS

Frische Salate mit Wildkräutern oder Wildgemüse, bunte Vorspeisen, zartes Lammfleisch, köstliches Seafood, Wein aus sonnenverwöhnten Trauben – wer die griechisch-mediterrane Küche liebt, kommt auf Kreta auf seine Kosten.

Für das gewisse Extra sorgen Kretas hochwertiges Olivenöl, seine aromatischen (Wild-)Kräuter und sein würziger Honig. Eine Delikatesse sind zudem die vielen Käsesorten der Insel. Sie werden aus der Milch von frei laufenden Schafen und Ziegen gewonnen, die sich von Gras und Wildkräutern ernähren.

Eine perfekte Mahlzeit ist auf Kreta ein soziales Ereignis und wird im Kreis von Freunden und / oder der Familie genossen und mit einem Gläschen Tsikoudia abgeschlossen. Der Tresterschnaps schmeckt aber auch in den vielen Kafenia der Insel, in denen der griechische Kaffee oft noch traditionell im Kupferkännchen aufgekocht wird. Jamas!

Kretische Küche

In den Ferienorten an der Küste haben sich die meisten Restaurants auf ihre Gäste mit griechischen Klassikern und internationalen Standardgerichten eingestellt. Wer jedoch abseits davon auf dem Land unterwegs ist, kann in Tavernen die teils überraschenden Aromen der traditionellen Inselküche genießen. Gehen Sie auf Entdeckungstour, und lernen Sie den Geschmack von Wildgemüse kennen. Kosten Sie die würzigen Käse und den süß-herben Honig, der nach Kretas Sonne und seinen aromatischen Kräutern schmeckt.

Frischer Thymian

Die Kreta-Diät

Rund ums Mittelmeer wird überall nicht nur gut, sondern auch gesund gegessen – ungeschlagen ist in dieser Hinsicht die traditionelle kretische Kost. Die besondere Wirkung der »Kreta-Diät«, wie sie von Wissenschaftlern zugkräftig getauft wurde, ergibt sich aus der Kombination der exzellenten Zutaten, die auf der Insel produziert werden. Gemüse, Kräuter und Obst nehmen einen großen Anteil in der Ernährung ein und versorgen mit Vitaminen, Mineralien und sekundären Pflanzenstoffen. Das üppig verwendete kretische Olivenöl (siehe S. 117) liefert reichlich essenzielle Fettsäuren. Und selbst Kretas Wein ist mit seinem extrem hohen Anteil an Vitamin E ein Sonderfall.

Gemüse

Kretas Küche ist eine ausgesprochene Gemüseküche, in der Gärten und Felder die farbenfrohen Grundzutaten wie Tomaten, Paprika, Artischocken, Okras, Karotten, Fenchel, Spinat und Kartoffeln liefern. Sie werden gedünstet, gebraten, frittiert, mit Reis, Käse oder Fleisch gefüllt, zu Pürees, Pasteten, Eintöpfen und Aufläufen verarbeitet oder als Salat serviert. Eine Hauptrolle spielen Zucchini (*kolokithakia*) und Auberginen (*melitzanes*). Köstlich sind beispielsweise gefüllte Zucchiniblüten (*anthous*) oder *briam*, ein Gemüseauflauf aus Zucchini, Auberginen, Paprika, Tomaten und Kartoffeln.

Eine Bereicherung sind sicherlich die Wildgemüse (*chorta*), die nach alter Tradition gesammelt werden. Am bekanntesten sind das spinatähnliche *vlíta* und Portulak (*glystrida*). *Stamnagathi* – eine Wegwartenart – hat sich mittlerweile auch einen Platz in der jungen ambitionierten griechischen Küche erobert. *Chorta* werden oft gedünstet und als Salat angerichtet. Sie bieten zart nussige bis bittere, teils ungewöhnliche Aromen.

Typisch kretisch sind Gerichte mit Hülsenfrüchten wie weiße Bohnen, Kicher- und Platterbsen. Sie werden bevorzugt in Eintöpfen verkocht oder zu Pürees verarbeitet und als *mezedes* (Vorspeisen) serviert. Probieren Sie Hummus aus Kichererbsen und Fava aus Platterbsen. Letzteres wird mit Olivenöl und Zwiebeln angemacht und ist fast nur auf Kreta erhältlich.

Fleischgerichte

Da auf Kreta neben Ziegen vorwiegend Schafe gezüchtet werden, spielt Lammfleisch eine Hauptrolle: Gegrillte Koteletts (*paidaki*), Souvlaki, Hackbällchen (*keftedes*) und Schmorbraten (*kleftiko*) stehen quasi auf allen Speisekarten. Zu Ostern grillt man auf Kreta ein Lamm am Spieß und kocht aus den Innereien die *Margiritsa*-Suppe. Sie ist wie die Kuttelsuppe *patsa* ein deftiger Genuss. Schweinefleisch wird zu Weihnachten gegessen und in Lokalen häufig als Spanferkel serviert – oder in Kräutern geräuchert als *apaki*.

Lammkarree vom Grill

◀ Mediterraner Genuss: griechischer Salat, Fleischspieße – und etwas Süßes zum Schluss

Bauernsalat (Choriatiki salata)
Zu dem beliebten Salat gehören Tomaten, Gurken, Zwiebeln, Oliven und Feta-Käse.

Spanakopita
Die würzige Spinatpastete ist ein griechischer Klassiker und wird gern als Snack gegessen.

Brot

Brot *(psomi)* gehört zu jeder Mahlzeit. Es wird z. B. mit Rosinen oder Kräutern variiert und an Feiertagen kunstvoll verziert. Das doppelt gebackene *paximadi* weicht man vor dem Verzehr mit Wasser auf. Mit Olivenöl, Tomaten und Käse ist es als *dakos* eine leckere Vorspeise.

Käse

Für Käsefreunde ein Gedicht sind die von den Kretern geliebten heimischen Käsesorten. Graviera ist ein Hartkäse aus Schafmilch, der als junger Malaka eine Konsistenz wie Mozzarella besitzt. Sehr würzig ist er als gereifter Kefalograviera. Mit dem weichen Myzithra aus Ziegen- oder Schafmolke werden z. B. Pasteten gefüllt. Staka, eine Art Butterschmalz aus Ziegen- oder Schafmilch, wird gern warm zu Brot gegessen.

Fisch und Schnecken

In Restaurants an der Küste findet man natürlich ein breites Seafood-Angebot, im Landesinneren ist Fisch dagegen ziemlich rar. Eine Ausnahme bilden seit Kurzem die Forellen aus dem Votomos-See *(siehe S. 96)*. Typische einfache Fischgerichte sind z. B. kleine gebackene *gopa* (Gelbstriemen), die als *mezedes* serviert werden. An der Küste erhält man auch überall

Oregano

Tintenfisch *(siehe S. 119)* und gebratene Sardinen *(sardeles)*. Fischliebhaber freuen sich auf ein zartes Filet vom Schwertfisch *(xifias)* oder die Fischsuppe *kakavia*. Sie wird mit Olivenöl, Tomaten und Kräutern geköchelt.

In Zitronensauce, Wein, Reis oder mit Gemüse geschmort – für Schnecken gibt es auf Kreta zahllose Rezepte. In Öl gebraten, gibt es sie als *boubouristi* – als Snack zu Wein.

Obst

Granatäpfel, Orangen, Bananen, Feigen, Trauben, Kirschen … Kretas Obstangebot ist immens. Es ist eine beliebte Nachspeise. In Zuckersirup eingelegt, wird es zur »Löffelsüßigkeit« *glyko tou koutalio*.

Getränke

Wein *(krasi)*, vor allem Rotwein, gehört zu Kretas kulinarischer Kultur wie das Amen in der Kirche. Auch Bier *(bira)* wird gern getrunken und in Griechenland nach dem Reinheitsgebot gebraut. Einheimische Sorten sind Mythos, Fix und Alfa. Hochprozentig schließt man eine Mahlzeit mit Tsikoudia ab. Der Tresterschnaps heißt auf Kreta auch Raki *(siehe S. 147)*, nicht zu verwechseln mit türkischem Raki, der wie Ouzo mit Anis aromatisiert ist.

Griechischer Kaffee wird aus sehr feinem Pulver mit Wasser aufgekocht und vor allem im Kafenio getrunken *(siehe S. 133)*. Eine Spezialität sind die kretischen Kräutertees Malotira und Diktamo. Sie schmecken gut und sind auch noch gesund – typisch Kreta eben.

Frisches Obst ist eine Hauptsäule der »Kreta-Diät«

Speisekarte

Traditionell besteht der erste Gang aus verschiedenen *mezedes* (Vorspeisen). Man bekommt sie tagsüber in *rakadiko* oder Bars. Den nächsten Gang bilden Fleisch oder Fisch, meist mit Salat. Das Dessert besteht traditionell aus frischen Früchten. Süßes Gebäck und Kuchen kauft man in der Regel in der Konditorei. Das Grundnahrungsmittel Brot wird zu jeder Mahlzeit gereicht. Wenn Kreter mit einer *parea* (Tischgemeinschaft) essen gehen, bestellen sie viele verschiedene Gerichte *(mezedakia)*, die auf jeweils eigenen Tellern serviert werden. Jeder kann sich davon nehmen.

**Koulourakia –
griechisches Ostergebäck**

Keftedes sind in Öl gebratene Frikadellen aus Hackfleisch, Ei, Brot, Kräutern und Kreuzkümmel.

~ ΜΕΖΕΔΕΣ ~
Mezedes

Oliven — **Ελιές**
Elies

Gesalzene Creme aus Fischrogen — **Ταραμοσαλάτα**
Taramosolata

Dip aus Joghurt und Gurke — **Τζατζίκι**
Tzatziki

Κεφτέδεσ
Keftedes

Püree aus gelben Platterbsen und Olivenöl — **Φάβα**
Fava

Auberginenpüree — **Μμελιτζανοσαλάτα**
Melitzanosalata

Weinblätter, gefüllt mit Reis — **Ντολμάδες**
Ntolmades

μελιτζάνες ιμάμ μπαϊλντί
Melitzanes imam baildi

Auberginen, gefüllt und gebacken — ~ ΨΑΡΙΑ ~
Psaria

Πλακί
Plaki

Fisch schmeckt an der Küste am besten. — **σχάρας**
Scharas

Gegrillter Tintenfisch — **Καλαμάρι Τηγανητό**
Kalamaria Tiganita

Choriatiki salata, griechischer Salat, besteht aus Tomaten, Gurken, Zwiebeln, Oliven, Kräutern und Feta-Käse.

Psari plaki ist ein – häufig im Ganzen – servierter Fisch mit Gemüse.

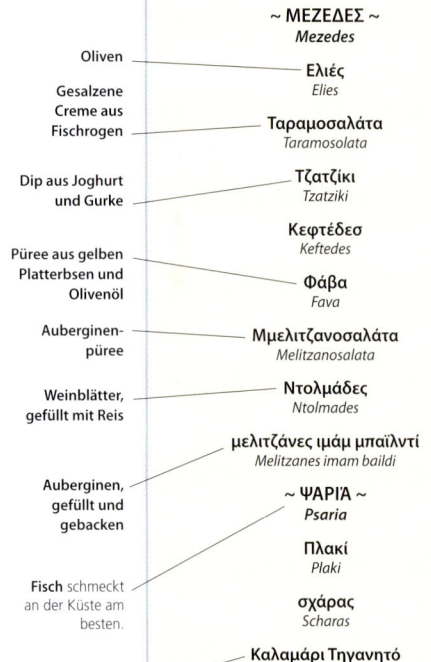

Scharas heißt »vom Grill«, das Gericht kann aus Fleisch, Fisch oder Gemüse bestehen. Hier wurde ein Lammkarree über Holzkohle gegrillt.

Mezedes

Mezedes werden als Vorspeise serviert. *Taramosalata* ist ein Püree aus gesalzenem Fischrogen und Semmelbröseln oder Kartoffeln. *Melitzanosalata* wird aus gegrillten Auberginen und Kräutern zubereitet, *Revithosalata* aus Kichererbsen, Koriander und Knoblauch. *Melitzanes imam baildi* sind mit Zwiebeln, Tomaten und Kräutern gefüllte Auberginen, Dolmades mit Korinthen, Pinienkernen und Reis gefüllte Weinblätter. Eine kretische Spezialität ist *fava*, ein Püree aus gelben Platterbsen und Olivenöl.

Revithosalata · Dolmades · Melitzanes imam baildi · Taramosalata

Typische Auswahl an *mezedes*

~ ΚΡΈΑΣ ~
Kreas

Μουσακάς
Mousakas

Σουβλάκια
Souvlakia

Χoirino σουβλάκι
Choirino souvlaki

Κλέφτικο
Kleftiko

Λαχανικά και Σαλάτα
Lachanika kai salatika

χωριάτικη σαλάτα
Choriatiki salata

Μeλιτζάνες και κολοκυθάκια τηγανιτά
Melitzanes kai kolokythakia tiganita

~ ΕΠΙΔΌΡΠΙΑ ~
Epidopia

Τιραμισού
Tiramisu

Παγωτό
Eis

Χαλβάς
Chalvas

Γλυκά του κουταλιού
Glyka tou koutaliou

Fleisch wird auf Kreta häufig gegrillt serviert.

Kleftiko ist meist saftiges Lammfleisch, das in einem geschlossenen Behälter geschmort und oft in Pergament serviert wird.

Gemüse und Salat sind in der Regel einheimische Produkte.

Bauernsalat

Gebratene Auberginen und Zucchini

Desserts sind oft einfach nur Obst, Gebäck oder Joghurt.

Halva

»**Löffelsüßigkeiten**« (in Sirup eingelegte Früchte)

Souvlaki sind saftige Schweinefleischspießchen vom Grill, die mit Zitrone, Kräutern und Olivenöl gewürzt werden.

Moussaka, das wohl bekannteste Gericht Griechenlands, wird in zahlreichen, auch vegetarischen Varianten zubereitet.

Giaourti kai meli (Joghurt mit Honig) gibt es in speziellen »Milchläden« auch zum Mitnehmen.

Süßes Gebäck mit Nüssen und Honig, sirupgetränkte Kuchen und Pasteten werden in Cafés gegessen. Beliebt sind Baklava (aus Blätterteig und Nüssen) und *kataifi* (süße Röllchen mit Sirup).

WELLNESS

Den Alltag weit hinter sich lassen, Stress abbauen und Energie tanken – im Urlaub hat man endlich Zeit, sich auf das eigene Wohlbefinden zu konzentrieren. Eine verlockende Vorstellung, die sich auf Kreta großartig erfüllen lässt. Vom Sonnenanbeter bis zum Aktivsportler findet auf der Insel jeder seinen ganz persönlichen Weg zur wohlverdienten Rundumerholung.

Entschleunigung suchen und Harmonie von Körper, Geist und Seele finden – Yoga-Kurse eignen sich hierfür perfekt. Kreta ist ein Zentrum der europäischen Yoga-Szene. Anfänger finden ebenso wie Profis ideale Bedingungen, in traumhafter Landschaft die Vitalität zu steigern und Gelassenheit zu finden.

Der Königsweg zur ganzheitlichen Entspannung ist für viele ein Urlaub in einem der luxuriösen Wellness-Hotels, die sich auf der Insel einen Namen gemacht haben. Mit einem umfassenden Angebot, zu dem Massagen, Thalasso-Kuren und Fitnessprogramme ebenso gehören wie eine exzellente Küche, verwöhnen sie ihre Gäste auf höchstem Niveau. Privatsphäre wird großgeschrieben, etwa mit eigenem Pool direkt vor dem Zimmer – ein Wohlfühltraum.

Spas, Beauty und Yoga

Massagen, Thalasso-Kuren, Fitnessprogramme – Wellness in allen Varianten wird auf Kreta großgeschrieben. Die Insel ist zudem ein Hotspot der internationalen Yoga-Szene. Seit Jahrzehnten kann man hier in speziellen Yoga-Zentren unter fachkundiger Anleitung Körper, Geist und Seele in Harmonie bringen. Kurse bieten auch die großen luxuriösen Wellness-Hotels an, die seit einigen Jahren an Beliebtheit gewinnen. Mit ihren Spas und qualifizierten Mitarbeitern haben sie sich ganz dem Wohlergehen ihrer Gäste verschrieben.

Aromaöle steigern das Wohlbefinden

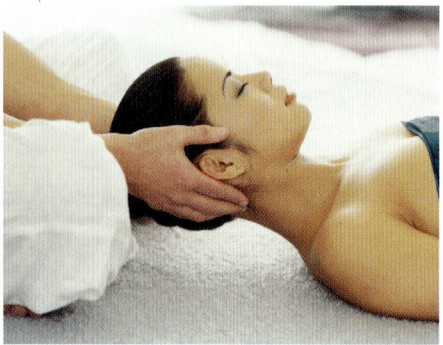

Massagen
Professionelle Massagen gehören zum Grundangebot von Wellness-Hotels. Hierbei kommt auch das kretische Olivenöl mit seinen hautfreundlichen Wirkstoffen zum Einsatz. Häufig wird es mit heimischen Heilkräutern versetzt.

Oliven

Top 5 Wellness-Hotels

★ Aquila Elounda Village, Elounda
★ Candia Maris Resort & Spa Center, Malevizi
★ Daios Cove, Agios Nikolaos
★ Ikaros Beach Luxury Resort & Spa, Malia
★ Amirandes Grecotel Exclusive Resort, Kato Gouves

Wellness
Für immer mehr Menschen bedeutet Erholung auch Wellness – ein ganzheitliches Wohlbefinden, das sowohl Körper als auch Psyche umfasst. Mit vitalisierenden und entspannenden Wellness-Angeboten ist Kreta ein exzellentes Reiseziel, um Stress abzubauen und Energie zu tanken.

Wellness-Hotels
In den letzten Jahren sind auf Kreta einige Hotels entstanden, die Luxus pur bieten, mit ausgezeichneten Spas ausgestattet sind und mit einem breiten Wellness-Angebot aufwarten. Die Palette reicht von Massagen über kosmetische Behandlungen und Thalasso-Kuren bis zum Fitnessprogramm mit Personal Trainer.

◄ **Im Pool mit Blick aufs Meer – pure Entspannung**

Yoga

An der Südküste kann man schon länger Yoga-Ferien machen. Viele Besucher schätzen dort gerade die Ruhe und Abgeschiedenheit. Mittlerweile bieten aber auch große Hotels Yoga- sowie Pilates-Kurse an. An der Nordküste findet man Veranstalter für Paddleboard Yoga.

Top 3 Yoga-Retreats

★ Yoga Rocks, Triopetra
★ Yoga On Crete, Chora Sfakion
★ Yoga Plus, Agios Pavlos

Entschleunigung

Der Hektik des Alltags entkommen und in der Ruhe wieder zu sich selbst finden – einige Hotels bieten dazu Suiten mit Privatpool an.

Thalasso-Therapie

Durch seine Insellage ist Kreta ideal für Thalasso-Therapien. Sonne und reine Luft tragen dazu bei, dass die Heilkräfte von Meerwasser, Seeklima und Algen ihre ganze Wirkung entfalten können. Die Behandlungen versorgen den Körper mit Mineralstoffen und Spurenelementen. Sie wirken stressabbauend, beugen vielen Leiden vor – und schön machen sie auch.

Frische Früchte werden für Smoothies verwendet

Weitere Informationen siehe Seiten 166f

SHOPPING

Endlich Zeit: um in aller Ruhe zu flanieren, sich ohne Hast jedes Schaufenster anzusehen, mit gründlicher Begeisterung die Auslagen in den Läden zu begutachten und auf Märkten in der gebotenen Muße ein sinnliches Gesamtkunstwerk aus Gerüchen und Aromen, Farben und Formen in sich aufzunehmen – Urlaubszeit ist selbstverständlich (auch) Shopping-Zeit.

Hübsche Ledersandalen oder bunte Webdecken? Schöner Schmuck oder noble Kopien von antiken Museumsstücken? Landestypische Souvenirs gibt es auf Kreta für jeden Geschmack. Ganz egal, was man auf der Insel letztendlich ersteht, zu Hause wird es einen immer an die heitere Ferienstimmung erinnern.

Da die Erinnerung genau wie die Liebe durch den Magen geht, lässt sich das Urlaubsglück besonders gut mit kretischen Delikatessen heraufbeschwören: mit goldenem Olivenöl, Kräutern und Tees, herbsüßem Honig und nicht zuletzt mit dem Wein der Insel.

Souvenirs

Oliven und Produkte aus Oliven sind auf Kreta erste Wahl, dies gilt auch für qualitativ hochwertigen Honig. Hoch im Kurs stehen zudem Ikonen sowie Keramiken, die ebenso wie Schmuck teils nach antiken Vorbildern gestaltet werden. Die besten Kopien antiker Skulpturen bieten die offiziellen Museumsshops in Knossos und Rethymno. Schöne, authentische Souvenirs findet man insbesondere in Rethymno, Chania, Agios Nikolaos oder in den Töpferdörfern Margarites und Thrapsano.

Salatbesteck aus Olivenholz

Keramik

Töpferwaren in allen erdenklichen Formen sind insbesondere in den Städten erhältlich. Typisch kretische Keramiken findet man in den Töpferdörfern Margarites *(siehe S. 134)* und Thrapsano *(siehe S. 96)*. Dort kann man sogar riesige Pithoi (Vorratsgefäße) kaufen, wie sie in den minoischen Palästen gefunden wurden.

Unglasierte Amphoren

Tassen und Deko-Obst aus Keramik

Ikonen

Alte Ikonen dürfen aus Griechenland nur mit einer speziellen Genehmigung ausgeführt werden. Neue, hochwertige Ikonen bieten u. a. Ateliers in der Altstadt von Iraklio und von Rethymno an. Der Tradition entsprechend werden Ikonen von einem Priester geweiht.

Patriarch Konstantin

Ikone mit Heiligen

Olivenöl

Olivenöl, sei es pur oder in Kosmetika verarbeitet, drängt sich in Kreta als Mitbringsel auf. Gutes Öl erhält man in Bioläden und direkt bei Produzenten. Häufig kann man es sich nach Hause schicken lassen, im Fluggepäck führen Olivenölkanister allzu schnell zu Übergepäck.

Creme mit Oliven- und Arganöl

Olivenöl

Seifen mit Olivenöl

Holzwaren

Eine Besonderheit sind geschnitzte Souvenirs aus Olivenholz. Das teils auffällig gemaserte Holz fällt beim Beschneiden uralter Bäume an, die noch weiter Oliven tragen. Es muss lange gelagert werden und ist nicht leicht zu bearbeiten. Zur Pflege reibt man es mit Olivenöl ein.

Aus Olivenholz gefertigte Tavli-Spiele

◀ Bekannt für günstige Preise – die »Lederstraße« in Chania *(siehe S. 138–140)*

Schmuck

In allen Städten und Urlaubsorten bieten Juweliergeschäfte geschmackvollen Schmuck. Besonders beliebt sind Arbeiten, die sich an antiken minoischen Vorbildern orientieren. Wer für seine Antikenbegeisterung weniger Geld ausgeben möchte, findet Modeschmuck mit berühmten Motiven.

Diskos von Phaestos als Anhänger

Goldschmuck

Komboloi

Die kleinen Perlenketten sind die traditionellen »Spielkonsolen« griechischer Männer. Sie werden geschickt um die Finger gewickelt und geworfen – großartig zum Nachdenken und Stressabbau.

Mpriki heißen die Kaffeekännchen mit langem Handgriff, in denen griechischer Kaffee zubereitet wird. Oft sind sie aus Kupfer.

Strandtuch

Strandutensilien

In allen Urlaubsorten findet man die richtige Ausstattung für unbeschwerte Tage am Strand: Hüte, Brillen und Sonnenschutzcremes, bunte Strandtücher und Taschen, Sandspielzeug für Kinder sowie Flossen und Schnorchel für Unterwasserabenteuer.

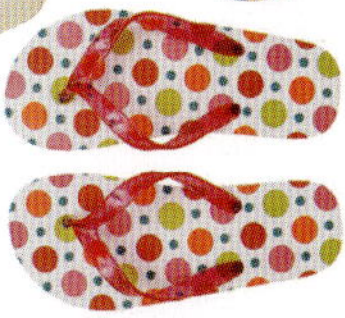

Flipflops

Strohhüte

Naturschwämme

Naturschwämme gehören zu den größten Posten, die Kretas Fischer aus dem Mittelmeer an Land holen. Sie werden auf der ganzen Insel auf Märkten und in Läden in allen möglichen Größen angeboten. Die leicht transportierbaren Schwämme sind beliebte Souvenirs – und bieten Wellness im Alltag. Die hypoallergenen Meereswesen sorgen durch sanftes Peeling für glatte Haut.

Weitere Informationen *siehe Seiten 160f*

FESTE

Wenn zu Pfingsten der Mond über Matala scheint, wird die Nacht zum Tag. Tausende treffen sich am Strand, um beim Beach Festival bei Live-Musik und kalten Getränken bis in die frühen Morgenstunden zu feiern. An Kretas ruhiger Südküste ist die Riesenparty einer der wichtigsten Termine im Veranstaltungskalender.

Im Lauf der folgenden Wochen kommt schließlich die ganze Insel in Partylaune: In der Hochsaison wird nicht nur in den Clubs und Lokalen bis spät in die Nacht gefeiert, auch die Musik- und Kulturfestivals der Städte, etwa das Renaissance-Fest in Rethymno, bieten mit einem breiten Programm reichlich Unterhaltung.

Feste werden nicht nur in der Hochsaison, sondern das ganze Jahr über häufig und gern mit gutem Essen und Musik begangen. Zu den Nationalfeiertagen dürfen lange Paraden nicht fehlen. Anlässe zum Feiern gibt es genug: Kirchweihfeste an den Namenstagen der Schutzpatrone von Dörfern und Städten mit Musik und Tanz am Vorabend, Feste zu Spezialitäten von Kartoffeln über Käse bis Wein – und natürlich Ostern und all die anderen wichtigen kirchlichen Feiertage, die oft im Kreis von Familie und Freunden begangen werden.

Das Jahr auf Kreta

Weltliche Gedenktage und kirchliche Feiertage bestimmen den Festkalender auf Kreta, die Veranstaltungen der Kulturfestivals in den Städten bereichern den Sommer. Das wichtigste christliche Fest ist Ostern, an dem fröhliche Familienfeiern stattfinden. Der Termin orientiert sich in der orthodoxen Kirche wie alle anderen beweglichen Kirchenfeste nach dem julianischen Kalender: Ostern wird deshalb in Griechenland ein bis fünf Wochen später als in den westlichen Kirchen gefeiert – entsprechend verschieben sich auch der drei Wochen lange Karneval vor der 40-tägigen österlichen Fastenzeit und einige Feiertage.

Zum Osterfest: Hefebrot *tsoureki* und rote Eier *(Apr / Mai)*

FRÜHLING

Die Frühlingsmonate sind bereits angenehm warm – perfekt für den Karneval und die Grillfeste zu Ostern.

März

Kathara Deftera *(Feb oder März)*. Am »Sauberen Montag« feiert man bei durchaus üppigen Fastenspeisen den Beginn der 40-tägigen Fastenzeit.
Unabhängigkeitstag *(25. März)*. Auf den Nationalfeiertag (Gedenken an den Beginn der Griechischen Revolution 1821) fällt auch das Kirchenfest Mariä Verkündigung.

April / Mai

Ostern *(April oder Mai)*. Zum höchsten orthodoxen Kirchenfest gehören Feuerwerk und Festessen *(siehe S. 9)*.

SOMMER

Im Sommer herrscht Hochsaison – auch in Hinblick auf die vielen Feste, die auf der ganzen Insel veranstaltet werden.

Juni

Matala Beach Festival *(Anfang – Mitte Juni)*. Matala. An Pfingsten treten am Strand Bands auf. Große Party.
Rethymno Sommerfestival *(Juni – Sep)*. Rethymno. Kretas Festivalreigen beginnt mit kulturellen Veranstaltungen.

Juli

Cretan Diet Festival *(Juli)*. Rethymno. Im Stadtgarten präsentieren kretische Produzenten ihre Erzeugnisse, auch für Unterhaltung ist gesorgt.
Chania Kultursommer *(Juli – Sep)*. Chania, Kastelli Kissamou, Georgioupoli: Veranstaltungen und Konzerte auf öffentlichen Plätzen.
Lato *(Juli / Aug)*. Agios Nikolaos. Lato-Kulturfest mit Konzerten, Musik und Ausstellungen.
Kornaria *(Juli / Aug)*. Sitia. Kornaria-Festival mit Musik, Tanz, Theater und Ausstellungen.

August

Metamorphosis *(5. Aug)*. Am Abend vor dem Hochfest Verklärung Christi findet auf dem Juchtas eine Prozession statt.
Mariä Himmelfahrt *(15. Aug)*. Der hohe orthodoxe Feiertag (Entschlafung der Gottesmutter) ist in vielen Orten der Termin für das Kirchweihfest.
Schäferfest *(Mitte Aug)*. Katharo-Hochebene. Verkostung von Myzithra-Käse bei Lyra-Musik.
Agios Titos *(25. Aug)*. Iraklio. Große Prozession mit dem Reliquiar des heiligen Titus.
Kartoffelfest *(Ende Aug)*. Tzermiado, Lasithi-Hochebene. Dreitägiges Kartoffelfest.
Renaissance-Fest *(Aug oder Sep)*. Rethymno. Ihre kosmopolitische Tradition und ihr Renaissance-Erbe feiert die Stadt mit Konzerten, Umzügen und Ausstellungen.

Feiertage

Januar	Februar	März	April	Mai	Juni
Protochronia Neujahr *(1. Jan)* **Theofania** Heilige Drei Könige *(6. Jan)*	**Kathara Deftera** »Sauberer Montag« *(Feb oder März)*	**Ikosti-pempti Martiou** Unabhängigkeitstag *(25. März)*	**Kiriaki tou Pascha** Ostersonntag *(Apr oder Mai)* **Deftera tou Pascha** Ostermontag *(Apr oder Mai)*	**Ergatiki Protomagia** Tag der Arbeit *(1. Mai)*	**Pentekosti** Pfingsten *(variabel)*

◄ Kretisches Ostergebäck – die roten Eier symbolisieren das Blut Christi *(siehe S. 9)*

Traditionelle Fischerei – auf Kreta immer schwieriger, aber noch in Festen wie dem Sardinenfest präsent

HERBST

In einigen Städten dauert der Kultursommer bis in den September, bei den Kretern rücken Olivenernte und Weinlese ins Zentrum der Aufmerksamkeit.

September

Sardinenfest *(Anfang Sep).* Chania. Am Strand des Stadtteils Nea Chora gibt es zum Sardinenfest kostenlose Sardinen, Wein, Tanz sowie Musik.

Oktober

Tsikoudia-Fest *(Okt).* Chania. Im venezianischen Hafen wird mit traditionell gebranntem Raki, Tanz und Musik gefeiert.
Ochi-Tag *(28. Okt).* Der Nationalfeiertag erinnert an Griechenlands »Nein« zu Mussolinis Ultimatum vor dem Angriff am 28. Oktober 1940.

November

Arkadi-Wallfahrt *(8. Nov).* Gedenken im Kloster Arkadi an den Widerstand gegen die Osmanen 1866.
Polytechnio *(17. Nov).* Gedenktag für die Studenten an der Technischen Universität in Athen, die sich gegen die Militärdiktatur auflehnten.

WINTER

Nach den besinnlichen Festen zu Weihnachten und am Dreikönigstag (orthodox: Taufe Christi) begrüßt der Karneval das Ende des Winters.

Dezember

Weihnachten *(25./26. Dez).* Weihnachten wird mit Familie und Festschmaus gefeiert – traditionell ohne Geschenke.

Januar

Neujahr *(1. Jan).* In der Silvesternacht bringt der heilige Vassilios Geschenke, der Neujahrskuchen *vassilopita* wird angeschnitten. Wer die eingebackene Münze findet, hat Glück im neuen Jahr.
Heilige Drei Könige *(6. Jan).* Zu *Theofania* wirft der Priester bei der Wasserweihe ein Kreuz ins Wasser, das Gemeindemitglieder wieder heraufholen.

Februar

Karneval *(Feb und März).* Im Karneval gibt es drei Wochen lang Kostümpartys sowie am »rauchigen Donnerstag« *(Tsiknopempti)* Grillfeste. In Rethymno und Iraklio finden Umzüge am letzten Sonntag statt.

Trachtengruppe bei der Parade am Ochi-Tag in Chersonissos *(28. Okt)*

ANTIKE

Ein Stierwesen, »**Schlangenpriesterin-nen**«, das Labyrinth – die minoische Religion mit Bergheiligtümern, heiligen Höhlen, Totenkult und Verehrung des Stiers ist immer noch geheimnisvoll-rätselhaft, die Schrift der ersten europäischen Hochkultur noch nicht entziffert. Die minoische Götterwelt wird später von der griechischen Mythologie überlagert, in ihr leben viel ältere Mythen aus Kreta weiter *(siehe S. 92f)*. So soll Zeus in einer Höhle auf Kreta geboren und versteckt worden sein, der legendäre König Minos war ein Sohn des Zeus, der Minotaurus ein Sohn des Poseidon – und nicht umsonst entführt Zeus Europa in Gestalt eines Stiers auf die Insel.

Die einzigartige minoische Architektur mit ihren eleganten Fresken wird später durch griechisch-mykenische, hellenistische und römische Tempel und Bauten abgelöst. Von ihnen ist wenig geblieben.

Statuen und Keramiken stammen teils aus archaischer Zeit. Vor allem die polychrom bemalten Vasen sind Vorläufer der klassischen griechischen Vasenkunst.

Antike Götter und Helden

Schon in der Bronzezeit wurden griechische Mythen und Sagen mündlich überliefert. Einiger ihrer Ursprünge liegen auf Kreta, der Wiege der europäischen Kultur. Seit der schriftlichen Fixierung im frühen 6. Jahrhundert sind sie fester Bestandteil der abendländischen Literatur. Sie erzählen die Schöpfungsgeschichte sowie von den Göttern und Sterblichen des »Goldenen Zeitalters«. Sie berichten auch von der Ära der Heroen, den mythischen Helden wie Theseus und Herakles. Die Götter und Göttinnen sind nicht frei von menschlichen Begierden und Schwächen. Sie sind Mitglieder einer Familie mit Zeus als Oberhaupt. Zeus zeugte zahlreiche Kinder, die alle in der mythischen Welt eine Rolle spielten.

Hades und Persephone herrschten als Königspaar über das Totenreich, die Unterwelt. Persephone, die Tochter von Demeter, der Göttin des Ackerbaus, wurde von Hades entführt und musste vier Monate im Jahr von ihrer Mutter getrennt verbringen.

Poseidon, ein Bruder des Zeus, war Herrscher über das Meer. Symbol seiner Macht war der Dreizack. Er heiratete die Meeresnymphe Amphitrite, nahm es aber mit der Treue nicht allzu genau. So verführte er etwa Pasiphae, die Frau des kretischen Königs Minos (dessen Onkel er war). In der Folge kam es zur Geburt des menschenfressenden Minotaurus *(siehe S. 92)*.

Zeus herrschte vom Olymp aus über alle Götter und Sterblichen. Einer seiner Söhne war König Minos von Kreta.

Klymene, Helios' Tochter, war eine Nymphe. Ihr Sohn Prometheus erschuf den Menschen.

Hera, die Schwester und Gemahlin von Zeus, war wegen ihrer Eifersucht berüchtigt.

Athene, die Göttin der Weisheit, entsprang Zeus' Haupt in voller Rüstung.

Paris sollte der schönsten von drei Göttinnen einen goldenen Apfel überreichen.

Eris war die Göttin der Zwietracht.

Paris' Hund half seinem Herrn, der auf dem Berg Ida aufwuchs, beim Hüten der Herde.

Dionysos, Gott der Fruchtbarkeit und des Weins, entsprang Zeus' Oberschenkel. Auf dieser bemalten Schale (6. Jh. v. Chr.) ruht er in einem Schiff, dessen Mast ein Rebstock ist. Er vermählte sich mit Ariadne, der Tochter des Kreterkönigs Minos.

Göttlicher Streit

Die Szene auf der Vase spielt am Berg Ida. Als Hera, Athene und Aphrodite darum stritten, welche von ihnen die Schönste sei, ließ Hermes Paris, einen trojanischen Prinzen, entscheiden. Paris wählte Aphrodite. Sein Lohn war die Liebe der Helena. Paris raubte sie ihrem Gemahl, Menelaos von Sparta, und löste damit den Trojanischen Krieg aus.

◀ **Klassische griechische Antike: Karyatiden der Korenhalle des Erechtheion, Athen**

Artemis, Göttin der Jagd, war eine Tochter des Zeus und Zwillingsschwester des Apollon. Sie wird dargestellt mit Pfeil und Bogen, Jagdhunden und Nymphen, in deren Begleitung sie die Wälder durchstreifte. Möglicherweise geht sie auf eine kretische Berggöttin (Britomartis) zurück.

Das Glück, hier in Gestalt zweier Göttinnen, begrüßt den Sieger mit goldenen Lorbeerblättern. Lorbeerkränze zeichneten die Gewinner von Musik- und Sportwettbewerben aus.

Helios, der Sonnengott, lenkte täglich seinen mit vier Feuer speienden Rossen bespannten Wagen über den Himmel.

Aphrodite, die Liebesgöttin, hier abgebildet mit ihrem Sohn Eros, wurde aus dem Schaum des Meers geboren.

Hermes war der Götterbote.

Apollon, Sohn des Zeus und Zwillingsbruder der Artemis, war Gott der Heilkunst, der Sühne und der Musik. Zugleich verkörperte er das griechische Schönheitsideal.

Die Taten des Herakles

Herakles (lat. Herkules) war ein Sohn des Zeus und der sterblichen Alkmene. Um die Unsterblichkeit zu erlangen, musste er »Zwölf Arbeiten« ausführen. Einer anderen Überlieferung zufolge kam er aus Kreta nach Griechenland und begründete die ersten Olympischen Spiele. Als siebte Arbeit bändigte er übrigens den Kretischen Stier.

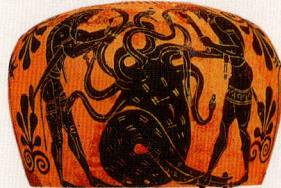

Die Tötung der Lernäischen Hydra war die zweite Arbeit des Herakles. Jedem abgeschlagenen Haupt dieser neunköpfigen Riesenschlange wuchsen zwei nach. Herakles bewältigte diese Aufgabe mit Athenes Beistand.

Der Erymanthische Eber wütete am Berg Erymanthos. Herakles' vierte Arbeit bestand darin, ihn einzufangen. Er überbrachte ihn lebend König Eurystheus.

Die Stymphaliden, Menschen fressende Ungeheuer mit eisernen Schnäbeln und Krallen, trieben am See Stymphalia ihr Unwesen. Herakles hatte sie in seiner sechsten Arbeit zu vertreiben. Er tötete sie mit der Steinschleuder (oder mit Pfeil und Bogen).

Tempelarchitektur

Die bedeutendsten Gebäude des antiken Griechenland waren Tempel. Die frühesten entstanden im 8. Jahrhundert v. Chr. aus Holz und luftgetrockneten Ziegeln. Ab dem 6. Jahrhundert gab es Marmorbauten. Auf Kreta gibt es nur wenige Spuren klassischer antiker Bauten. Reste griechischer Tempel finden sich auf der Insel etwa in Gortyn, Eleutherna und Oaxos.

Phidias bei der Arbeit am Parthenon

Tempelbau
Die Zeichnung illustriert Aufbau und Funktion eines idealtypischen dorischen Tempels.

Die Cella, der heilige Hauptraum, beherbergte das Kultbild.

Der Tympanon (Giebelfeld) enthielt meist Skulpturen.

Das Kultbild war die Statue der Gottheit, welcher der Tempel geweiht war.

Die Kanneluren meißelte man meist an Ort und Stelle.

Eine Rampe führte zum Eingang.

Die Stufenplattform ruhte auf einem Steinfundament.

Die Säulentrommeln wurden bossiert (grob behauen), ehe man sie platzierte.

700 Erster Poseidon-Tempel, Isthmia (archaisch) und erster Apollon-Tempel, Korinth (archaisch)	**550** Zweiter Apollon-Tempel, Korinth (dorisch)	**520** Tempel des Olympischen Zeus, Athen (begonnen dorisch, vollendet korinthisch im 2. Jh. n. Chr.) **6. Jh.** Artemis-Tempel, Brauron (dorisch)		*Detail des Parthenon-Giebelfelds*
700 v. Chr.	**600 v. Chr.**	**500 v. Chr.**	**400 v. Chr.**	**300 v. Chr.**
	460 Zeus-Tempel, Olympia (dorisch)		**4. Jh.** Apollon-Tempel, Delphi (dorisch); Tempel der Athena Alea, Tegea (dorisch mit erstem korinthischen Kapitell)	
7. Jh. Hera-Tempel, Olympia (dorisch)	**447–405** Tempel der Akropolis, Athen: Athena Nike und Erechtheion (ionisch), Parthenon (dorisch)		**440–430** Poseidon-Tempel, Sounio (dorisch)	
	445–425 Apollon-Tempel, Bassae (dorisch und ionisch)			

Die Stirnseiten waren von Akroterien (Statuen) gekrönt – hier von einer Nike, der geflügelten Siegesgöttin. Obere Tempelbestandteile sind kaum erhalten geblieben.

Das Dach ruhte auf Holzbalken. Die Deckung bestand aus Reihen von Tonziegeln mit vertikalen Stirnziegeln am First.

Entwicklung der Tempelarchitektur

Die drei Stilrichtungen entstanden in chronologischer Folge. Sie sind am besten an den Säulenkapitellen zu erkennen.

Dorische Tempel waren von kräftigen Säulen mit schlichten Kapitellen ohne Basis umgeben. Die ersten Steinbauten erinnern an die aus Holz errichteten Vorgänger.

Dreieckiges Giebelfeld mit Figurenschmuck

Guttae imitierten die Zapfen zum Befestigen hölzerner Dachbalken.

Triglyphen und **Metopen** wechseln sich beim dorischen Fries ab.

Dorisches Kapitell

Ionische Tempel besaßen meist mehr und anders geformte Säulen als dorische. Typisch für das Kapitell ist das Widderhörnern ähnliche Paar von Voluten.

Die Akroterien an den Ecken des Dachs ähnelten der persischen Ornamentik.

Der Fries ionischer Ordnung war durchlaufend skulptiert.

Der Architrav war in abgetreppte Reihen unterteilt.

Der ionische Fries ersetzte die dorischen Triglyphen und Metopen.

Ionisches Kapitell

Die Steinblöcke wurden exakt zusammengefügt. Sicheren Halt verschafften Metallklammern und -dübel. Mörtel fand beim Tempelbau keinerlei Verwendung.

Der Grundriss entsprach dem mykenischen Megaron, einem rechteckigen Einraum mit säulengestützter Vorhalle.

Karyatiden, Statuen von Frauen in langen Gewändern, stützten am Erechtheion der Akropolis anstelle von Säulen das Tempeldach. Auf der Athener Agora hatten Tritonen (halb Fisch, halb Mensch) diese Funktion.

Korinthische Tempel wurden unter den Römern erbaut, und zwar nur in Athen. Schlanke Säulen und hohe Kapitelle mit kunstvollem Akanthusrelief sind ihre Merkmale.

Der Tympanon war mit verschiedenen Formen verziert.

Akroterion in Gestalt eines Greifs

Der Eingang zur Cella lag auf der Ostseite.

Das Gebälk umfasste Architrav, Fries und Kranzgesims.

Korinthisches Kapitell

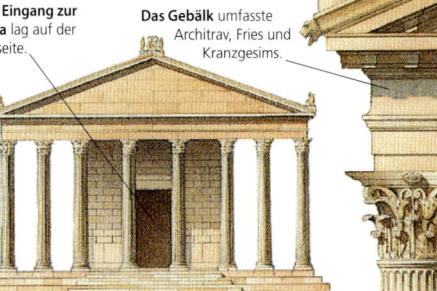

Vasen und Vasenmalerei

Die Kunst der griechischen Vasenmalerei reicht von etwa 1000 v. Chr. bis in die hellenistische Zeit. Die minoische Keramik ist älter, sie brachte bereits in der älteren Palastzeit (2000–1700 v. Chr.) dünnwandige Gefäße hervor, die mit roter und weißer Farbe auf schwarzem Grund bemalt waren. Auffällig sind die Schnabelkannen oder die Riesen-Pithoi von Knossos *(siehe S. 82–85)*. Die klassische griechische Keramik blühte ab dem 6. Jahrhundert v. Chr. Ihre schwarz- und rotfigurigen Keramiken wurden in alle Teile der altgriechischen Welt exportiert. Vor allem die Trinkkultur der klassischen Zeit führte in Ergänzung zur Gebrauchskeramik zu einer Vielzahl an Trinkgefäßen, der Symposion-Keramik.

Klassische schwarzfigurige Vase
Die Vase aus dem 6. Jahrhundert illustriert den täglichen Gebrauch von Keramikgefäßen. Dargestellt sind *hydriai*, mit denen Frauen aus Quellen und öffentlichen Brunnen Wasser schöpften.

Oktopus-Vase
Die schöne spätminoische Vase aus Palekastro (um 1500 v. Chr.) ist mit Meeresmotiven verziert. Sie steht heute im Archäologischen Museum von Iraklio *(siehe S. 76f)*.

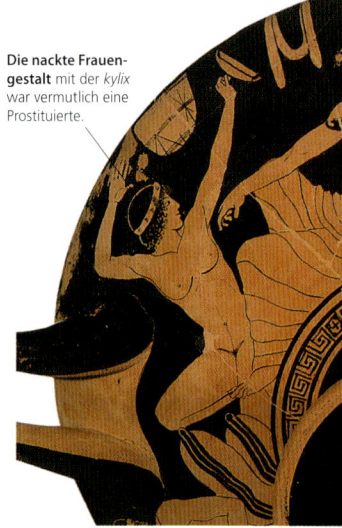

Die nackte Frauengestalt mit der *kylix* war vermutlich eine Prostituierte.

Symposion
Bei den überwiegend männlichen Ess- und Trinkgelagen wurde gern kottabos gespielt. Auf dieser kylix halten die Teilnehmer Gefäße hoch, um die Neige auf ein Ziel zu schleudern.

Stilentwicklung in der Vasenmalerei
Die Vasenmalerei erreichte ihren Höhepunkt im Athen des 6. und 5. Jahrhunderts v. Chr. Die Töpfer überließen das Verzieren der gebrannten Gefäße meist Malern. Archäologen konnten die Handschriften vieler Meister des rot- und schwarzfigurigen Stils identifizieren.

Trauergäste tragen den Leichnam auf einer Bahre.

Das geometrische Muster ist eine Urform des späteren Mäander-Ornaments.

Krieger und Streitwagen bilden den Trauerzug.

Der geometrische Stil bezeichnet die älteste Periode (ca. 1000–700 v. Chr.) mit Ornamenten aus Streifen geometrischer und figürlicher Muster. Diese über einen Meter hohe Vase (8. Jh. v. Chr.) stand auf einem Grab. Die Bemalung zeigt eine Totenbahre und Bestattungsriten für einen Mann.

Augenbecher

Diesem Becher sprach man fast magische Kräfte zu. Die spitz zulaufende Basis lässt vermuten, dass er bei Festen herumgereicht wurde.

Diese *kylix* hält eine *Kottabos*-Teilnehmerin am Henkel, um auszuholen und mit der Neige das Ziel zu treffen.

Rhyton

Der Rhyton (hier in Form eines Widderkopfs) war ein trinkhornartiges Gefäß für mit Wasser verdünnten Wein. Die Symposion-Szene illustriert seinen Gebrauch.

Dieser Trinkende hält eine Weinrebe hoch – Symbol für die Anwesenheit des Dionysos.

Auf Kissen konnte man sich bequem zurücklehnen.

Das Trinkhorn diente als Vorbild für den Rhyton.

Der schwarzfigurige Stil entstand um 630 v. Chr. in Athen. Figuren wurden mit flüssigem schwarzem Ton auf den eisenhaltigen Ton der Vase aufgetragen, der sich beim Brennen orangerot färbte. Diese Vase trägt die Signatur des Exekias.

Der rotfigurige Stil kam um 530 v. Chr. auf. Die Figuren wurden im roten Ton ausgespart, die Umgebung mit schwarzem Firnis bedeckt. Linien und Schraffuren erhöhen die Lebendigkeit.

Vasenformen

Fast alle griechischen Vasen waren Gebrauchsgegenstände, die Formen waren der Funktion angepasst. Attische Töpfer kannten etwa 20 Gefäßformen. Unten sind einige der gebräuchlichsten Vasen und ihre Verwendungszwecke dargestellt.

Die *amphora*, ein bauchiger Krug mit zwei Henkeln, diente zur Aufbewahrung von Wein, Olivenöl und Lebensmitteln wie Oliven oder Trockenfrüchten.

Im *krater*, einem Krug mit weiter Öffnung und Henkeln (hier als »Voluten« eingerollt), mischte man Wasser und Wein.

Mit der *hydria* holte man Wasser vom Brunnen. Der Krug besaß drei Henkel, von denen einer zum Gießen vertikal, zwei zum Heben horizontal angebracht waren.

Im *lekythos*, zwischen drei Zentimetern und knapp einem Meter hoch, lagerte Speiseöl. Die Krüge wurden aber auch als Salbgefäße in Gräber gelegt.

Die *oinochoe*, der gewöhnliche Weinkrug, hatte einen runden oder dreilappigen Ausguss und einen Henkel.

Die *kylix*, eine flache Trinkschale mit zwei Henkeln, war oft auch innen verziert.

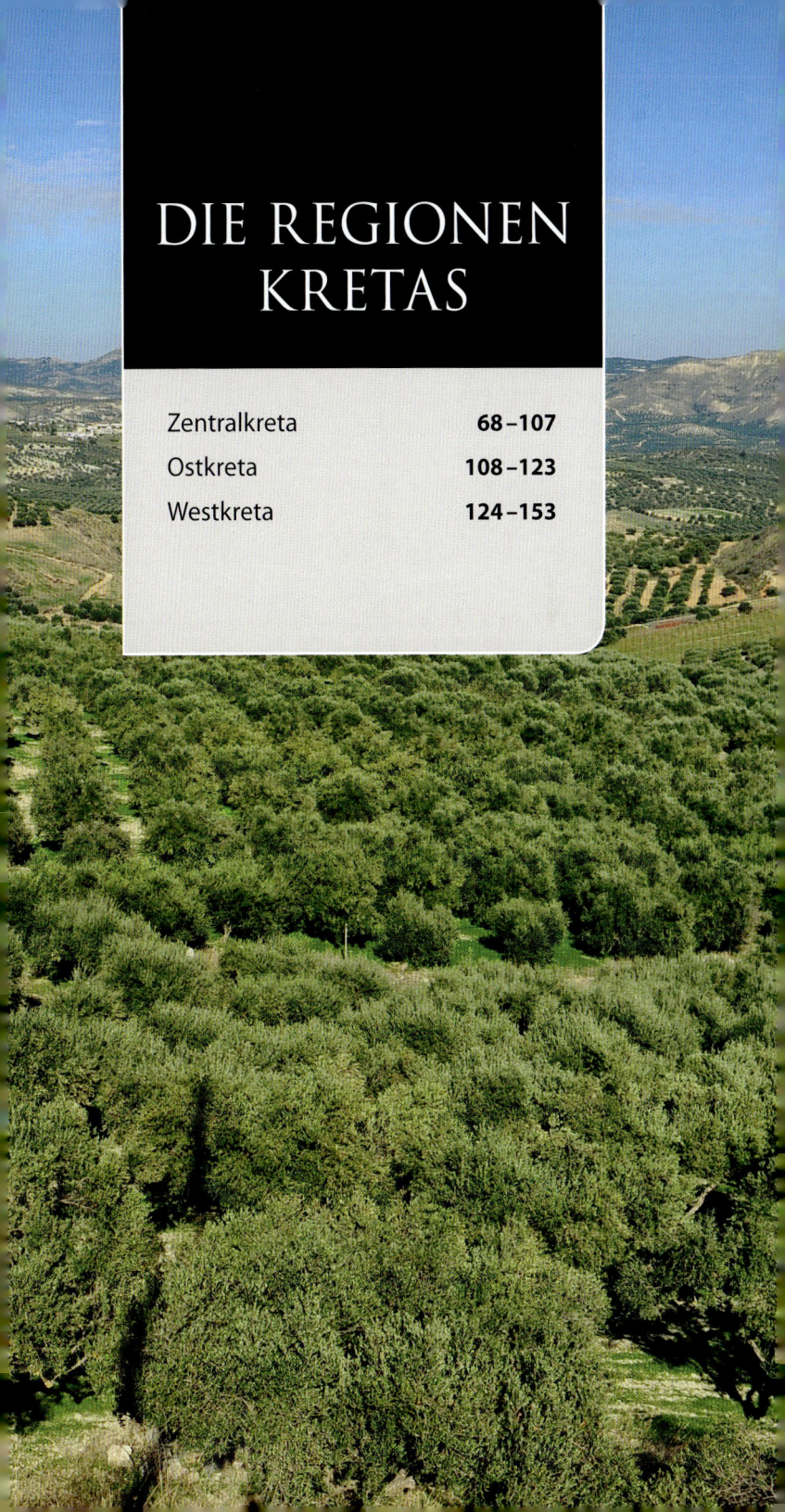

DIE REGIONEN KRETAS

Kreta auf der Karte

Kreta ist mit 8261 Quadratkilometern Fläche die größte griechische Insel. Seine 1066 Kilometer lange Küste grenzt im Norden an das Kretische, im Süden an das Libysche und im Osten an das Karpathische Meer. Das griechische Festland ist knapp 100 Kilometer entfernt. Kreta misst in Ost-West-Richtung 254 Kilometer und ist zwischen zwölf und 60 Kilometer breit. Die Insel ist gebirgig, der höchste Berg, der Psiloritis, ragt 2456 Meter auf. Die meisten der rund 625 000 Kreter leben in der Inselhauptstadt Iraklio, die etwa 174 000 Einwohner zählt. Kreta ist eine der 13 Regionen Griechenlands und in die Regionalbezirke Iraklio, Lasithi, Rethymno und Chania unterteilt.

Zur Orientierung

Schafzucht, ein bedeutender landwirtschaftlicher Faktor

◀ In der Messara-Ebene werden großflächig Oliven angebaut *(siehe S. 117)*

0 Kilometer   10

Legende

≡	Autobahn
—	Hauptstraße
⋯	Nebenstraße
—	Panoramastraße
– –	Pfad
⋯	Fährverbindung
△	Gipfel

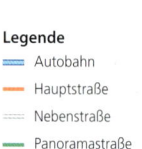

Der Leuchtturm im venezianischen Hafen von Chania *(siehe S. 138–140)*, der einstigen Hauptstadt Kretas

Auf Kreta unterwegs

Kreta ist durch ein Netz teils kleiner Straßen erschlossen, die in abgelegenen Gebieten bisweilen nicht asphaltiert sind. Für manche Strecken ist ein Geländewagen erforderlich. Die Nationalstraße 90 führt als Hauptverkehrsachse entlang der Nordküste von Agios Nikolaos im Osten nach Kastelli Kissamou im Westen. Sie ist im Raum Iraklio und von dort ostwärts bis etwa Chersonissos als Autobahn ausgebaut. Wer nicht mit einem Auto oder Motorroller unterwegs ist, erreicht mit den Linienbussen der staatlichen Busgesellschaft KTEL bequem und kostengünstig die Städte im Norden, aber auch Ortschaften im Hinterland und an der Südküste. Die Busse eignen sich gut für Tagesausflüge nach Iraklio, Rethymno und Chania, deren historische Zentren für Fußgänger ausgelegt sind. Auf seinen ruhigen Bergstraßen lässt sich Kreta zudem hervorragend per Fahrrad erkunden.

Rethymnos Wahrzeichen

Weitere Zeichenerklärungen *siehe hintere Umschlagklappe*

Zentralkreta

Die facettenreiche Region zeigt einen großen Ausschnitt des kretischen Kosmos auf kleinem Raum. An der Nordküste bieten die großen Ferienorte perfekten Strandurlaub, im Süden locken abgelegene Küstendörfer mit ihrer entspannten

Atmosphäre. Die Hauptstadt Iraklio ist das lebensprühende politische und wirtschaftliche Zentrum der Insel, nicht weit entfernt erfüllte vor über 3500 Jahren das minoische Knossos diese Aufgabe. Und folgt man der Mythologie, begann in Matala gar die Geschichte unseres Kontinents, als Zeus dort die phönizische Prinzessin Europa an Land brachte. So alt wie die Sage ist der Olivenanbau in der fruchtbaren Messara-Ebene – und die Freude am Wein, der in den Hügeln rund um Archanes seit Jahrtausenden angebaut wird.

Iraklios venezianische Festung *(siehe S. 74)*   Fischernetze in Iraklios historischem Hafen *(siehe S. 74)*

Sehenswürdigkeiten auf einen Blick

◀ Einer der Löwen am venezianischen Morosini-Brunnen in Iraklio *(siehe S. 75)*

Persönliche Favoriten

Zentralkreta ist eine Region voller überraschender Facetten, entsprechend viel gibt es zu entdecken. Naturerlebnis, kulinarische Genüsse und ein wenig Abenteuer lassen sich hier zu perfekten Urlaubstagen kombinieren.

Begegnungen – und Tierliebe

Kretas erstes Aquarium öffnete 1995 seine Pforten, doch gibt es hier nicht nur Fische zu sehen. Aquaworld ist ein Treffpunkt für alle, die Tiere lieben.

Chamäleon

Bunte Fische flitzen umher, Muränen lauern in ihren Höhlen, niedliche Seepferdchen schaukeln zwischen Wasserpflanzen, Kraken wedeln mit den Armen – Kretas Meereswelt ist in Aquaworld versammelt. Wer nicht aufpasst, stolpert womöglich über die große Landschildkröte oder verpasst, wie

NATUR ERLEBEN

das Chamäleon die Fliege schnappt. Das private Aquarium mit Reptilienauffangstation ist eine Institution für Tierfreunde. Einen riesigen Python zum Streicheln gibt es übrigens auch. Cool.

Aquaworld Aquarium & Reptile Rescue Center
Filikis Etairias 7, Chersonissos. 📞 28970 29125.
🕐 Apr – Okt: tägl. 10–18 Uhr. 🌐 aquaworld-crete.com

Freiheit pur – Reiterglück

Am Fuß des Dikti-Gebirges entdeckt man Kretas Natur auf unvergesslichen Ausritten.

Die Luft duftet würzig, eine leichte Brise weht, Hufe klappern, dazwischen ein gut gelauntes Schnauben – Kreta im Sattel zu erkunden ist ein großartiges, intensives Erlebnis. In den Odysseia Stables kann man Stunden nehmen, Ausritte und lange Touren buchen – und im dazugehörigen Berghotel übernachten.

Kreta hoch zu Ross

Odysseia Stables und Velani Country Hotel
Velani 46, Avdou. 📞 28970 51080. 🌐 horseriding.gr

Wackelschreck – Erdbeben auf Knopfdruck

In Kreta kann die Erde jederzeit wackeln – gut, wenn man darauf vorbereitet ist.

Für manche fängt der Schreck schon an, sobald sie sich in Iraklios Naturhistorischem Museum in das Klassenzimmer im Keller setzen müssen – in den Ferien! Die meisten schauen jedoch erst betreten, wenn im Erdbebensimulator der Boden bebt, die Landkarte wild schaukelt und die Stühle krachend rutschen. Zum Glück ist das Ganze nur eine harmlose, aber anschauliche Trockenübung, bei der man auch erfährt, wie man sich im Fall der Fälle verhalten sollte.

Erdbebensimulator im Naturhistorischen Museum

Naturhistorisches Museum
Sofokli Venizelou, Iraklio. 📞 28102 82740. 🕐 Mo – Fr 9–15, Sa, So 10–18 Uhr. 🌐 nhmc.uoc.gr

Abtauchen – magische Unterwasserwelt

Die Flossen angezogen, die Maske aufgesetzt, das Mundstück noch einmal kurz getestet – und schon taucht man ein in das Universum jenseits der Küste.

Bei Agia Pelagia, nur 20 Kilometer westlich von Iraklio, liegt in der Bucht von Mononaftis zwischen Felsklippen ein hübscher Kies-Sand-Strand mit Tavernen und glasklarem Wasser. An Kretas Nordküste findet man nur wenige Plätze, die sich so gut zum Schnorcheln eignen. Wer tiefer in die faszinierende Unterwasserwelt vordringen möchte, wendet sich vor Ort einfach an Stay Wet. Übersehen kann man die gut geführte Tauchschule an dem kleinen Strand auf keinem Fall.

AKTIVURLAUB

Ganz egal, welchen Tauchgang man auch wählt: Sobald sich die Wellen über einem schließen, fühlt man sich selbst wie ein Meeresbewohner, schwebt scheinbar schwerelos, schauend und staunend durchs Wasser – ein hoch konzentrierter Genuss. Da das Team das Gebiet wie seine Westentasche kennt, gibt es viel zu sehen: Zackenbarsche, Rochen, See-Anemonen, Barrakudas und manchmal Delfine.

Stay Wet Diving Center
Mononaftis. 📞 28108 11727. 🌐 staywet.gr

Wein, Kaffee, Käse, Kräuter – Topfgucker in Iraklio

In der Region südlich von Iraklio kommen Weinfreunde auf ihre Kosten, in der Stadt selbst warten kulinarische Entdeckungen auf Fans der kretischen Küche.

Zentralkreta ist das schöne, hügelige Weinland der Insel. Hier gibt es nicht nur selig machende Weinstraßen und wunderbare Winzer, sondern auch die Vintage Routes Crete. Das kulinarische Reisebüro sorgt mit maßgeschneiderten Weintouren dafür, dass man die besonders guten Tropfen der Region verkosten und genießen kann. In Iraklio führen einen die Experten zudem auf einer Topfguckertour in die Finessen der kretischen Küche ein: Bei einem Spaziergang durch die Stadt verkostet man Kaffee in einer Rösterei, probiert duftendes Gebäck, schnuppert an Kräutern, lässt sich feinen Käse schmecken und stärkt sich nach all der Anstrengung mit einem Fischgericht am Meer. Köstlich.

Auf Weintouren entdeckt man die besten Tropfen

Vintage Routes Crete
Monis Agarathou 4, Iraklio. 📞 28103 02881.
🌐 vintagetourscrete.com

❶ Iraklio
Ηράκλειο

Die quirlige Inselmetropole liegt an der zentralen Nordküste auf uraltem Siedlungsgebiet und ist auch dank der
Studenten der Universität jung geblieben. Iraklio bietet
griechisches Großstadtflair, Kultur und Unterhaltung. Die
Hafenstadt wurde im Zweiten Weltkrieg von deutschen
Bomben schwer zerstört und eher planlos wiederaufgebaut. Ihr historischer Kern ist jedoch wie vor Jahrhunderten von einem mächtigen venezianischen Festungsring
umgeben und kann gut zu Fuß erkundet werden.

Rathaus in der venezianischen Loggia

Überblick: Iraklio
Die meisten Besucher beginnen ihren Ausflug in Kretas
Hauptstadt am neuen Hafen.
Dort legen die Fähren und
Kreuzfahrtschiffe an, dort liegt
der Busbahnhof A, und es gibt
Parkplätze. Wer mit dem Auto
kommt, sollte es spätestens
hier oder an den Stellflächen
westlich und entlang der
Stadtmauer stehen lassen. Im
ummauerten Stadtkern sind
Parkplätze auch in der Nebensaison rar, die Suche im Gewirr
der teils sehr engen Einbahnstraßen und steilen Gassen ist
strapaziös. Vom Hafen bis zur

Altstadt sind es
nur 15 Geh-
minuten, der
Weg ist mit
einer farbi-
gen Linie
markiert.

Im Schutz der Bastionen
Für Besucher inte-
ressant ist in erster
Linie Iraklios relativ
kleiner Altstadt-
kern, der zwar
nicht mit einer ge-
schlossenen histori-
schen Bebauung

beein-
drucken
kann, je-
doch vor –
nicht nur touristi-
schem – Leben
sprüht. Hier finden sich
die wichtigsten Sehens-
würdigkeiten, locken hüb-
sche Läden zum Bummeln
und laden zahllose Lokale

Agios Titos – früher eine Moschee, seit 1922 orthodox

Sehenswürdigkeiten auf einen Blick

① Archäologisches
   Museum
② Venezianischer Hafen
   und Festung
③ Historisches Museum
④ Naturhistorisches
   Museum
⑤ Agia Ekaterini – Museum für
   christliche Kunst
⑥ Kathedrale Agios Minas

⑦ Morosini-Brunnen
⑧ Agios Titos
⑨ Venezianische Loggia
   (Rathaus)
⑩ Agios Markos
   (Städtische Kunstgalerie)
⑪ Bembo-Brunnen
   und Sebil
⑫ Stadtmauer

Restaurants und Cafés
siehe S. 104f
① Herb's Garden
② Kouzinerie
③ Ligo Krasi Ligo Thalassa
④ Paralia
⑤ Parasties
⑥ Hagiati
⑦ Peskesi
⑧ Dipolo

Zeichenerklärung siehe hintere Umschlagklappe

Festung (16. Jh.) am venezianischen Hafen

Infobox

Information
Karte J2–3. 🗺 174 000.
ℹ Platia Nikiforou Foka 1,
28134 09700-80. 📅 Sa.
🎭 Sommerfest (Juli–Sep).
✈ Amoudara, 10 km westl.
🌐 heraklion.gr/en

Anfahrt
✈ 5 km östl. 🚍 🚌 Busbahnhof A am Hafen (von Agios Nikolaos, Rethymno, Chania, Ierapetra, Flughafen u.a.); Busbahnhof B, Pantokrator-Bastion, Matala (Busse Richtung Süden).

Skulptur am Hafen

Bergauf ins Herz der Stadt

Die meisten Besucher spazieren vom venezianischen Hafen auf der Odos 25 Avgoustou bergauf ins Zentrum. In der Fußgängerzone stehen mit der Loggia und der einstigen Markuskirche Agios Markos die schönsten Bauten aus venezianischer Zeit. Am Morosini-Brunnen auf der bevölkerten Platia Eleftheriou Venizelou hat man schon bald den Dreh- und Angelpunkt der Altstadt erreicht. Richtig verirren kann man sich also kaum: Bergab geht es nordwärts hinunter zum Meer, wo die Odos Sofloki Venizelou zu wichtigen Museen und zum Hafen führt.

Die große Ost-West-Achse bildet die Odos Dikeosinis bzw. Kalokerinou. Sie führt von der weitläufigen Platia Eleftherias nahe dem Archäologischen Museum zur Pantokrator-Bastion. Die lebhafte Straße ist eine Shopping-Meile im Zentrum von Iraklios Einkaufsviertel.

aller Kategorien zur Einkehr bis in die frühen Morgenstunden ein. Rund um die Altstadt verlaufen die Mauern der venezianischen Bastionen. Für einen weiten Ausblick auf das alte und neue Iraklio kann man auf den Wehrbauten von einem Ende zum anderen wandern.

0 Meter · 300

⑨ Pantheon
⑩ Loukoulos

Kneipen, Bars und Clubs
siehe S. 105
① Taratsa Astoria
② GDM Megaron Bar
③ Epi Xandakos
④ Opus Wine Bar

⑤ Beer O'Clock
⑥ 50-50
⑦ Envy

Shopping
siehe S. 106
① Zacharias Crafts
② Eleni Kastrinogianni
③ Mitos Art
④ Naturelia

⑤ Vassiliki
⑥ Folli-Follie
⑦ Talos Plaza

Wellness
siehe S. 107
① Doctor Fish
② Aegeo Spa Center

Karte *siehe Extrakarte zum Herausnehmen*

Die venezianischen Arsenale am Hafen dienten als Werft und Waffenlager

🏛 Archäologisches Museum ①

Siehe S. 76f

🏰 Venezianischer Hafen und Festung ②

⏺ Festung derzeit geschlossen. Direkt westlich des Hafens wird der historische venezianische Hafen als Fischerhafen und Marina genutzt. Am Westrand des Hafenbeckens führt eine lange Mole zum zinnenbewehrten venezianischen Kastell, das Reliefs des geflügelten Markuslöwen zieren. Die Rocca al Mare, die »Burg am Meer«, wurde 1523–1540 an Stelle einer älteren Festung erbaut. Hier feuerten Geschütze gegen Angreifer. Zudem befanden sich in dem Komplex Magazine, Wohnräume und düstere Zellen, die lange als Gefängnis dienten. Das Kastell schützte Kretas Haupthafen und zusammen mit der Stadtmauer (siehe S. 78) seine Hauptstadt Candia, wie Iraklio in venezianischer Zeit hieß. Seit der osmanischen Eroberung 1669 ist die Stadt auch unter ihrem türkischen Namen »Koules« bekannt.

Die Festung ist derzeit geschlossen, doch lohnt ein Spaziergang auf der Mole – auch wegen eines näheren Blicks auf die teils knapp neun Meter dicken Mauern und der herrlichen Aussicht. Richtung Norden sieht man die unbewohn-

te Insel Dia, vor deren Küste Reste eines minoischen Hafens liegen. Richtung Süden fällt der Blick auf die Tonnengewölbe der Arsenale, in denen Schiffe repariert sowie Waffen und Pulver gelagert wurden.

🏛 Historisches Museum ③

Sofokli Venizelou 27. 📞 28102 83219. ⏰ Apr–Okt: Mo–Sa 9–17 Uhr; Nov–März: Mo–Sa 9–15.30 Uhr. ⏺ So, Feiertage. 📷

🌐 historical-museum.gr

Anker am Hafen

Von der frühbyzantinischen Ära bis ins 20. Jahrhundert bietet das Historische Museum nahe dem Hafen einen guten Überblick über mehr als 1500 Jahre kretischer Geschichte – ein langer Zeitraum, dementsprechend bunt sind die Sammlungen des modern ausgestatteten Hauses. Zu sehen sind Keramiken und Skulpturen aus frühchristlicher bis osmanischer Zeit,

Münzen und byzantinische Kunst, schöne Ikonen aus dem 15. bis 20. Jahrhundert und vieles mehr.

In der ethnografischen Abteilung gibt es traditionelles kretisches Kunsthandwerk zu entdecken. Literaturfreunde freuen sich über die Manuskripte, Bibliothek und Erstausgaben des kretischen Schriftstellers Nikos Kazantzakis (siehe S. 192).

Eine beeindruckende Abteilung widmet sich dem Zweiten Weltkrieg. Sie spannt den Bogen von der italienischen Offensive 1940 gegen das Königreich Griechenland über die »Schlacht um Kreta« gegen die deutschen Invasoren 1941 und die deutsche Besatzung bis 1945. Besonders ausgiebig wird der kretische Widerstand behandelt, der im historischen Selbstverständnis der Insel auch heute noch eine bedeutende Rolle spielt.

Die unbestrittenen Highlights des Museums sind jedoch zwei Gemälde von El Greco (siehe Kasten). Das Katharinenkloster auf dem Sinai (1570) und die kleinere Taufe Christi (1567) sind die einzigen Bilder des wohl berühmtesten Sohns der Stadt, die auf der Insel bewundert werden können.

🏛 Naturhistorisches Museum ④

Sofokli Venizelou. 📞 28102 82740. ⏰ Mo–Fr 9–21, Sa, So 10–21 Uhr. 📷 🌐 nhmc.uoc.gr

Westlich des Hafens hat das Naturhistorische Museum (NHMC) der Universität Kreta seinen schicken Sitz in einem

---

El Greco

Dominikos Theotokopoulos alias El Greco, »der Grieche« (1541–1614), zählt als Meister des spanischen Manierismus der Spätrenaissance zu den größten Künstlern seiner Zeit und gilt mit seinem expressionistischen Stil als einer der Vorläufer moderner Kunst. In seiner Geburtsstadt Iraklio wurde er als Ikonenmaler im Stil der Kretischen Schule (siehe S. 79) ausgebildet. Nach Aufenthalten in Venedig bei Tizian sowie in Rom lebte er von 1577 bis zu seinem Tod im spanischen Toledo.

**El Greco
(1541–1614)**

Der venezianische Morosini-Brunnen an der Platia Eleftheriou Venizelou

denkmalgeschützten ehemaligen Elektrizitätswerk. Auf rund 6000 Quadratmeter Ausstellungsfläche präsentiert es die artenreiche Natur des östlichen Mittelmeerraums in Dioramen, Aquarien und Terrarien. Besonders augenfällig ist das Deinotherium – ein ausgestorbenes Rüsseltier, das den heutigen Elefanten sehr ähnlich sah und vor neun Millionen Jahren auf Kreta lebte.

Speziell auf Kinder ausgerichtet ist das interaktive »Discovery Center«. Beeindruckend für alle Generationen ist hingegen der Erdbebensimulator. Unter sicheren Bedingungen kann man hier nachvollziehen, wie es sich anfühlt, wenn der vermeintlich sichere Boden wackelt – ausgesprochen erschreckend.

Agia Ekaterini – Museum für christliche Kunst ⑤

Platia Agias Ekaterinis. ☎ 28103 36316. ⏰ Apr–Okt: tägl. 9.30–19 Uhr; Nov–März: tägl. 9.30–13.30 Uhr. ⟲ ♿ W facebook.com/museumofchristianart

Neben der Kathedrale Agios Minas präsentiert die 1555 erbaute ehemalige Klosterkirche Agia Ekaterini sakrale Kunst aus dem 14. bis 19. Jahrhundert, darunter Fresken, Skulpturen, Devotionalien, kostbare Gewänder und vieles mehr.

Den Schwerpunkt der Ausstellung bildet jedoch Kretas größte Ikonensammlung. Zu den bedeutendsten Exponaten gehören die Bilder zweier großer Vertreter der Kretischen Schule *(siehe S. 79)*, Angelos Akotantos (15. Jh.) und Michael Damaskenos (1530–1593). Von El Grecos Zeitgenossen Damaskenos sind u. a. die *Anbetung der Könige* und *Das letzte Abendmahl* zu sehen.

Kathedrale Agios Minas ⑥

Platia Agias Ekaterinis. ⏰ tägl.
Weitaus imposanter als die venezianische Agia Ekaterini und ihre winzige Vorgängerkirche *»mikros«* Agios Minas – die dritte im Bund an der weitläufigen Platia Agias Ekaterinis – ist Iraklios orthodoxe Kathedrale. Rund 8000 Menschen finden in der riesigen neobyzantinischen Metropolitan-Kirche Platz.

Die Kreuzkuppelkirche mit dreischiffiger Basilika wurde 1895 vollendet und ist Iraklios Schutzheiligem Minas (heiliger Menas) geweiht, einem Märtyrer aus dem 3. Jahrhundert.

Der Bau ist ein Mix aus Elementen von Neorenaissance, Neogotik, Neoklassizismus und Neobyzantismus. Hinter seiner hellen Sandsteinfassade prägen Farbe und Licht die Gestaltung. In den Narthex (Vorhalle) fällt das Licht durch Bleiglasfenster, das himmelhohe Tonnengewölbe des Langhauses ist mit prächtigen Fresken ausgemalt. Wie es der Tradition entspricht, thront in der Kuppel Jesus als Pantokrator (Weltenherrscher). Die Ikonen der Ikonostase zeigen Maria, Johannes, Christus und den heiligen Menas.

Morosini-Brunnen ⑦

Platia Eleftheriou Venizelou.
Die Löwen des Morosini-Brunnens verliehen dem Venizelou-Platz seinen Beinamen: Liondaria, »Löwenplatz«. 1628 stiftete der venezianische Statthalter Francesco Morosini den Brunnen, der zugleich als Endpunkt einer Wasserleitung diente. Über einen kühnen Viadukt, der in Knossos noch teilweise erhalten ist, wurde damals vom Höhenzug Juchtas Wasser nach Iraklio geleitet. Das kunstvolle Dekor des Brunnens lohnt einen genaueren Blick: Auf den Reliefs tummeln sich Figuren aus der griechischen Mythologie, Seeungeheuer und Delfine.

Anbetung der Könige von El Greco (um 1565), Benaki Museum, Athen

Iraklio: Archäologisches Museum ①
Αρχαιολογικό Μουσείο Ηρακλείου

Das Museum gehört zu den größten und bedeutendsten Antikensammlungen in ganz Griechenland. Seine Exponate dokumentieren rund 6500 Jahre kretische Kunst und Geschichte von der Jungsteinzeit bis zur römischen Antike. Die Hauptattraktion ist seine weltweit einzigartige minoische Sammlung, zu der kunstvolle Skulpturen und Gefäße, erlesener Schmuck, fein gearbeitete Siegel und formvollendete Keramiken gehören. Zu bewundern sind hier auch die Originale der farbenprächtigen Fresken aus Knossos *(siehe S. 82–85)*, Doppeläxte und der weltberühmte Diskos von Phaestos *(siehe S. 100f)*.

Bienen von Malia
Dieser Goldanhänger (17. Jh. v. Chr.) zeigt zwei Bienen und einen Honigtropfen. Er stammt aus der Nekropole beim Palast von Malia.

Leda und der Schwan
Das römische Relief (1./2. Jh.) aus Knossos zeigt die Königstochter Leda, Zeus in Gestalt eines Schwans und Eros, den geflügelten Gott der Liebe. Aus der Verbindung entstand Helena, um die der Trojanische Krieg entbrannte.

Oktopus-Vase
Das Keramikgefäß (um 1500 v. Chr.) ist im spätminoischen »Meeresstil« mit einem lebensecht dargestellten Oktopus verziert.

Schlangenpriesterinnen
Die Fayence-Statuetten (um 1650–1550 v. Chr.) aus Knossos stellen kostbar gewandete minoische Göttinnen oder Priesterinnen bei einer kultischen Handlung dar. Die Schlangen sind ein Zeichen der Erdgöttin, das katzenartige Wesen auf dem Kopf der kleineren Figur symbolisiert die Herrschaft über die Wildtiere.

Haus der Göttin
Das Modell eines Heiligtums aus der geometrischen Periode (9. Jh. v. Chr.) zeigt zwei Männer und ein Tier sowie eine Göttin im Inneren. In der Szene verbinden sich die irdische und die göttliche Unterwelt.

Infobox

Information
Odos Xanthoudidou 2, 71202 Iraklio. 28102 79000.
Apr–Okt: tägl. 8–20 Uhr; Nov–März: tägl. 8–15 Uhr.
verbilligt als Kombiticket mit Knossos.
odysseus.culture.gr

Priesterkönig-Fresko
Das Fresko des »Lilienprinzen« entstand im 16. Jh. v. Chr. Es war Teil einer größeren reliefartig gestalteten Malerei (Prozessionsfresko) und wurde am Südeingang des Palasts von Knossos gefunden.

Kurzführer
Die Sammlungen sind in 20 Sälen auf zwei Etagen zeitlich und thematisch geordnet. Der Rundgang im Erdgeschoss beginnt im Neolithikum und der Bronzezeit (6000–1900 v. Chr.). Großen Raum nimmt anschließend die minoische Palastzeit (um 2000–1450 v. Chr.) und deren Endphase (1450–1300 v. Chr.) ein. Einblicke in minoische Kultur und Religion bieten hier u. a. Vasen, die Schlangenpriesterinnen und Sarkophage. Im Obergeschoss hängen Fresken aus Knossos, darunter die Drei Damen in Blau (oben). Die weiteren Säle zeigen Objekte aus der geometrischen und archaischen Periode (10.–6. Jh. v. Chr.) sowie aus hellenistischer und römischer Zeit (5. Jh. v. Chr. – 3. Jh. n. Chr.).

Schmuck
Neben den Bienen aus Malia sind in den ersten drei Sälen noch weitere großartige Schmuckstücke aus den Jahrhunderten von der frühen Bronzezeit bis zum Ende der Palastzeit zu sehen, darunter Meisterwerke minoischer Goldschmiedekunst.

🏛 Agios Titos ⑧

Platia Agios Titos. ⏰ tägl. 7–12, 17–20 Uhr. 🎉 Prozession mit der Reliquie des heiligen Titus (25. Aug).

Die Geschichte der interessanten Kirche reicht mindestens bis ins 10. Jahrhundert zurück. Sie ist Kretas Nationalheiligem Titus geweiht, der im 1. Jahrhundert als erster Bischof auf der Insel wirkte. 961 wurden seine Reliquien von Gortyn *(siehe S. 96)* in einen Vorgängerbau überführt. Als die Venezianer im 17. Jahrhundert abzogen, nahmen sie die Reliquien mit.

In der Folgezeit wurde die Kirche zur Moschee. Auch das heutige Gebäude wurde 1872 als eine gen Mekka ausgerichtete Moschee errichtet. Als orthodoxe Kirche dient es seit 1922.

Innen dominieren die Ikonostase und ein edler Kronleuchter. Bleiglasfenster zaubern eine stimmungsvolle Atmosphäre. Die wichtigste Kostbarkeit ruht links in einer Seitenkapelle: das Titos-Reliquiar mit der Schädelreliquie, die 1966 nach Iraklio zurückkam.

Chania-Tor an der Pantokrator-Bastion der venezianischen Stadtmauer

🏛 Venezianische Loggia ⑨

Odos 25 Avgoustou.

Die Loggia wurde 1626 bis 1629 unter Statthalter Morosini nach dem Vorbild italienischer Renaissance-Bauten errichtet. Ihre Arkaden werden im Erdgeschoss durch dorische, im Obergeschoss durch ionische Säulen gegliedert. Ursprünglich diente sie der venezianischen Oberschicht als exklusiver Versammlungsort, Treffpunkt, Empfangsgebäude und Festsaal. Später benutzten sie die Osmanen als Regierungsgebäude.

Heute hat dort und in der dahinter anschließenden schönen venezianischen Armeria, dem einstigen Arsenal, Iraklios Rathaus seinen Sitz. In der offenen Halle des Erdgeschosses ehren Bronzemedaillons bedeutende kretische Persönlichkeiten.

🏛 Agios Markos ⑩

Odos 25 Avgoustou. ⏰ unterschiedl. Öffnungszeiten.

Die Markuskirche der venezianischen Statthalter wurde 1239 geweiht. Die schlichte dreischiffige Basilika mit der dunklen Holzdecke, einst Kathedrale der Stadt, dient heute als städtische Galerie für moderne griechische Kunst.

🏛 Bembo-Brunnen und Sebil ⑪

Platia Kornarou.

Am Ende der sehenswerten Marktstraße Odos 1866 mit ihren vielen Marktständen liegt die Platia Kornarou, benannt nach dem Dichter Vitsentzos Kornaros, der Autor des *Erotokritos*. Auf dem Platz steht der schöne venezianische Bembo-Brunnen aus dem 16. Jahrhundert. Ihn schmücken Wappen, florales Dekor und eine römische Statue aus Ierapetra *(siehe S. 116)*, der früher Wunderkräfte nachgesagt wurden.

Gleich daneben wurde das hübsche Haus des osmanischen Sebil – eines für die Öffentlichkeit gestifteten Brunnens – von 1776 in ein Café umfunktioniert.

🏛 Stadtmauer ⑫

Platia Kountourioti/Odos L. Plastira/Odos S. Venizelou.

Iraklios rund fünf Kilometer lange Stadtmauer ist eine venezianische Meisterleistung aus dem 15. bis 17. Jahrhundert: 21 Jahre konnte sie mit ihren sieben Bastionen und vorgelagerten Gräben dem Ansturm der Osmanen standhalten, bis die Stadt 1669 an die Eroberer fiel.

Auf der breiten Befestigung kann man um die Altstadt herumschlendern und dabei u. a. das Grab des in Iraklio geborenen Dichters Nikos Kazantzakis *(siehe S. 192)* auf der Martinengo-Bastion im Süden besuchen.

Innenhof des Rathauses an der venezianischen Loggia

Restaurants auf Zentralkreta *siehe Seiten 104f*

Ikonen – Fenster zum Himmel

Im orthodoxen Glauben kommt Ikonen eine besondere Bedeutung zu. Besucher von Kirchen sollten daran denken, ihnen nicht den Rücken zuzukehren, wenn sie direkt davorstehen. Die geweihten Bilder gelten als »Fenster zum Himmel«, und wenn sie ein Gläubiger betrachtet, erfährt er wie im Gottesdienst die Gegenwart Gottes. Die auf ihnen dargestellten Personen werden verehrt, indem man sie z. B. mit einer Verbeugung begrüßt. Als gemaltes Evangelium werden Ikonen nicht frei gestaltet, sondern immer wieder neu »geschrieben«. Die »Ikonenschreiber« folgen einem Bilderkanon, wobei jede Farbe, jede Geste, Mimik, Position und auch die Größe der Figuren eine bestimmte Bedeutung besitzen. Ab dem 15. Jahrhundert bis zur osmanischen Herrschaft ab 1669 erlebte Kreta eine Blüte der Ikonenmalerei. Die Künstler der Kretischen Schule bereicherten damals die traditionelle byzantinische Kunst um Impulse und Techniken der italienischen Renaissance. Im Vergleich zum orthodoxen Kanon waren ihre farb- und detailreichen Ikonen naturalistischer und die auf ihnen dargestellten Personen expressiver.

Die himmlische Liturgie
Im Zentrum der Ikone von Michael Damaskenos steht die heilige Dreifaltigkeit: Christus als Priester, Gottvater und die Taube als Symbol des heiligen Geistes.

Gottesmutter und Heilige
Die Ikone (15. Jh.) zeigt die starke Farbgebung der Kretischen Schule. Das Jesuskind auf Marias Arm erblickt seine in der Zukunft liegende Leidensgeschichte.

Heiliger Georg (15. Jh.)
Drache, Rüstung, weißes Pferd – durch vorgegebene Attribute werden die dargestellten Figuren sofort eindeutig erkannt.

Maria mit Propheten
Der Bilderkanon kennt Hunderte Mariendarstellungen. Auf dieser kretischen Ikone (16. Jh.) thront die Gottesmutter im Himmel. Der goldene Hintergrund verkörpert das göttliche Licht.

Agii Deka – Die Heiligen Zehn
In ganz Kreta berühmt sind die zehn Heiligen, die während der Christenverfolgung unter dem römischen Kaiser Decius (249– 251) den Märtyrertod starben. Die Ikone (13. Jh.) zeigt die Heiligen, die in der nach ihnen benannten Ortschaft Agii Deka bei Gortyn *(siehe S. 96)* enthauptet und begraben wurden.

⊤1 Spaziergang: Ein Tag in Iraklio

Bei einem Tagesausflug in die Inselmetropole können Sie die Akzente ganz nach Ihren Vorlieben setzen. Genießen Sie das mediterrane Flair am Hafen und den Blick auf den Festungsmauern, kosten Sie kretische Küche in urigen Tavernen und schicken Restaurants, lassen Sie sich von antiken Schätzen und großer Kunst faszinieren und abends von der fröhlichen Stimmung im Zentrum anstecken.

① Venezianische Stadtmauer

9 Uhr: Von den Ziegelgewölben der Arsenale (Neoria) ① am venezianischen Hafen führt Sie ein kurzer Spaziergang am Kai zur Festung Koules ②. Wer den Blick auf Stadt und Meer länger genießen will, schlendert auf der langen Mole (3 km) bis zum Leuchtturm.

10 Uhr: Hinauf ins Herz der Stadt bummeln Sie vom Hafen in der autofreien Odos 25 Avgoustou ③. Hier gibt es schöne neoklassizistische Häuser und hübsche Läden zu entdecken. Nach einer Pause unter Bäumen im El-Greco-Park ④ erweisen Sie in Agios Titos ⑤ Kretas Schutzpatron Ihre Referenz, wandeln wie einst die venezianischen Noblen unter den Arkaden der Loggia ⑥ und schauen sich moderne Kunst in Agios Markos ⑦ an. Bis zum Morosini-Brunnen ⑧ reiht sich ein Lokal neben dem anderen, bis spät in die Nacht herrscht buntes Treiben. An der Platia Nikiforou Foka ⑨ decken Sie sich im Info Point mit Stadtplan und Prospekten ein.

11 Uhr: In der malerischen Marktgasse Odos 1866 ⑩

drängen sich Läden mit Lebensmitteln und Souvenirs. Wer Appetit hat, kehrt in einer der *rakadika* ein, die sich abends in Open-Air-Clubs verwandeln.

13 Uhr: Von der Platia Kornarou ⑪ mit osmanischem Sebil und Bembo-Brunnen geht es durch die Odos Evans zurück zum Morosini-Brunnen. Dort lädt rechts die Fußgängerzone Odos Daidalou ⑫ zum schicken Schaufensterbummel im Zentrum bis zur Platia Eleftherias ⑬ ein. An der Nordostseite des Platzes hütet das Archäologische Museum ⑭ in einem preisgekrönten Gebäude im »minoischen Bauhausstil« antike Schätze. Auf der Terrasse des Cafés sitzen Sie quasi Auge in Auge mit den Ozeanriesen im Hafen.

15 Uhr: Von der Frontseite des Museums schlendern Sie in der Odos Ikarou un-

⑲ Naturhistorisches Museum

Restaurants auf Zentralkreta *siehe Seiten 104f*

② Festung Koules am venezianischen Hafen

terhalb der Stadtmauer zum St.-Georg-Tor ⑮, das als stimmungsvolle Kulisse für Ausstellungen

dient. Durch seine Gewölbe steigen Sie wieder hinauf zur Südostseite des Eleftherias-Platzes. Jenseits der Odos Dimokratias folgen Sie der Odos Pediados bis zum Jesus-Tor. In der Odos Plastira führt links der Weg hinauf auf die

Löwe am Morosini-Brunnen

Martinengo-Bastion. Hier reicht der Blick über die Stadt bis zu den Bergen, hier liegt auch das eindrucksvolle Grab von Nikos Kazantzakis ⑯ mit

der berühmten Inschrift: »Ich erhoffe nichts. Ich fürchte nichts. Ich bin frei.«

15.30 Uhr: Unterhalb der Bastion folgen Sie der Odos Giannikou und erreichen jenseits der Odos Loukareos die Kathedrale Agios Minas ⑰ und das Museum für christliche Kunst in der Agia Ekaterini ⑱. Eine Pause unter Bäumen in einem der Cafés am Platz kann jetzt nicht schaden.

16.30 Uhr: Wieder gestärkt, bummeln Sie in der Odos Kalokerinou Richtung Westen, biegen rechts in die Odos Delimarkou und gleich wieder links in die Odos Mastracha ein. Nun geht es durch das labyrinthische Agia-Triada-Viertel, in dessen Gassen an den kleinen Häusern mit grünen Innenhöfen immer wieder Altstadtflair aufblitzt. Spazieren Sie in der Odos Ntentidakidon und Odos S. Chaou stetig gen Norden bis hinunter zum Meer. Vom Naturhistorischen Museum ⑲ aus flanieren Sie am Ufer am Historischen Museum ⑳ und an der venezianischen Kirche St. Peter und Paul vorbei, die gerade renoviert wird.

18 Uhr: Zurück am Hafen, lassen Sie den Tag im Paralia oder einem der anderen Restaurants am Wasser bei feinem Seafood und großartiger Aussicht ausklingen.

Legende

••••••• Routenempfehlung

0 Meter   300

⑧ Der Morosini-Brunnen im Herzen der Altstadt

Zeichenerklärung siehe hintere Umschlagklappe

❷ Palast von Knossos

Ανάκτορο της Κνωσού

Der erste Palast von Knossos entstand ab 1900 v. Chr. Er wurde um 1700 v. Chr. von einem Erdbeben zerstört, aber bald wiederaufgebaut. Die heutigen Ruinen stammen fast ausschließlich von diesem zweiten Palast. Zentrum ist der von Nord nach Süd ausgerichtete Zentralhof, an den die wichtigsten Teile des Palasts anschließen.

Die originalen Fresken befinden sich heute im Archäologischen Museum von Iraklio *(siehe S. 76f)*.

Weihehörner
Die restaurierten Hörner an der Südfassade sind Symbol des heiligen Stiers. Sie zierten einst das Palastdach.

Außerdem

① **Das Südgebäude**, das teilweise restauriert wurde, hatte einst drei Stockwerke. Es diente vermutlich als Wohnhaus.

② **Prozessionskorridor**

③ **Büste von Sir Arthur Evans**

④ **Kouloures (Vorratsgruben)**

⑤ **Westhof**

⑥ **Westliche Magazine**

⑦ **Treppen zum Piano Nobile (erster Stock)**

⑧ **Theater und Königliche Straße**

⑨ **Nördliches Lustralbad**

⑩ **Stierfresko**

⑪ **Nördliche Säulenhalle (Zollhaus)**

⑫ **Die Magazine der Riesen-Pithoi** enthalten Gefäße aus der älteren Palastzeit (um 1800 v. Chr.).

⑬ **Megaron des Königs (Halle der Doppeläxte)**

⑭ **Halle der Königlichen Garde**

⑮ **Megaron der Königin**

⑯ **Große Treppe**

⑰ **Zentralhof**

⑱ **Das Dreisäulenheiligtum**, das früher durch ein Dach geschützt war, grenzt an den Zentralhof.

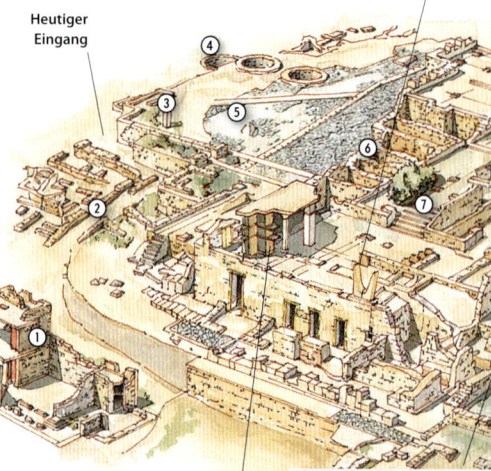

Heutiger Eingang

Südpropylon
Den Palast betrat man durch diese monumentale, mit Säulen ausgestattete Durchgangshalle, die die Replik eines Opfergefäßträgers (Detail des Prozessionsfreskos) ziert.

Priesterkönig-Fresko
Das Fresko, das als *Lilienprinz* bekannt wurde, ist ein Detail aus dem Prozessionsfresko. Es zeigt eine Figur mit einer Krone aus Lilien und Pfauenfedern.

Infobox

Information
Karte J3. 5 km südl. von Iraklio.
📞 28102 31940. ⬜ Sommer:
tägl. 8–20 Uhr (letzter Einlass:
19 Uhr); Winter: tägl. 8.30–
17 Uhr (teils bis 19 Uhr).
⬤ Feiertage. 🖼 🎫 🏛
🆆 odysseus.culture.gr

Anfahrt
🚌

Thronsaal
Der Thronsaal mit Vorraum und Lustralbad war vermutlich ein Heiligtum. Der originale Steinthron, der vielleicht für eine Priesterin bestimmt war, ist von Greifenfresken umgeben, einem heiligen Symbol der minoischen Kultur.

Stiersprung-Fresko

Nordeingang

Riesen-Pithoi
Über 100 solcher Pithoi (Vorratsgefäße) wurden in Knossos ausgegraben.

⑧ ⑨ ⑩ ⑪ ⑱ ⑰ ⑯ ⑮ ⑭ ⑬ ⑫

Königliche Gemächer
Diese Räume umfassen das Megaron des Königs (auch »Halle der Doppeläxte«), das Megaron der Königin mit einer Kopie des berühmten Delfinfreskos und einem Badezimmer sowie die Große Treppe.

Karte *siehe Extrakarte zum Herausnehmen*

Detail des Nordeingangs mit rekonstruierten minoischen Säulen und Stierfresko
Die Restaurierungsversuche und Interpretationen von Arthur Evans sind mittlerweile umstritten. Auch seine Rekonstruktion des Stiersprung-Freskos – mit einem »unmöglichen« Salto – wird als problematisch gesehen *(siehe S. 86–89)*.

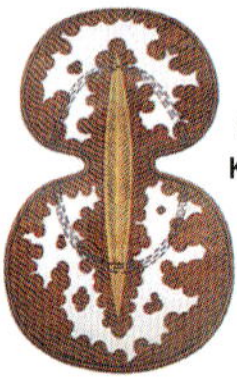

Schildmotiv, Knossos

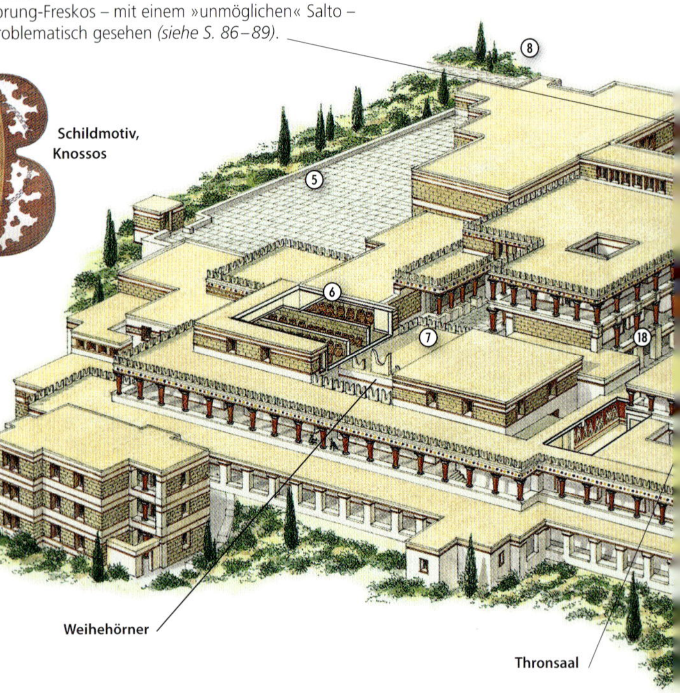

⑧

⑤

⑥

⑦

⑱

Weihehörner

Thronsaal

7000 v. Chr. Ankunft der ersten Bewohner und neo- lithische Siedlungen	um 2000 v. Chr. Ältere Palastzeit: Bau des ers- ten Palasts	um 1450 v. Chr. Zerstörung des zweiten Palasts	um 1370 v. Chr. Groß- brand des zweiten Palasts	um 800 v. Chr. Stadtstaat Knossos	67 v. Chr. Römische Eroberung Kretas	1878 Der Archäologe Minos Kalokai- rinos beginnt mit ersten Aus- grabungen
7000 v. Chr.	**2000 v. Chr.**	**1500 v. Chr.**	**1000 v. Chr.**	**500 v. Chr.**	**1 n. Chr.**	

1750–1700 v. Chr. Zerstörung des ersten Palasts durch Erdbeben. Jüngere Palastzeit: Bau des zweiten Palasts

um 1200 v. Chr. Ende der minoischen Hochkultur; Ende des Bronzezeitalters

1900 Sir Arthur Evans kauft Land und beginnt mit Ausgrabungen

um 1450–1200 v. Chr. Mykener kontrollieren Knossos

Die Geschichte von Knossos

Die Palastanlage von Knossos war die größte und reichste des minoischen Kreta. Sie hatte mehr als 1000 Räume und besaß den Luxus eines gut entwickelten Abwassersystems, von Wasserklosetts und gepflasterten Straßen. Der Sage nach soll sich das unterirdische Labyrinth des Minotaurus in Knossos befunden haben. Dieses Stierwesen wurde von König Minos' Frau Pasiphae geboren und später von Theseus getötet. Die unten abgebildete Rekonstruktion zeigt den zweiten Palast um 1700 v. Chr.

Labyrinthsymbol auf einer Münze

...er-Rhyton
...r kretische
...r ist eine zen-
...Figur der My-
... und geht auf
...kult der Mi-
...ück. Dieses
...rde vermut-
...ale Trank-
...det.

Badewanne
Neben dem Megaron der Königin befindet sich das Badezimmer mit einer Tonbadewanne – nach anderer Interpretation ein Sarkophag.

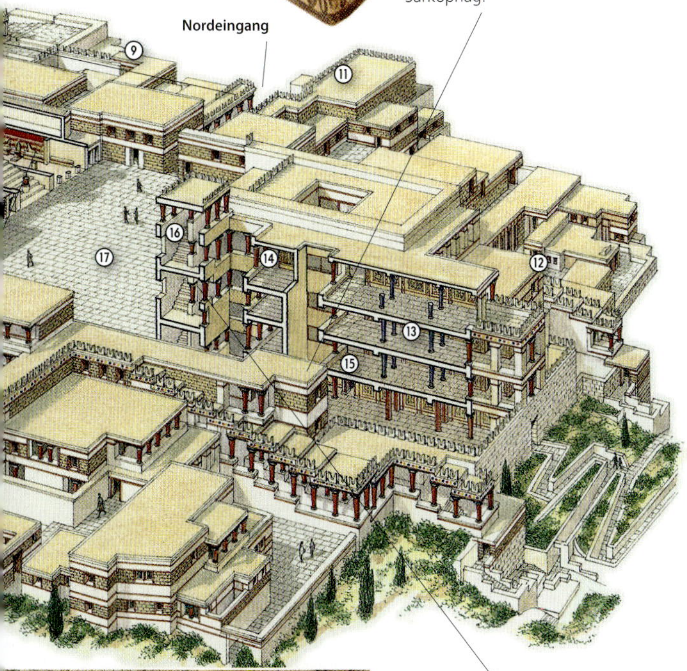

Nordeingang

Schildmotive

Große Treppe
Die Treppe führt zu den königlichen Gemächern, zum Megaron des Königs (mit den Doppeläxten) und zum Megaron der Königin (mit Delfinfresko).

Stiersprung-Fresko *siehe Seiten 86–89*

Stiersprung-Fresko: Die umstrittene Rekonstruktion von Arthur Evans basiert auf wenigen Bruchstücken und zeigt die drei Phasen eines eigentlich »unmöglichen« Saltos über einen Stier (Frauen haben weiße Haut, Männer rote)

Palast von Knossos: Rundgang

Als einziger minoischer Palast wurde der jüngere Palast von Knossos in Teilen wiederaufgebaut. Sir Arthur Evans ließ bei den Rekonstruktionen seiner Fantasie oft freien Lauf – zum Ärger der Archäologen. Für Nicht-Experten sind sie jedoch sehr anschaulich. Die farbenfrohen Fresken sind Kopien der Originale, die heute im Archäologischen Museum in Iraklio *(siehe S. 76f)* aufbewahrt werden.

Stierverehrung: die großen Kulthörner beim Südpropylon

Rund um das Südpropylon

Man betritt das Palastgelände über den **Westhof**, auf dem eine Büste an Sir Arthur Evans erinnert. Die drei runden gemauerten Gruben *(kouloures)* zur Linken dienten möglicherweise als Getreidespeicher oder aber für Kultopfer. In den **westlichen Magazinen** an der Westfassade standen zahlreiche große Pithoi (Vorratsgefäße), die vor allem Öl und Wein enthielten.

Vom Westhof führt der Weg Richtung Süden zum **Prozessionskorridor**. Dessen Wände zierten früher zwei übereinanderliegende Freskenreihen mit lebensgroßen Darstellungen von Männern mit Gaben – vermutlich für Opferungen. Kopien solcher Fresken schmücken das **Südpropylon**. Von dort führt eine Treppe zum rekonstruierten **Piano Nobile**, in dem Arthur Evans die Staats- und Empfangsräume vermutete. Die in diesem Teil des Palasts gefundenen Steinvasen dienten kultischen Zwecken und verdeutlichen die zentrale religiöse Bedeutung des Palasts. Die enge Verbindung von weltlicher und geistlicher Macht wird auch im **Thronsaal** deutlich, in dessen Lustralbad vermutlich rituelle Reinigungen stattfanden. Vom Thronsaal führen Stufen zum einst gepflasterten **Zentralhof**. Früher von hohen Gebäuden umgeben, ist er heute Wind und Wetter ausgesetzt.

Königliche Gemächer

Die großen eleganten Räume an der Ostseite des Zentralhofs waren vermutlich die königlichen Gemächer. Sie sind in den Berg hineingebaut und über die **Große Treppe** zu erreichen, die zu den beeindruckendsten noch erhaltenen Teilen des Palasts zählt. Sie führt hinab in einen für die minoische Architektur typischen Lichthof.

Das **Megaron der Königin** bot den Luxus einer Toilette samt Abwassersystem und eines Badezimmers mit einer Tonbadewanne. Die Räume und Korridore in diesem Bereich sind mit Blumen- und Tierfresken verziert.

Die **Halle der Königlichen Garde** bei den königlichen Gemächern ist mit Fresken achtförmiger Schilde verziert. Das **Megaron des Königs** (»Halle der Doppeläxte«) heißt nach den Doppelaxtsymbolen, die in die Steinwand geritzt sind. Der größte Raum der königlichen

Die Doppelaxt war ein sakrales Symbol

Gemächer konnte durch Türreihen unterteilt werden. Dort gefundene Relikte gehörten vermutlich zu einem Thron. Dies legt nahe, dass der Raum für Staatsgeschäfte genutzt wurde.

Norden und Westen des Zentralhofs

Der Nordeingang zum Zentralhof war mit bemerkenswerten figurativen Darstellungen geschmückt. Heute ist hier noch eine Kopie des Stierfreskos zu sehen. Der Nordeingang führt zur **nördlichen Säulenhalle**, die Arthur Evans als Zollhaus bezeichnete, da er annahm, dass hier Waren inspiziert wurden. Unmittelbar westlich führen restaurierte Stufen zum **nördlichen Lustralbad**. Brandspuren und Ölgefäße deuten darauf hin, dass Besucher des Palasts sich in diesem Becken reinigten und gesalbt wurden, bevor sie den Palast betraten. Weiter westlich befinden sich das **Theater**, ein Hof mit Stufen. Seine Lage am Ende der Königlichen Straße lässt vermuten, dass hier Besucher zeremoniell empfangen wurden. Die **Königliche Straße** führte vom Palast in das minoische Knossos und war von Häusern gesäumt. Der etwas abseits gelegene Kleine Palast wurde zwar freigelegt, ist aber nicht zugänglich. Seine Architektur gleicht der des Hauptpalasts, er wurde auch zur selben Zeit zerstört.

Restaurants auf Zentralkreta *siehe Seiten 104f*

Minoische Stierspringer

Der Stiersprung gehört zu den faszinierendsten Rätseln, die uns die minoische Kultur hinterlassen hat. Die lebensgefährliche, eigentlich »unmögliche« Übung faszinierte aber auch die Minoer selbst. Auf Fresken, Siegeln und in Skulpturen stellten sie das akrobatische Kunststück immer wieder dar. Angesichts der Verehrung, die die Minoer dem Stier entgegenbrachten, liegt es nahe, den Stiersprung in einem kultischen Zusammenhang zu sehen, doch sind sämtliche Interpretationen bislang rein spekulativ. War es ein Initiationsritus? Oder eine Kulthandlung, bei der die Unglücklichen, die den Sprung nicht überlebten, als sakrale Menschenopfer verstanden wurden? Waren die Springer vielleicht sogar die Jünglinge und Jungfrauen, die im Mythos von Theseus und dem Minotaurus dem legendären Stierwesen geopfert werden *(siehe S. 92f)*? Tatsächlich ist nicht einmal klar, wie gesprungen wurde.

Männer und Frauen
Die Abbildungen legen nahe, dass Frauen und Männer den Stiersprung ausführten. Vielleicht sprangen sie wie die heutigen *recortadores* – Akrobaten in Spanien und Portugal – in kunstvollen Varianten über die Stiere hinweg.

Das Stiersprung-Fresko aus Knossos wurde von Arthur Evans zusammengesetzt und rekonstruiert.

In Bewegung
Ein rasender Stier, ein Mensch mitten im Salto – die Bronzeskulptur zeigt, wie die minoische Kunst, einmalig für jene Zeit, Menschen und Tiere in Bewegung darstellt.

Stiersprung nach Arthur Evans
① Der Artist packt den Stier an einem Horn,
② wird vom Kopf des Stiers hochgeschleudert,
③ landet nach dem Salto auf dem Stierrücken und
④ springt dem Fänger in die Arme.

Kretische Mythen

Die kretischen Sagenkreise sind ein wichtiger Teil der griechischen Mythologie. Sie wurden über Generationen mündlich überliefert und um 700 v. Chr. erstmals schriftlich festgehalten. Zu ihnen gehören die Mythen über die Geburt des Zeus *(siehe S. 112)* sowie über König Minos – nach dem Arthur Evans die »minoische« Kultur benannte – und den Minotaurus. Der Sage nach war die Kreatur mit Menschenkörper und Stierkopf in einem Labyrinth gefangen. Seit der Antike rätseln die Menschen, wo sich das Labyrinth befunden haben könnte, das zu dem Mythos inspirierte.

Münze mit Labyrinth aus Knossos

Minotaurus

Als Strafe für das vorenthaltene Opfer von König Minos lässt Poseidon Minos' Frau Pasiphae in Liebe zu dem von ihm gesandten Stier entbrennen. Aus der Verbindung geht der Minotaurus hervor. Minos beauftragt Dädalus, für das Ungeheuer ein Labyrinth als Gefängnis zu bauen. Wie der Stiersprung und die Stierdarstellungen verweist der Mythos auf den minoischen Stierkult. Der Minotaurus könnte ursprünglich ein Priester mit Stiermaske gewesen sein – oder ein Symbol für den minoischen Herrscher, dem als Machthaber in der Ägäis monströse Züge zugesprochen wurden.

König Minos

Minos ist einer der drei Söhne von Zeus und Europa. Den Kampf um die Macht auf Kreta gewinnt er mithilfe Poseidons gegen seine Brüder. Zum Dank soll er dem Meeresgott einen Stier opfern, den dieser selbst als göttliches Zeichen geschickt hat. Als Minos ihm das Opfer vorenthält, rächt sich Poseidon mit der Zeugung des Minotaurus. Möglicherweise war »Minos« im antiken Kreta kein Name, sondern ein Herrschertitel, um den sich der Mythos rankte.

Quadratisches Labyrinth

Halbrundes Labyrinth

Runde Labyrinthscheibe

Rundes Labyrinth

Ursprung des Labyrinths

Die Urbedeutung des Wortes »Labyrinth« ist ein ungelöstes Rätsel. Vielleicht stand es für den Palast von Knossos mit seinen verwirrenden Gängen *(labra)* oder auch für die Doppeläxte *(labrys)*, die als Kultwaffen dienten. Es könnte aber auch auf ein Höhlen- oder Stollensystem wie z. B. bei Gortyn *(siehe S. 96)* verweisen. Charmant ist die Deutung als Choreografie, als Figuren des antiken Reigentanzes *geranos*, des »Kranichtanzes«, der Leben, Tod und Wiedergeburt symbolisiert.

Das kretische Labyrinth

Ein kretisches Labyrinth ist kein Irrgarten: Vom Eingang führt sein Weg in sieben Umgängen bis ins Zentrum und wieder zurück – ganz ohne Ariadnefaden. Die älteste Labyrinthdarstellung findet sich auf einer rund 3200 Jahre alten Tontafel aus dem mykenischen Pylos. Ähnlich alt ist wohl eine Felszeichnung im italienischen Val Camonica. Vollkommen unabhängig davon wurde die geometrische Figur auch in anderen Kulturen entwickelt. Im Christentum steht das antike Symbol für den Weg des Lebens und zu Gott.

Dädalus und Ikarus

Dädalus, genialer Künstler und Baumeister, zeigt Ariadne, wie man mithilfe eines Fadens als Wegweiser wieder aus dem Labyrinth herausfindet. Zornig sperrt ihn Minos deshalb zusammen mit seinem Sohn Ikarus ein. Die beiden entfliehen mit Flügeln aus Federn und Wachs. Als Ikarus der Sonne zu nahe kommt, schmelzen seine Flügel, und er stürzt in den Tod.

Theseus und Ariadne

Je sieben Jungfrauen und Jünglinge muss Athen regelmäßig als Opfer für den Minotaurus schicken, bis der Athener Königssohn Theseus das Ungeheuer im Labyrinth tötet. Dabei hilft ihm Minos' Tochter Ariadne, die sich in Theseus verliebt hat. Sie gibt ihm den Faden, den Theseus auf seinem Weg ins Labyrinth abwickelt – so findet er wieder hinaus.

Ankerplatz seit der römischen Antike: Hafen von Chersonissos

❸ Chersonissos
Χερσόνησος

Iraklio. **Karte** J4. 🚌 🗺 3100.
w hersonissos.gr

Chersonissos liegt an der touristisch stark erschlossenen Nordküste östlich von Iraklio. Von Stränden bis zum lebhaften Nachtleben – Besucher finden hier alles, was das Urlauberherz begehrt.

Die Geschichte des Ortsteils Limenas Chersonisou (Hafen) an der Küste reicht bis in die minoische Zeit zurück. Im Hafen finden sich noch römische Ruinen, gleich daneben sowie am östlichen Ortsrand frühchristliche Bodenmosaike. Wie das kretische Alltagsleben und das Handwerk vor dem Tourismusboom aussahen, wird im Freilichtmuseum **Lychnostatis** gezeigt.

Die hübschen traditionellen Dörfer oberhalb des Urlaubsorts erreicht man auch zu Fuß. Alt-Chersonissos (Ano), Piskopiano und Koutouloufari bieten gemütliche Tavernen, urige Steinhäuser und Meerblick.

Umgebung: Rund 23 Kilometer südwestlich bei Skotino liegt die unerschlossene Skotino-Höhle. Die Tropfsteinhöhle ist auch als »Agia-Paraskevi-Höhle« ausgeschildert. Von der Jungsteinzeit bis in christliche Zeit diente sie für religiöse Kulte, angeblich war sie Vorlage für den Mythos vom im Labyrinth gefangenen Minotaurus *(siehe S. 92f)*.

🏛 **Lychnostatis**
Thesi Plaka. ⏱ So–Fr 9–14 Uhr.
📞 28970 23660.
w lychnostatis.gr

❹ Malia
Μάλια

Iraklio. **Karte** J5. 🚌 🗺 3200.
w hersonissos.gr

Auch in Malia ist der Ortsteil an der Küste stark touristisch geprägt. Das alte Zentrum liegt südlich der Hauptstraße.

Drei Kilometer östlich liegt der **Palast von Malia**. Aus der Nekropole des drittgrößten minoischen Palasts stammt der berühmte Bienenanhänger *(siehe S. 76f)*. An den Mauern der Ruinen kann man eingeritzte Doppeläxte entdecken.

🏛 **Palast von Malia**
Straße Richtung Agios Nikolaos.
📞 28970 31597. ⏱ Apr–Okt: Mo 13–19.30, Di–Fr 8–19.30 Uhr; Nov–März: Mo–Fr 8.30–15 Uhr.

Romantik pur – Sonnenuntergang an der Küste

Restaurants auf Zentralkreta *siehe Seiten 104f*

CretAquarium

Noch ein kurzer Blick auf das kleine Forschungs-U-Boot an der Vorderfront – schon geht es unter den Fangarmen eines Riesenkraken hinein in die Unterwasserwelt des Mittelmeers. Das CretAquarium zählt zu den größten Aquarien Europas, allein die nüchternen Zahlen sind beeindruckend: über 60 Bassins, 1,7 Millionen Liter Salzwasser, 2500 Meereslebewesen aus 250 Arten. Sie können jedoch nicht einmal ansatzweise die Faszination wiedergeben, die man angesichts des bunten, fremden Kosmos verspürt. Vom Seepferdchen bis zum Sandtigerhai ist alles vertreten, was im Mittelmeer Rang und Namen hat.

Infobox

Information
Karte J3. Ehemalige US-Militärbasis, Gournes (Kato Gouves).
📞 28103 37788.
🕐 Mai–Sep: tägl. 9.30–21 Uhr; Okt–Apr: tägl. 9.30–17 Uhr. 🚗🅿️♿🚻🅿️🚻♿
🌐 cretaquarium.gr

Anfahrt
🚌 alle 20 Min.

Zackenbarsch
Weltweit gibt es 160 Arten von Zackenbarschen. Sie leben in der Regel als Einzelgänger in felsigen Bereichen und ernähren sich von Weichtieren, Fischen und Krebsen.

Sandtigerhai
Haie zählen im ganzen Mittelmeer zu den besonders gefährdeten Fischarten.

Unechte Karettschildkröte
Sie werden über 100 Kilogramm schwer, rund 50 Jahre alt und orientieren sich anhand ihres Magnetsinns am Magnetfeld der Erde. Auf Kreta gibt es mehrere Strände, an denen sie ihre Eier ablegen.

Rochen
Rochen gehören wie die Haie zu den Knorpelfischen. Im Sand versteckt, lauern sie auf ihre Beute. Ihr Giftstachel ist im Schwanz versteckt.

Seepferdchen
Bei diesen ungewöhnlichen Fischen werden die Männchen trächtig – sie tragen die Embryonen in einer Bauchtasche aus. Mit dem Schwanz halten sie sich an Pflanzen fest.

Am Eingang zeigt ein freundlicher Riesenkrake den Weg.

Karte *siehe Extrakarte zum Herausnehmen*

❺ Archanes

Αρχάνες

Iraklio. **Karte** K3. 🚌 🗺 5000.
🎭 Dorffest zu Verklärung Christi mit Prozession auf den Juchtas (5./6. Aug).
🅦 archanes-asterousia.gr

Das freundliche Weinstädtchen liegt inmitten von Oliven- und Weingärten am Fuß des Juchtas (811 m). Der Ort war schon in minoischer Zeit bewohnt, wie viele Funde zeigen. Der Hauptortsteil Epano Archanes hat sich eine von der EU preisgekrönte Rundum-Restaurierung gegönnt. Hier gefallen neoklassizistische Häuser, Blumenschmuck, die Ikonen in der Panagia-Kirche (1670), die Cafés und Tavernen am Stadtplatz – und der Wein der Region, der in den Lokalen und in der Kooperative im Zentrum ausgeschenkt wird.

Umgebung: Der Juchtas gilt als letzte Ruhestätte von Zeus, mit seinen drei Spitzen gleicht er dem Profil des Göttervaters. Oberhalb der Steilwand an der »Nasenspitze« bei der Kapelle Afendi Christou Metamorfosi ist die Aussicht atemberaubend. Vom Fuß des Juchtas führt ein schöner Weg durch die Knosano-Schlucht zum venezianischen Viadukt bei Agia Irini. 20 Kilometer südöstlich liegt Thrapsano, eines der großen Töpferdörfer auf Kreta. In den Ateliers kann man den Töpfern zusehen und schöne Keramiken einkaufen.

Panagia-Kirche mit markantem Glockenturm, Archanes

❻ Gortyn

Γόρτυς

Iraklio. **Karte** E10. 🚌 📞 28920 31144. 🕐 tägl. 8–15 Uhr; Juli, Aug: 8–20 Uhr. ⬤ Feiertage. 🎫 ♿

Gortyn wurde im 6. Jahrhundert v.Chr. Kretas wichtigster Stadtstaat, ab 65 v.Chr. römische Provinzhauptstadt und im 1. Jahrhundert unter Bischof Titus *(siehe S. 78)* Zentrum der Christianisierung. Die antike Stätte beeindruckt mit Ruinen griechischer Tempel, des Palasts des römischen Statthalters und den Tafeln des Stadtrechts (5. Jh. v. Chr.) im Odeion. Sie zählen zu den ältesten Gesetzestexten Europas. Unter einer Platane, die fantastischerweise noch immer steht, zeugte der Sage nach Zeus mit Europa den legendären König Minos. Im nahen Agii Deka steht die sehenswerte Kirche der zehn Märtyrer *(siehe S. 79)*.

❼ Mires

Μοίρες

Iraklio. **Karte** F10. 🚌 🗺 6500. 🚌 Sa.

Das Agrarstädtchen mit authentischen kretischen Lokalen ist kaum touristisch. Ein Highlight ist der bunte Wochenmarkt, der größte der Region.

Umgebung: 15 Kilometer gen Norden liegt Zaros mit Mineralquellen und dem grünen See Votomos. Die dort gezüchteten Forellen werden am Ufer in Tavernen serviert. Oberhalb des Sees beginnt die traumhafte Rouvas-Schlucht. Das 35 Kilometer entfernte Küstendorf Lendas bietet schöne Strände und ein Asklepios-Heiligtum.

Venezianischer Aquädukt (17. Jh.) bei Agia Irini zwischen Knossos und Archanes

Restaurants auf Zentralkreta *siehe Seiten 104f*

Wein

Seit minoischer Zeit wird auf Kreta ohne Unterbrechung Wein angebaut, damit hält die Insel wohl den Weltrekord. In Vathypetro bei Archanes *(siehe S. 96)* steht eine minoische Weinpresse, die älteste der Welt. Selbst Gortyns Stadtrecht *(siehe S. 96)* widmet sich dem Weinbau. Wein, vor allem Rotwein, gehört zum Alltag. In vielen Lokalen wird Wein aus eigenem Anbau ausgeschenkt. Seit einigen Jahren pflegt man vermehrt autochthone Sorten und fördert den Anbau von Qualitäts- und Bioweinen. Der Erfolg gibt Kretas Winzern recht: Mehr und mehr werden ihre Erzeugnisse mit internationalen Preisen geehrt.

Infobox

Weingüter (Auswahl)

Boutari
Karte J3. Skalani, Iraklio.
📞 2810 731617. 🖎 🗝 📷
🖂 🆆 boutari.gr

Lyrarakis
Karte K3. Alagni, Iraklio.
📞 69810 50681. 🖎 🗝 📷
🆆 lyrarakis.com

Douloufakis
Karte K2. Dafnes, Iraklio.
📞 69455 40696. 🖎 🗝 📷
🆆 cretanwines.gr

Dourakis
Karte C6. Alikampos, Chania.
📞 28250 51761. 🖎 🗝 📷
🆆 dourakiswinery.gr

Rebsorten
Auf Kreta gedeihen elf autochthone Sorten: Dafni, Kotsifali, Liatiko, Malvazia, Mandilari, Plyto, Romeiko, Spino-Muscat, Thrapsathiri, Vilana und Vidiano.

Die Weinstöcke überziehen wie Perlenketten die Hügel Zentralkretas. Im Bezirk Iraklio werden rund 80 Prozent des kretischen Weins produziert.

Im Bezirk Iraklio führen Weinstraßen zu 23 Weingütern

Wines of Crete – in dieser Organisation vermarkten Kretas Winzer sich und den Weintourismus auf Kreta (www.winesofcrete.org).

Das Weingut Dourakis liegt an den Ausläufern der Lefka Ori (Weißen Berge) in Kretas Westen. Dourakis keltert auch autochthone Reben, z. B. fruchtigen Weißwein aus Vidiano- oder Dessertwein aus Romeiko-Trauben.

Trauben
Die Mandilari-Traube verleiht Rotwein eine angenehme Säure und ein tanninreiches Aroma, die Kotsifali Würze und Süße.

Karte *siehe Extrakarte zum Herausnehmen*

⓮ Matala

Mátala

Iraklio. **Karte** F9. 🚌 🚶 70.
🎪 Matala Beach Festival (Pfingsten). 📱 🌐 visitmatala.com

Wo die Messara-Ebene an der Südküste ausläuft, liegt Matala in einer idyllischen Bucht, die zu beiden Seiten von Sandsteinfelsen gerahmt ist. Der Bogen des Sand-Kies-Strands ist perfekt nach Westen ausgerichtet – romantische Sonnenuntergänge sind garantiert.

Matala wurde vor rund 100 Jahren als Fischerdorf gegründet, die Bucht ist jedoch seit Urzeiten legendär. Hier soll Zeus Europa an Land gebracht haben und Menelaos *(siehe S. 58)* auf seinem Heimweg aus dem Trojanischen Krieg gestrandet sein. Für das antike Gortyn *(siehe S. 96)* diente die Bucht als Hafen, im 9. Jahrhundert landete schließlich die Flotte des Sarazenen Abu Hafs, der ganz Kreta eroberte.

Zur Legende wurde Matala wieder ab den 1960er Jahren – und zwar als Hippie-Hochburg. Aus aller Welt kamen junge Leute, um ihren Traum zu leben, darunter Bob Dylan und Joni Mitchell, die den Mond über Matala in ihrem Song *Carey* verewigte.

Heute ist Matala ein quirliger Ferienort, den in der Hauptsaison viele Tagesgäste besuchen. Sein Flair hat er sich dennoch

Matala – einstige Hippie-Hochburg mit altem Charme

erhalten. Die Hotels und Pensionen liegen im Tal hinter dem Örtchen, rund um den Strand drängen sich Bars und Tavernen, die an der Südspitze einen besonders schönen Blick bieten. Institutionen sind hier die Taverna Eleni mit kretischer Hausmannsküche und das Akouna Matata mit tiefenentspanntem Reggae als Hintergrundsound. An alte Zeiten erinnert zu Pfingsten das Matala Beach Festival, bei dem mehrere Bands auftreten. Dann wird wieder »beneath the Matala moon« getanzt.

Plakat für das Matala Beach Festival

Umgebung: 25 Gehminuten südlich lockt der rote Sandstrand Red Beach (Kokkini Ammos), eine Stunde nördlich der Traumstrand Komos. In der Antike lag hier der Hafen von Phaestos *(siehe S. 100f)*. Das angrenzende Dorf Kalamaki ist angenehm und viel ruhiger als Matala.

20 Kilometer südöstlich liegen in der Bucht Kali Limenes schöne Strände, wenn auch mit Blick auf eine Insel, an der Schiffe betankt werden. Am »guten Hafen« gibt es zudem ein Dorf und eine Höhle, in der 59 v. Chr. der Apostel Paulus Unterschlupf gefunden haben soll. Der heilige Titus *(siehe S. 78)* kam damals mit ihm auf die Insel. Ein Mekka für Kletterer ist die nahe Agiofarango-Schlucht.

Von Matala aus fahren Boote zu einsamen Buchten und Stränden. Beliebt sind auch Kajaktouren. Ein Alternativprogramm bietet in Vori Kretas bestes **Ethnologisches Museum**, das sich dem traditionellen Leben in den letzten 500 Jahren widmet.

🏛 **Ethnologisches Museum**
Voroi Pirgiotissis. ☎ 28920 91110.
🕐 Apr–Okt: 10–18 Uhr; Nov–März: nach Voranmeldung.
🌐 cretanethnologymuseum.gr

Street Painting, eine Disziplin beim alljährlichen Matala Beach Festival

Restaurants auf Zentralkreta *siehe Seiten 104f*

Höhlen von Matala

Matalas malerische Höhlen durchziehen die Nordklippe des Strands und wurden wohl teilweise von der Brandung ausgewaschen. Man vermutet, dass sie vor mehr als 7000 Jahren zu einem jungsteinzeitlichen »Apartmentkomplex« ausgebaut wurden. Sie sind entlang der natürlichen Gesteinsschichtung in den weichen Sandstein gehauen und bisweilen im Inneren miteinander verbunden. Einige der geräumigen Höhlen haben eine Art Vorhalle, von der einzelne Kammern abgehen. In römischer und frühchristlicher Zeit dienten die Höhlen als Felsgräber. Dazu schlug man in die Wände und Böden Nischen, in denen die Toten bestattet wurden.

Ende einer Ära

Auf Druck der Kirche löste das Militärregime 1970 die Hippie-Kolonie auf. Die Höhlen wurden Unterkünfte für Rucksacktouristen, die kurz blieben und nicht auf die Höhlen achteten. Sie wurden für die Einheimischen ein Ärgernis. Um weitere Schäden zu vermeiden, zäunte man die Höhlen als archäologische Stätte ein. Heute kann man sie nur tagsüber aufsuchen.

»Hippie-Hilton«
In den 1960er Jahren zogen Hippies aus aller Welt in die Höhlen ein und verbrachten dort unbeschwerte Sommer. Die größten und komfortabelsten Höhlen hießen z. B. »Hilton« oder »Globe«.

Strand von Matala
Von Matalas Stadtstrand blickt man auf die Paximadia-Inseln.

Blick auf den Strand
Die Terrassen vor den Höhlen sind Logenplätze über der »Strandbühne«. In der Antike sah man von hier auf den Hafen, dessen Reste heute unter Wasser liegen.

Anubis am Red Beach
In den 1990er Jahren lebte ein Elsässer namens Gérard jahrelang am Red Beach. Er verzierte die Felsen am Strand mit Bildhauereien, die antike griechische und ägyptische Motive zeigen. Gérards Skulpturen wurden großteils durch ein Erdbeben zerstört – und Gérard wurde, so heißt es, irgendwann ausgewiesen.

Karte siehe Extrakarte zum Herausnehmen

❾ Phaestos
Το Ανάκτορο της Φαιστού

Das imposant auf einem Höhenzug oberhalb der fruchtbaren Messara-Ebene gelegene Phaestos war der bedeutendste minoische Palast nach Knossos. Der italienische Archäologe Federico Halbherr legte ab 1884 zwei Paläste frei. Reste des ersten Palasts (um 1900 v. Chr. erbaut und etwa 1700 v. Chr. durch ein Erdbeben zerstört) sind noch sichtbar. Ein Großteil der Ruinen stammt jedoch vom zweiten Palast, der um 1450 vermutlich durch eine Flutwelle schwer beschädigt wurde. Der spätere Stadtstaat (Polis) wurde schließlich im 2. Jahrhundert v. Chr. von Gortyn *(siehe S. 96)* zerstört. Die Ausgrabungen sind bis heute nicht abgeschlossen, die Überlagerung der beiden Paläste erschwert die Interpretation.

Blick auf die Messara-Ebene vom Nordhof

Außerdem

① **Runde Vorratsbecken** von etwa 1900 v. Chr. dienten der Aufbewahrung von Getreide.

② **Westhof und Theaterbezirk** gehen auf die ältere Palastzeit (um 1900 v. Chr.) zurück. Von den Bänken der Nordseite verfolgte man Rituale und Zeremonien.

③ **Heiligtum des ersten Palasts**

④ **Nordhof**

⑤ **Das Peristyl**, ein Säulenhof, trägt Spuren eines früheren Bauwerks, das aus der Vorpalastzeit (3500–1900 v. Chr.) stammt.

⑥ **Im Archiv** finden sich einige Behälter aus Lehmziegeln. Hier wurde der berühmte Diskos entdeckt.

⑦ **Nordöstlicher Palastteil**

⑧ **Werkstätten**

⑨ **In der Haupthalle** wurden Tonsiegel (1900 v. Chr.) gefunden.

⑩ **Lagerräume**

⑪ **Reste des ersten Palasts** (um 1900 v. Chr.) stehen im Südosten, zum Schutz sind sie eingezäunt.

⑫ **Ein hellenistischer Tempel** zeigt, dass der Ort auch in nachminoischer Zeit bewohnt war.

Diskos von Phaestos

Die runde Tonscheibe mit 16 Zentimetern Durchmesser wurde 1903 in Phaestos entdeckt. Sie hat auf beiden Seiten Bildsymbole (Stempeleindrucke), die sich spiralförmig von außen nach innen fortsetzen. Ursprung und Bedeutung sind weitgehend unklar. Das Hauptproblem der Entzifferung besteht im geringen Textumfang. Das einzigartige Fundstück befindet sich im Archäologischen Museum von Iraklio *(siehe S. 76f)*.

Freitreppe
Die monumentale Treppe, der Haupteingang zum Palast, führt zum Propylon (Tor) und zu einem Lichthof mit Säulen.

Königliche Gemächer

Zu den luxuriösen Räumen zählen das Megaron der Königin (links) und des Königs, eine Toilette und ein Lustralbad (Becken für rituelle Reinigungen).

Infobox

Information

Karte F9. 65 km südwestl. von Iraklio. 📞 28920 42315.
🕐 Apr–Okt: tägl. 8–20 Uhr; Nov–März: tägl. 8–18 Uhr.
⊘ einige Feiertage. 📷
W odysseus.culture.gr

Anfahrt
🚌

Zentralhof

Der gepflasterte Hof mit Blick auf das Psiloritis-Massiv wurde von überdachten Korridoren flankiert. Die einst prächtige Nordfassade besitzt ein großes Tor und Nischen (vermutlich Wachhäuschen).

⑦ ⑧ ⑨ ⑩ ⑪ ⑫

Rekonstruktion des zweiten Palasts

Archiv

Königliche Gemächer

Peristyl

Werkstätten

Freitreppe

Nordhof

Zentralhof

Westhof und Theaterbezirk

Haupthalle

Karte *siehe Extrakarte zum Herausnehmen*

Die schönsten Strände Zentralkretas

Sanftes Wellenspiel in Türkis und Blau, kleine Buchten zwischen Felsen, lange Sandbogen mit bequemen Liegen und bunten Schirmen, rasante Rutschpartien und Wind in den Segeln, familiäre Gemütlichkeit und ausgelassene Partystimmung – Kretas zentrale Nordküste bietet das gesamte Potpourri für einen gelungenen Strandurlaub. Selbst ruhige Fleckchen findet man hier, wenn auch nicht unbedingt direkt in den Touristenhochburgen. Wer es uriger mag, fährt an die Südküste und teilt sich in Lendas den Strand mit Meeresschildkröten, genießt an Arvis Küste die köstlichen kretischen Bananen quasi direkt vom Baum oder in Matala das unkonventionelle Flair, das man dort seit nun schon bald 50 Jahren pflegt.

Bunt und praktisch: Strandtasche

Chersonissos – die Top-Destination ist Kretas zentraler quirliger Ferienort.

Lendas – an den Stränden legen auch Meeresschildkröten ihre Eier ab.

Rosa Brille – nur als Sonnenschutz nötig

Matala – entspanntes Flair an der Südküste

Legende

════ Autobahn
──── Hauptstraße
········ Nebenstraße
──── Panoramastraße
– – Pfad

Timbaki ○

Matala ⑩

① **Agia Pelagia** Familien schätzen die ruhigen Gewässer des Ferienorts und das bunte Angebot am quirligen Hauptstrand. Den romantischen kleinen Fylakes-Strand unterhalb der Felsen des Kaps erreicht man zu Fuß (durch das Wasser).

② **Mades** An der Nordküste und doch ruhig – in dem kleinen Küstenort geht alles seinen unaufgeregten Gang. Am Kiesstrand in der Bucht gibt es eine

Taverne, Liegen und Schirme. Dank des felsigen Untergrunds kann man hier gut schnorcheln.

③ **Pantanassa** Ein kleiner Hafen trennt den kiesigen Strand in zwei Hälften, das Wasser ist hier jedoch sehr klar. Zum Schnorcheln laden westlich davon die einsamen Buchten des Lafkadia-Strands ein.

④ **Kato Gouves** Der komfortable »Drive-in-Strand« ist be-

quem über die Küstenstraße zu erreichen, an der sich Lokale reihen. Mit feinem Sand, seichtem Wasser und aufmerksamen Rettungsschwimmern ist er vor allem bei Familien beliebt.

⑤ **Sarandari** Am felsigen Kap Sarandari liegt das beste Schnorchelrevier an diesem Küstenabschnitt. Eine kleine Kletterpartie führt am Kap zu einem Sandstrand in einer malerischen Bucht zwischen wei-

Restaurants auf Zentralkreta siehe Seiten 104f

	①	②	③	④	⑤	⑥	⑦	⑧	⑨	⑩
Blaue Flagge	★				★	★	★			★
Sauberkeit	★	★	★	★	★	★	★	★		
Ruhe			★					★	★	
Party						★	★			★
Toiletten	★	★	★	★	★	★	★	★		★
Duschen	★	★			★	★	★	★	★	★
Liegen und Schirme	★	★	★	★		★	★	★	★	★
Rettungsschwimmer	★			★		★	★			★
Wassersport	★	★			★	★	★	★	★	★
Meeresschildkröten								★		
Gastro/Shopping	★	★	★	★	★	★	★			★
Kinderfreundlich	★	★		★		★	★	★		★
Rollstuhlgerecht						★	★			★
Glasbodenboote						★	★			★
Parken	★	★	★	★	★	★	★	★		★

Allzeit einsatzbereit

Infobox

Webcams

Ⓦ visitmatala.com

Ⓦ portheraklion.gr/index.php/el/cruise/onlinecamera

360°-Panoramafotos

Ⓦ 360crete.gr

Kato Gouves: Sonnenschirme und gute Stimmung

ßen Kalkfelsen und leuchtend blauem Wasser. Dichter bevölkert sind die hübschen kleinen Buchten Richtung Chersonissos.

⑥ **Chersonissos** Chersonissos ist Kretas Top-Destination und bildet mit den Küstenorten Stalis und Malia quasi ein einziges Urlaubsrevier. Für Sonne, Sand und Meer, Party, Spaß und Sport sorgen die Strände zu beiden Seiten des Hafens und der Star Beach samt Aquapark.

⑦ **Malia** Malia und sein langer Sandstrand sind das Ziel vieler junger Gäste. Der Potamos-Strand nahe beim Palast von Malia *(siehe S. 94)* mit Dünen und Tamarisken ist ruhiger.

⑧ **Arvi** Der Küstenort punktet mit leckeren Bananen und ruhigen Sand-Kies-Stränden. Turbulent ist hier höchstens die Suche nach dem besten Schattenplatz oder der abgeschiedensten Stelle in den Nachbarbuchten.

⑨ **Lendas** Ein Genuss ist die Fahrt durch das Asterousia-Gebirge hinab zum Küstenort am Kap des »weinenden Löwen«. Wer Ruhe und Natur sucht, ist hier und in den einsamen Nachbarbuchten goldrichtig.

⑩ **Matala** Matala ist Kretas Inbegriff von Lässigkeit. Die berühmten Höhlen, in denen einst Hippies aus aller Welt wohnten, durchlöchern die Nordklippe direkt am hübschen Stadtstrand.

Restaurants

Traditionell griechisch-kretisch von vielfältigen *mezedes* bis zu zartem Zickleinbraten, typische Mittelmeerküche, feines Seafood oder internationale Klassiker – in Zentralkreta findet man eine große Auswahl an schicken Restaurants und guten Lokalen. Ein Hotspot ist Iraklio mit seiner bunten Gastroszene. Hier kann man romantisch mit Blick auf die venezianische Festung dinieren oder zünftig in einer Taverne am Markt einkehren.

Griechischer Salat

Restaurants in Iraklio

① Herb's Garden €€€
Neue kretische Küche
Epimenidi 15, 71202
☎ 28103 34971
W lato.gr
Der Name des eleganten Restaurants verrät das Programm: Hier setzen Kräuter Akzente in der modernen kretischen Küche. Zum Genuss trägt der Hafenblick vom Dach des Lato Hotels bei.

② Kouzinerie €€
International
L. Marinelli 11, 71202
☎ 69305 74115
Eine Lieblingsadresse für Fleischfans: Braten werden im Steinofen langsam gegart, die Steaks vom Black-Angus-Rind sind riesig und saftig. Die knusprige Schweinshaxe ist ein Geheimtipp.

③ Ligo Krasi Ligo Thalassa €
Seafood
Platia Mitsotaki 18, 71202
☎ 28103 00501
W ligokrasiligothalassa.gr
In dem schnörkellosen Lokal mit Blick am Hafen und Festung Koules genießt man Seafood und Fleischgerichte. Große Portionen!

④ Paralia €€
Seafood
S. Venizelou 5, 71202
☎ 28102 82475   ● Di
W paraliacrete.gr
Das Paralia ist sicherlich eine der ersten Adressen Iraklios für Seafood – dazu passt perfekt seine Lage mit Blick auf die beeindruckende Festung Koules.

⑤ Parasties €€
Mediterran
S. Venizelou 19, 71305
☎ 28102 25009
W parasties.gr
In dem modernen, stimmungsvollen Restaurant mit offener Küche weht im Sommer eine angenehme Brise vom Meer. Spezialität des Hauses sind Gerichte vom Grill, die Auswahl der vorwiegend griechischen Weine ist hervorragend.

⑥ Hagiati €
Kretisch
Theotokopoulou 12, 71202
☎ 69735 87128
Die freundliche Taverne liegt etwas versteckt, aber der Weg lohnt sich. Hier schmecken kretische Hausmacherküche und dazu der rote Hauswein. Live-Musik.

⑦ Peskesi €€
Kretisch
K. Charalambi 6–8, 71201
☎ 28102 88887
W peskesicrete.gr
Schon das stimmungsvolle, gemütliche Altstadt-Ambiente ist einen Punkt wert. Die Küche ist kretisch, modern interpretiert, mit vielen vegetarischen Optionen.

⑧ Dipolo €€
Kretisch
Monis Odigitrias, 71201
☎ 28102 82818
W dipolo.eu
Das Konzept überzeugt: Das Dipolo ist eine hübsche Taverne, ein gemütliches Kafenio und ein Spezialitätenladen in einem. Hier stimmen Preise und Qualität.

⑨ Pantheon €
Kretisch
Theodosaki Fotiou 2, 71201
☎ 28102 41652   ● So
In einer Passage der Marktstraße Odos 1866 serviert das urige Lokal kretische Klassiker – für Freunde traditioneller Küche.

Lammkeftedes mit Tsatsiki

Moussaka – hier vegetarisch mit Nüssen

Preiskategorien € = preiswert €€ = mittel €€€ = gehoben

⑩ Loukoulos €€
Mediterran
Korai 5, 71202
📞 28102 24435
Zu einem gelungenen Abend tragen im Loukoulos sowohl die gute mediterrane Küche als auch das elegante Ambiente bei: Man sitzt entweder im eleganten neoklassizistischen Haus oder draußen im romantischen Innenhof.

Kneipen, Bars und Clubs

① Taratsa Astoria
International
Platia Eleftherias 11, 71201
📞 28103 43080-2
🌐 capsishotels.gr
Die schöne Bar auf dem Dach des Capsis Astoria Hotels lockt mit exzellenten Cocktails, feinen Gerichten – und einem traumhaften Blick über Stadt und Hafen.

② GDM Megaron Bar
International
D. Beaufort 9, 71202
📞 28103 05300
🌐 gdmmegaron.com
Die Bar des bekannten Hotels GDM Megaron bietet eine breite Auswahl an Cocktails und Weinen – und einen schönen Blick auf den Hafen.

③ Epi Xandakos
International
Chandakos 43, 71201
📞 28102 28258
Hier hat man eine verlockende Auswahl: Biergarten oder Café, Terrasse oder auf dem Dach.

④ Opus Wine Bar
Mediterran
K. Charalambi 3, 71201
📞 28102 25151
Die geschmackvolle Bar in einem schönen Altstadthaus ist das erste Ziel für Weinfreunde. Zur Unterhaltung tragen Kunstausstellungen und Live-Musik bei.

⑤ Beer O'Clock
International
Minotavrou 23, 71201
📞 28103 44161
🌐 beeroclock.gr
Angesichts des Namens nicht weiter verwunderlich: Hier fließt das

Beliebte Süßigkeit: Baklava

Bier (fast) rund um die Uhr. Fans des Gerstensafts goutieren die breite Auswahl, zu der sogar Erdinger Weißbier gehört.

⑥ 50-50 (Peninta – Peninta)
Kretisch
Odos 1866 20, 71201
📞 28102 86220
🌐 peninta-peninta.gr
Das gut besuchte freundliche Lokal liegt mitten im Zentrum an der stimmungsvollen »Agora« Odos 1866 – Iraklios beliebte Marktstraße wird abends zum Open-Air-Club. Hier gibt es in gemütlichem Ambiente gute kretische Küche aus frischen Zutaten bis spät in die Nacht.

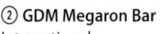

Logo von Beer O'Clock

⑦ Envy
International
S. Venizelou 34, 71202
📞 69426 41055
Direkt am Meer lockt das schicke frei stehende Lokal als Restaurant, Café und Nachtclub in einem – samt Pool, Palmen und großartigem Blick.

Außerhalb Iraklios

Almyra €€
Seafood
Strandpromenade, 71500 Agia Pelagia
📞 28108 11388
🌐 almyracrete.gr
Das elegante Lokal überzeugt mit exzellenter Seafood-Küche, die schicke Bar mit köstlichen Cocktails. Im Sommer sorgen DJs für Stimmung.

Swell €€€
Griechisch
Knossos Beach Hotel, 71500 Kokkini Chani
📞 28107 63083
🌐 swellrestaurant.gr
Zwölf Kilometer östlich von Iraklios Zentrum verwöhnt Sternekoch Hector Botrini seit 2014 im Swell seine Gäste mit feinster griechisch-kretischer Küche und einer exzellenten Auswahl an Weinen – direkt am Strand.

Taverna Esperos €
Griechisch
Hauptstraße, 70014 Koutouloufari
📞 28970 24840
Im ruhigen Koutouloufari, gleich oberhalb von Chersonissos, findet man die gemütliche Taverna Esperos mit Terrasse und Dachterrasse. Sie punktet mit guter Küche zu moderaten Preisen, schönem Meerblick und herzlicher Gastfreundschaft. Die Besitzer sprechen auch Deutsch.

Griechische Biersorte Mythos

⑩ siehe Zentrumskarte Seiten 72f **Bitte beachten Sie: Viele Lokale akzeptieren nur Barzahlung.**

Shopping

In Iraklio lassen sich in den Fußgängerzonen Odos 25 Avgoustou und Daidalou, in der Odos Dikeosinis sowie in deren Seitenstraßen Shopping und Sightseeing ideal verbinden. Möglichkeiten, sich unterwegs in einem netten Lokal zu stärken, gibt es rundum genug. In der Marktstraße Odos 1866 schlendert man an Ständen vorbei, deren Angebot von Lebensmitteln bis zu Souvenirs reicht.

Modernes Kunsthandwerk und Souvenirs bei Mitos

Souvenirs
① Zacharias Crafts
Souvenirs
P. Aleksandrou 16, 71202
📞 69097 00771
Ⓦ zacharias.es
Nicht nur Antike-Fans lieben die handgefertigten Notizbücher aus kretischem Ziegenleder und T-Shirts mit minoischen Motiven. Man erhält sie im Shop des Archäologischen Museums oder gegenüber im Laden dieses kretisch-spanischen Zweimannteams.

② Eleni Kastrinogianni
Kunsthandwerk
Platia Eleftherias 1, 71202
📞 28102 26186 ⬤ So
Auf der Suche nach Museumsreplika und Volkskunst wird man bei Eleni Kastrinogianni gegenüber dem Archäologischen Museum fündig. Der Laden gehört zur seriösen Spitze in Iraklio.

③ Mitos Art
Souvenirs
25 Avgoustou 48, 71202
📞 28103 34363 ⬤ So
Farbenfrohe Glasobjekte, Skulpturen nach antiken Vorbildern, hübscher Schmuck – bei Mitos findet man Mitbringsel der besonderen Art.

Kosmetik
④ Naturelia
Kosmetik
25 Avgoustou 4, 71202
📞 28102 20044 ⬤ So
In dem schönen Eckhaus am Beginn der Fußgängerzone kann man sich bei Kaffee und Imbiss stärken. Hier gibt es die Biokosmetik des einheimischen Produzenten Naturelia auf Olivenölbasis.

Spezialitäten
⑤ Vassiliki
Kräuter
Karterou 35, 71201
📞 28102 44452
⬤ So

Für alle, die Kretas Kräuter lieben: In Vassilikis Kräuterladen findet man die grünen Schätze der Insel in langen Reihen auf weißen Regalen. Zudem gibt es Spezialitäten wie Öle und Säfte.

Mode
⑥ Folli-Follie
Accessoires
Daidalou 23, 71202
📞 28103 46354 ⬤ So
Ⓦ follifollie.com
Das erfolgreiche griechische Label präsentiert in Iraklios elegantester Einkaufsmeile in seinem schicken Store hochwertige Ledertaschen in allen möglichen Farben, Armbanduhren, Modeschmuck, Sonnenbrillen und sonstige Accessoires.

⑦ Talos Plaza
Shopping Mall
S. Venizelou zwischen Minoos und Yakinthou, 71303
📞 28102 55555 ⬤ So
Ⓦ talosplaza.gr
Kretas größte Shopping Mall liegt direkt am Meer und ist bei Einheimischen und Besuchern gleichermaßen beliebt. Hier reihen sich Filialen von internationalen Modeketten und griechischen Labels aneinander. Restaurants und Cafés bieten Stärkung, das Multiplex-Kino Cinema Odeon sorgt mit Filmen in Originalsprache für gute Unterhaltung.

Außerhalb Iraklios
Bakaliko Crete
Spezialitäten
Hauptplatz, 71409 Ano Archanes
📞 28107 51117
Ⓦ bakalikocrete.com
Bakaliko hat ein bestechendes Rundumpaket: Der Spezialitätenladen bietet auch Weinverkostungen und ein Lokal mit leichter Küche.

Beliebte Souvenirs: Replikate und Kunsthandwerk bei Eleni Kastrinogianni

⓪ *siehe Zentrumskarte Seiten 72f* **Bitte beachten Sie: Einige Läden akzeptieren nur Barzahlung.**

Wellness

Spas mit einer breiten Palette an Behandlungen und Angeboten findet man vor allem in den großen Hotels an der Küste, doch auch in der Inselhauptstadt kann man sich verwöhnen lassen, beispielsweise bei einem Blitzbesuch in einem der vielen vergnüglichen Foot Spas – für Kitzlige eine kleine Herausforderung.

Aegeo Spa Center

① Doctor Fish €
Foot Spa
25 Avgoustou 13, 71202
☎ 28102 87879 ⬤ So
»Einmal selber Fischfutter sein«, steht augenzwinkernd an der Wand von Doctor Fish. Zur Pediküre taucht man hier die Füße in Aquarien und lässt sich die obersten abgestorbenen Hautschuppen von kleinen Kangalfischen abknabbern – ein durchaus kitzliges Vergnügen. Danach ist die Haut angenehm weich.

② Aegeo Spa Center €€
Spa
A. Papandreou 72, 71414
☎ 28103 64400
🌐 candiamaris.gr
Nur wenige Kilometer vom Stadtzentrum Iraklios entfernt lässt das 4500 Quadratmeter große Aegeo Spa im Candia Maris Resort keine Wellness-Wünsche offen. Direkt am Strand von Amoudara kann man sich hier wochenlang nach Plan seinem Wohlbefinden widmen. Sie können sich auch einfach für einen Entspannungstag zwischen Whirlpool und Hamam anmelden und sich ein oder zwei der über 200 Anwendungen gönnen.

Außerhalb Iraklios
Seaside Resort & Spa €€€
Spa
71500 Agia Pelagia
☎ 28108 11000
🌐 seaside-hotel.gr
Knapp 20 Kilometer westlich von Iraklio steht in der Bucht von Mononaftis mit dem Seaside Resort ein wahrer Wellness-Tempel. Zur Ausstattung gehören – neben dem herrlichen Blick über die Bucht – Sauna, Hamam und Innenpool. Das Angebot reicht von Maniküre über kosmetische Gesichtsbehandlungen, Ganzkörperpackungen, Meeres- und Schokoladenpeelings bis zu entspannenden Massagen. Eine Spezialität des Hauses sind die warmen Kräuterstempelmassagen zur Regenerierung der Haut.

VIP-Suite mit Privatpool im Seaside Resort & Spa

Unterhaltung

Wer Abwechslung zum Strandalltag sucht, kann auf der ganzen Insel fündig werden: Ob Open-Air-Kino, Wasserpark, Kartfahren oder Minigolf – langweilig wird es nie.

Watercity Waterpark €€
Wasserpark
Anopolis Pediados, 70008
☎ 28107 81317
🌐 watercity.gr
Kretas größter Wasserpark verspricht vielseitigen Badespaß für die ganze Familie. Ob wilde Fahrten auf der Kamikaze-, Black-Hole- oder Reifenrutsche oder gemächliches Treibenlassen im ruhigen Strom – es ist für jeden etwas dabei. Der Wasserpark liegt etwa 20 Minuten von Iraklios Stadtzentrum entfernt.

Escape House €€
Live Escape Games
Koziris 3, 71201
☎ 28103 41646
🌐 escapehouse.gr
Das Escape House ist nicht nur eine gute Idee für Schlechtwettertage. Das interaktive Spiel macht Jung und Alt gleichermaßen Spaß. Teams von zwei bis sechs Personen ab 15 Jahren dürfen antreten. Für 60 Minuten werden die Teams in einen Raum »eingesperrt«. Sie müssen nun innerhalb der vorgegebenen Zeit verschiedene Rätsel lösen und so versuchen, ihrem »Gefängnis« rechtzeitig zu entkommen. Im Escape House gilt es beispielsweise, das mysteriöse Verschwinden einer Archäologin zu erklären oder schnellstmöglich ein Verbrechen zu verhindern.

Labyrinth Theme Park €
Themenpark
Straße Chersonissos – Kastelli, km 4, 70014
☎ 28970 29297
🌐 labyrinthpark.gr
Im Labyrinth Theme Park gibt es neben dem verwinkelten Labyrinth auch Quads für Kinder, eine Minigolfanlage, einen Streichelzoo, Bogenschießmöglichkeiten und eine Töpferwerkstatt. Unterhaltung für den ganzen Tag!

Ostkreta

Der Name ist Programm: Schon für die Venezianer war die Mirabello-Bucht ein »schönes Ziel«.
Hier liegen Elounda mit seinen Luxus-Resorts
und Agios Nikolaos, das touristische Zentrum des
Ostens. Eine sagenumwobene Landmarke im Hinter-
land ist die Diktäische Höhle bei Psychro auf der fruchtbaren Lasithi-Hochebene, denn hier soll Zeus geboren worden sein. Von Kretas »Wespentaille« ist es
nur ein Katzensprung nach Ierapetra, der südlichsten Stadt Europas. Gen Osten
führt der Weg in das Olivenland bei Sitia und bis zum Ende der Insel, wo am
Strand von Vai ein riesiger Dattelpalmenwald steht.

Gemauerte Windmühle *(siehe S. 113)*   Der Voulismeni-See im Zentrum von Agios Nikolaos *(siehe S. 114)*

Sehenswürdigkeiten auf einen Blick

❶ Lasithi-Hochebene
❷ Diktäische Höhle
❸ Elounda
❹ Milatos
❺ *Agios Nikolaos S. 114f*
❻ Kritsa
❼ Gournia
❽ Ierapetra
❾ Sitia
❿ Moni Toplou
⓫ Zakros
⓬ Palekastro
⓭ Makrigialos

Schmucke Fischerboote im Hafen von Sitia *(siehe S. 116)*

Persönliche Favoriten

Die Region ist eine »Goldgrube« – hier wird in riesigen Mengen Kretas flüssiges Gold produziert: Olivenöl. Aus der Vogelperspektive sehen die fruchtbaren Landstriche besonders reizvoll aus. Sportliche reizen die Winde am Ostende der Insel.

Freiheit hart am Wind – Kouremenos Beach

Jenseits von Sitia wird es gen Osten einsam, hier finden Individualisten ihr Strand- und Urlaubsglück – und Windsurfer den perfekten Wind.

Bei Palekastro ist das östliche Ende Kretas erreicht, dahinter gibt es nur noch die Straßen, die durch Olivengärten zum Meer führen, und den Kouremenos Beach: zwei Kilometer feiner Sand und glasklares warmes Wasser. Hier kann man es sich im Schatten der Tamarisken ganz entschleunigt gut gehen lassen – oder beim Windsurfen Tempo aufnehmen. Die Bedingungen sind ideal: Die Bucht bietet dank des Meltemi, der von Norden weht, konstanten Wind und ist nach Lee abgeschlossen. Gone Surfing bietet dazu die perfekte Ausrüstung und Kurse für alle Leistungsstufen. Großartig.

AUFREGENDER GENUSS

Gone Surfing Crete
Kouremenos Beach. ☎ 69414 27787. ○ tägl. 10–20 Uhr. ☯ **gonesurfing.gr/de**

Rasantes Sightseeing – Heliflüge

Auf der Erde ziehen sich im Osten die Wege, aus der Luft kann man von Elounda aus die Region im Hubschrauber mühelos entdecken – von Küste zu Küste.

Einsteigen, Headset aufsetzen, noch einmal kurz durchatmen, und schon beginnen die Rotoren zu kreisen. Gleich hebt der Hubschrauber ab, und wen jetzt ein mulmiges Gefühl beschleicht, hat es kurz darauf dank der fantastischen Aussicht schlicht vergessen: Spinalonga, Felder auf der Lasithi-Hochebene, schroffe Gipfel im Dikti-Gebirge, Buchten an der Südküste. Unvergesslich.

HeliAlpha Helicopterservice
Elounda. ☎ 69742 71193. ○ Mai – Okt. ☯ **helialpha.com**

Baum für Baum – Olivenkultur

Wie auf unsichtbaren Fäden aufgezogen reihen sich die Bäume auf Kretas zahllosen Olivenplantagen – ein Besuch bietet unterhaltsame Einblicke.

Rund 30 Liter Olivenöl verbrauchen die Kreter pro Kopf und Jahr, und gut 30 Millionen Olivenbäume wachsen auf der sonnenverwöhnten Insel. Oliven und Olivenöl sind unverzichtbare Elemente der kretischen Küche und mit der Kultur der Insel untrennbar verbunden.

Das Wissen um die Kultivierung der markanten Bäume wird hier seit Jahrtausenden tradiert, entsprechend hoch ist die Qualität der Produkte. Wer wissen will, wie das flüssige Gold in die Flasche kommt, kann Olivengüter und Ölmühlen besichtigen – natürlich mit Verkostung, denn wie Wein hat jedes Olivenöl seinen eigenen Charakter. Am Stadtrand von Neapoli bietet der Traditionsbetrieb Vassilakis Estate hochinteressante Führungen über seine Plantage und durch seine topmoderne Mühle an.

FEINER GENUSS

Vassilakis Estate
Neapoli. ☎ 28410 33653. ◯ tägl. 9–19 Uhr.
🆆 vassilakisestate.gr

Olivenernte im Herbst

Olivenöle von Vassilakis Estate

Sanfter Höhenflug – zwischen Bergen und Meer

Über der Lasithi-Hochebene kann man es Adler und Bartgeier gleichtun und sich ohne Motor in die Lüfte schwingen – einfach nur abheben.

Mit seinen vielen zerklüfteten Höhenzügen, die sich teils bis zum Meer ziehen, bietet Kreta gute Bedingungen für Paraglider – bequeme Anfahrten per Seilbahn zu den Startplätzen sucht man auf der Insel allerdings vergeblich. Oft sind gute Fluggebiete nur mithilfe von einheimischen Anbietern erreichbar.

LUFTIGER GENUSS

An der Nordküste kann man bei Milatos und Plaka abheben und weit übers Meer schauen, besonders reizvoll sind Flüge von den Bergen rund um die Lasithi-Hochebene, auf der zahllose Felder ein Schachbrettmuster bilden. Wo die besten Plätze im weiten Osten zu finden sind, weiß Grigoris Thomakakis, der den Luftraum über Kreta wie seine Westentasche kennt. Sein bevorzugtes Revier ist die Lasithi-Hochebene, dort bietet der mehrsprachige Pilot auch Tandemflüge an.

Paragliding Grigoris Thomakakis
Avdou. ☎ 69774 66900. 🆆 icna.gr

Schweben wie ein Adler: Paragliding

Tropfsteinformationen in der Diktäischen Höhle bei Psychro

❶ Lasithi-Hochebene

Οροπέδιο Λασιθίου

Lasithi. **Karte** K5. 🚌 🎪 Kartoffelfest in Tzermiado (Aug).

Steile Serpentinenstraßen führen auf die rund 840 Meter hoch gelegene Ebene – schon die Fahrt ist ein Erlebnis. Von Norden kommend, kann man in Krasi eine über 1000 Jahre alte Platane und ein venezianisches Quellhaus bewundern sowie im stimmungsvollen Nonnenkloster Moni Kera eine wundertätige Marienikone.

Auf dem 900 Meter hohen Pass von Ambelos reicht der Blick zur Küste und auf die von Feldern und Obstbäumen überzogene Ebene, die wie ein 50 Quadratkilometer großer, reich gedeckter Teller im Kreis der Gipfel des Dikti-Gebirges liegt. Die Ebene, in der sich nur mehr wenige Windräder drehen *(siehe S. 113)*, die nahen Berge und die Chavga-Schlucht bei Agios Konstantinos sind ideal zum Wandern.

Am besten kommt man frühmorgens, bevor die Besucherbusse die 20 Kilometer lange Rundstraße bevölkern. Später herrscht in Tzermiado und den anderen hübschen Dörfern Hochbetrieb in Lokalen und Läden, die vor allem Keramiken und traditionelle Webwaren verkaufen.

❷ Diktäische Höhle

Δικταίον άντρον

Lasithi. **Karte** K5. 🚌 ⬜ tägl. 9–15 Uhr (Hochsaison: 8–20 Uhr). 🎪

Die 50 Meter tiefe Tropfsteinhöhle liegt bei Psychro auf der Lasithi-Hochebene. Sie war ein bedeutendes minoisches Heiligtum und angeblich die Geburtshöhle von Zeus – diese Ehre macht ihr allerdings die Idäische Grotte *(siehe S. 134)* streitig. Man erreicht sie vom Parkplatz aus in 20 Minuten zu Fuß oder auf Maultieren.

❸ Elounda

Ελούντα

Lasithi. **Karte** J6. 🚌 🎪 2300. 🏠 Fr.

Das ehemalige Fischerdorf war in der Antike die Hafenstadt Olous, deren Relikte nun unter Wasser liegen. Heute ist es wegen seiner Luxus-Resorts bekannt. Von Elounda bis Plaka, das seinen alten Charme mit gemütlichen Fischtavernen eher bewahrt hat, liegen an der Küste einige kleine Strände. Von beiden Orten legen Boote nach Spinalonga *(siehe S. 114f)* ab.

❹ Milatos

Μίλατος

Lasithi. **Karte** J5. 🚌 🎪 300.

In dem 3000 Jahre alten Fischerdorf bietet der Ortsteil Paralia einen Strand mit Tavernen und einen Fischerhafen. Oberhalb liegt das denkmalgeschützte Epano Milatou mit schönen alten Steinhäusern. Sehenswert in den Bergen: die Milatos-Höhle *(siehe S. 115)*.

Lasithi-Hochebene, eine der fruchtbarsten Regionen Kretas

Restaurants auf Ostkreta *siehe Seite 122*

Windmühlen und Windräder

Die berühmteste Ansicht der Lasithi-Hochebene zeigt das Plateau mit Tausenden leinenbespannten Windrädern, die es wie weiße Blüten bedecken. Damit sie nicht durch starke Winde zu Schaden kamen, wurden die Tücher täglich gespannt und wieder abgenommen. Die Windräder, die das Wasser aus dem karstigen Untergrund nach oben pumpten, sind heute meist durch Dieselpumpen ersetzt. Von den eleganten einstigen Wahrzeichen der Hochebene stehen mittlerweile häufig nur noch die verrosteten Gerippe. Bis auf wenige restaurierte Exemplare sind auch die gemauerten Windmühlen verfallen, in denen früher Getreide gemahlen wurde. An einigen Orten kann man ihre malerischen Ruinen noch sehen und betreten.

Infobox

Windmühlen und Windräder

Pass von Ambelos
Karte K5. 26 Windmühlen, zwei davon renoviert.

Lasithi-Hochebene
Karte K5. Windräder auf der ganzen Ebene, z. B. bei Psychro.

Halbinsel Spinalonga
Karte J7. Mühlen am Damm.

Vrouchas
Karte C6. Mühlen, werden derzeit restauriert, südlich von Plaka.

Homo Sapiens Museum
Karte K5. Km 45 an der Straße zwischen Moni Kera und Ambelos-Pass, südl. von Krasi.
28970 51880.
Apr–Okt: 9–19 Uhr.
W homo-sapiens-museum.gr

Von den Windrädern auf der Lasithi-Hochebene sind nur noch einige Dutzend in Betrieb. Es gibt jedoch Bestrebungen, die Wahrzeichen der Hochebene zu restaurieren. Dieselpumpen schaffen das Wasser aus größeren Tiefen an die Oberfläche – ein wichtiger Vorteil angesichts des gesunkenen Grundwasserspiegels.

Gemauerte Windmühlen, wie hier vor einem Souvenirladen in Psychro, stehen an Stellen, an denen der Wind überwiegend aus einer Richtung weht.

Hunderte moderne Windräder dienen heute auf Kreta zur Stromgewinnung. Wie einst die Windmühlen nutzen sie vorwiegend die steten Meltemi-Nordwinde.

Die Windmühlen am Pass von Ambelos stammen noch aus venezianischer Zeit. Von den 26 Mühlen auf der Passhöhe am nördlichen »Tor« zur Lasithi-Hochebene wurden bislang zwei renoviert.

Karte siehe Extrakarte zum Herausnehmen

❺ Agios Nikolaos

Άγιος Νικόλαος

Der moderne Urlaubsort liegt traumhaft auf einer hügeligen Halbinsel. Er besitzt zwar nicht viel historische Architektur, hat aber sonst einiges zu bieten: einen Panoramablick auf die Mirabello-Bucht, den Voulismeni-See, in dem sich abends die Lichter der umliegenden Lokale spiegeln, einen Hafen, in dem riesige Kreuzfahrtschiffe anlegen, und eine Marina mit eleganten Yachten. Zum Bummeln laden geschmackvolle Läden im Zentrum ein. Badespaß bieten die umliegenden Sand- und Kiesstrände, die mit der Blauen Flagge ausgezeichnet sind.

Kirche Agios Nikolaos (8./9. Jh.)

🏛 Volkskunde-Museum ①
Odos Paleologou 4. 📞 28410 25093. ⭘ Di–Sa 10–14, 17–20 Uhr. 🈯

Das hübsche kleine Museum liegt gleich neben der Tourismusinformation an der Brücke über den Kanal zwischen dem Meer und dem sagenumwobenen Voulismeni-See. In dessen tiefem Wasser sollen die Göttinnen Athene und Artemis gebadet haben. Die Sammlung umfasst Handwerk, Musikinstrumente und Trachten. Sehenswert sind die bunten Webarbeiten und Stickereien.

🏛 Archäologisches Museum ②
Odos Paleologou 41. 📞 28410 24943. ⭘ wg. Renovierung. 🈯

Das Archäologische Museum stellt bedeutende Funde aus ganz Ostkreta aus, darunter schönen Goldschmuck und zahlreiche Keramiken von der Jungsteinzeit bis zur griechisch-römischen Epoche. Ein Highlight ist die *Göttin von Mirtos*, ein frühminoisches Tongefäß in Form einer Frauenfigur.

🏛 Städtische Kunstgalerie ③
Odos 28 Oktovriou. 📞 28410 26899. ⭘ unterschiedl. Zeiten. 🈯

In der Fußgängerzone nahe dem Hauptplatz E. Venizelou residiert das Kulturzentrum in einem neoklassizistischen Gebäude. Es veranstaltet auch Ausstellungen von einheimischen und internationalen Künstlern.

Minoisches Kultobjekt (um 3000 v. Chr.)

🎦 Freilichtkino Christina ④
Odos M. Sfakianaki. 📞 28410 82681.

Im Sommer bietet das Freilichtkino 700 Zuschauern Platz. Gezeigt werden neueste Filme in Originalfassung mit Untertiteln. Hier finden auch Theateraufführungen und Konzerte statt.

⛪ Agia Triada ⑤
Platia E. Venizelou.

Die Kirche der »Heiligen Dreifaltigkeit« ist die Hauptkirche der Stadt und ein Beispiel für ein modernes Gotteshaus im byzantinischen Stil. Das Mosaik über ihrem Portal bringt Farbe ins Stadtbild, auch ihr farbenfroher Innenraum ist einen Blick wert.

⛪ Agios Nikolaos ⑥
Auf der Landzunge gegenüber dem Hafen. ⭘ 16–20 Uhr (ansonsten Schlüssel im Minos Palace Hotel).

Die byzantinische Kapelle gab Agios Nikolaos seinen Namen. Sie schmücken die ältesten byzantinischen Fresken Kretas. Die geometrisch-ornamentalen Malereien stammen vermutlich aus der Zeit des byzantinischen Bilderstreits (8./9. Jh.), als die sogenannten Ikonoklasten die bildliche Darstellung von Jesus, Gott und Heiligen verboten. Sie sind teils von schönen Fresken aus dem 14. Jahrhundert übermalt.

🏛 Spinalonga (Kalydon) ⑦
📞 28410 41773. ⭘ Apr–Okt: 8–20 Uhr; Nov–März: 9.30–16 Uhr. 🈯

Von Agios Nikolaos, Elounda und Plaka *(siehe S. 112)* setzen

Voulismeni-See, gesäumt von Cafés und Restaurants

Restaurants auf Ostkreta *siehe Seite 122*

Glasbodenboot im Hafen von Agios Nikolaos

Infobox

Information
Karte K6. 🗺 12 000. ℹ Odos Akti S. Koundourou 21a, 28410 22357. 🛒 Mi, oberhalb des Sees in der Odos E. Anistaseus. 🎭 Lato Kulturfest (Juli), Konzerte, Volkstanz, Theater, Ausstellungen (Aug.)
🌐 aghiosnikolaos.eu

Anfahrt
🚌 🚢

täglich Boote zur Insel Kalydon, bekannter als Spinalonga, über. Von 1903 bis 1957 war sie eine der letzten Leprakolonien Europas. Noch in den 1930er Jahren lebten dort rund 1000 Kranke als Ausgestoßene. Der interessante Ausflug führt durch das Dorf der Kolonie innerhalb der venezianischen Befestigungen aus dem 16. Jahrhundert.

Umgebung: Ausgesprochen malerisch ist die Strecke vom zehn Kilometer entfernten Elounda über den Damm vorbei an Windmühlen und Wasservögeln zur Halbinsel Spinalonga – nicht zu verwechseln mit der Insel gleichen Namens – zum Strand Kolokytha *(siehe S. 120).* Nahe dem Damm lohnt ein Blick auf ein frühchristliches Bodenmosaik.

Vom 25 Kilometer entfernten Milatos *(siehe S. 112)* führt eine einstündige Wanderung oder steile Kurvenfahrt durch Felslandschaft mit Blick auf die Küste zur Milatos-Höhle. Die über 70 Meter tiefe Höhle (Taschenlampe nicht vergessen) wurde seit der Jungsteinzeit genutzt. Traurige Berühmtheit erlangte sie durch das Massaker von 1823, als osmanische Truppen hier rund 2000 Kreter niedermetzelten. Der Ermordeten oder Versklavten gedenkt in der Höhle eine Kapelle samt Knochenschrein. Im nahen Dörfchen Kounali verströmt eine Taverne urigen Berghüttencharme, man kann Adlern und Geiern beim Kreisen zusehen.

Die Raubvögel fliegen auch über die 25 Kilometer entfernte Katharo-Hochebene oberhalb von Kritsa *(siehe S. 116).* Das 1150 Meter hoch gelegene Plateau ist nur zeitweise bewohnt. Hier entdeckte man Fossilien von Zwergelefanten. Für Naturfreunde gibt es Wander- und Mountainbike-Touren in wildromantischer Berglandschaft – sowie von Mai bis Oktober, wenn sich die Schäfer auf dem Katharo aufhalten, die Möglichkeit zur Stärkung in Tavernen. Höhepunkt des Jahres ist das Schäferfest am 15. August. Gut 1000 Besucher kosten dann den neuen Myzithra-Käse und feiern bei Lyra-Musik und gutem Essen.

Zentrum von Agios Nikolaos

① Volkskunde-Museum
② Archäologisches Museum
③ Städtische Kunstgalerie
④ Freilichtkino Christina
⑤ Agia Triada
⑥ Agios Nikolaos
⑦ Spinalonga (Kalydon)

0 Meter 100

Zeichenerklärung
siehe hintere Umschlagklappe

Karte *siehe Extrakarte zum Herausnehmen*

❻ Kritsa

Κριτσά

Lasithi. **Karte** K6. 🚌 🏔 2700.

Wie in einem Theater staffeln sich die Häuser des Bergdorfs am felsigen Hang – so schön wie seine Lage, so hübsch sind auch Kritsas Gassen oberhalb der Dorfstraße, in der Lokale und Läden mit Webarbeiten, Spitzen und Stickereien locken.

Kurz vor Kritsa hütet die Marienkirche **Panagia Kera** herrliche byzantinische Fresken (13./14. Jh.). Die ältesten sind im Mittelschiff zu sehen, die lebhaften Malereien in den Seitenschiffen zeigen schon den Einfluss der Kretischen Schule *(siehe S. 79)*.

🏛 **Panagia Kera**
1 km östl. ⏱ Di–So 8.30–15 Uhr.

Umgebung: Drei Kilometer nördlich liegen die Relikte der dorischen Stadt Lato (8. Jh. v. Chr.) auf einem Bergsattel mit fantastischem Blick.

Eine schöne, acht Kilometer lange Wanderung führt von Kritsa durch die Kritsa-Schlucht nach Tapes und wieder zurück.

🏛 **Lato**
⏱ Di–So 8.30–15 Uhr. 🎫

❼ Gournia

Γουρνιά

Lasithi. **Karte** L7. 🚌 ⏱ Di–So 80–15 Uhr. 🎫 🅆 **gournia.org**

Die minoische Stadt lag günstig auf einem Hügel am Meer. Sie war wohl ein Handels- und

Ierapetras osmanische Moschee ist nun teilweise renoviert

Handwerkszentrum, was die vielen Werkzeugfunde beweisen. Wie die Palastzentren besaß Gournia eine Kanalisation, und wie in heutigen kretischen Dörfern spaziert man hier in engen Gassen zwischen den Mauern der Erdgeschosse, die als Lager dienten.

❽ Ierapetra

Ιεράπετρα

Lasithi. **Karte** L6–7. 🚌 🏔 16 000.
🏖 Sa. 🎭 Kyrvia-Festival (Juli/Aug).
🅆 **ierapetra.gr**

Ierapetra ist ideal für Individualreisende, die den langen Stadtstrand *(siehe S. 121)* und die Infrastruktur von Europas südlichster Stadt schätzen. Bis spätnachts haben die Lokale an der Strandpromenade und am Hafen mit dem venezianischen Kastell (17. Jh.) geöffnet. Dort fahren Boote nach Chrysi *(siehe S. 16)* ab. Die Altstadt besitzt rund um die Moschee orientalisches Flair.

Umgebung: 20 Kilometer östlich liegt die schöne Red-Butterfly-Schlucht *(siehe S. 27)*.

Zehn Kilometer nordöstlich reicht der Blick im romantischen Bergdorf Kalamafka auf beide Küsten der Insel.

❾ Sitia

Σητεία

Lasithi. **Karte** K9. 🚌 🏔 20 000.
🏖 Di. 🎭 Kornaria-Festival (Juli/Aug). 🅆 **sitia.gr**

Jenseits des Massentourismus lockt Sitia mit einem langen Sandstrand *(siehe S. 14)*, lebhaftem Flair, dem Archäologischen Museum, guten Lokalen und hübschen Dörfern im hügeligen Umland. Den schönsten Blick hat man vom venezianischen Kastell Kasarma.

Umgebung: Rund 15 Kilometer westlich rauscht in der vier Kilometer langen traumhaften grünen Richtis-Schlucht ein 20 Meter hoher Wasserfall.

Sitias Fischerhafen mit schöner Promenade und vielen Lokalen

Restaurants auf Ostkreta *siehe Seite 122*

Olivenöl

Rund 30 Millionen Olivenbäume wachsen auf Kreta, die hier mit reichlich Sonne und kalkigen Böden ideale Bedingungen finden. Olivenöl ist Kretas wichtigstes Exportgut, das in hervorragender, zunehmend auch in Bio-Qualität produziert wird. Seinen Geschmack bestimmen Faktoren wie der Reifegrad der Oliven, der Standort und natürlich die Sorte. Rund 90 Prozent des kretischen Olivenöls werden aus fruchtigen Koroneiki-Oliven gewonnen. Verarbeitet werden zudem dicke Thoumoli- und würzige Tsounati-Oliven. Im Durchschnitt erbringt ein Baum 20 Kilogramm Oliven und drei Liter Öl, teilweise erheblich mehr. Preisgekrönte Olivenöle kommen u. a. aus dem Raum Sitia, wo die Bauern eine Kooperative gegründet haben.

Infobox

Information

Cooperativa Sitia
Karte K9. Km 1, Landstraße
Sitia–Agios Nikolaos.
w facebook.com/
cooperativa.sitia

Cretan Olive Oil Farm
Karte J6. Elounda.
w cretanoliveoilfarm.gr

Paraschakis Olive Oil Factory
Karte C9. Melidoni (Rethymno).
w paraschakis.gr

Koronekes
Karte K3. Kapnistou Metochi,
Archanes.
w koronekes.gr

In der Messara-Ebene spielt der Olivenanbau eine wirtschaftliche Hauptrolle. Ein großer Teil des hier produzierten Olivenöls wird in europäische Länder exportiert. Dank seines hohen Anteils an Vitamin E und ungesättigten Fettsäuren ist Olivenöl äußerst gesund.

Bei der Ernte von November bis Februar werden die Oliven mit Rechen von den Bäumen geschlagen und in Netzen am Boden aufgefangen.

Reife Oliven sind zu Beginn der Erntezeit noch grün und verfärben sich im Lauf des Winters dunkel.

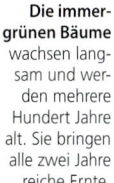

Die immergrünen Bäume wachsen langsam und werden mehrere Hundert Jahre alt. Sie bringen alle zwei Jahre reiche Ernte.

Natives Olivenöl extra ist die oberste Güteklasse. Es enthält maximal 0,8 Prozent Säure – das »Sitia 0.2« sogar nur 0,2 Prozent.

Karte siehe Extrakarte zum Herausnehmen

❿ Moni Toplou

Μονή Τοπλού

Lasithi. **Karte** K10. 🚌 3 km südl.
📞 28430 61226. ⏱ tägl. 9–13,
14–18 Uhr (Winter: auf Anfrage).
🖼 🏛 ⛪

Wie eine Festung steht das im 14. Jahrhundert gegründete Kloster in karger Landschaft. »Top« bedeutet auf Türkisch »Kanone«, und tatsächlich verteidigte sich Moni Toplou als Wehrkloster gegen Seeräuber und Osmanen und unterstützte im Zweiten Weltkrieg den Widerstand gegen die Deutschen. Im Museum der Anlage kann man sich darüber informieren. Hauptattraktionen sind – neben exzellentem Bio-Wein und -Olivenöl von den Klosterländereien – die Ikonen und Fresken der Klosterkirche. Berühmt und hochverehrt ist Ioannis Kornaros' Ikone *Megas ei, kyrie* (»Groß bist du, Herr«) von 1770, die wie ein fantastisches sakrales Wimmelbild 61 Szenen aus der Bibel zeigt.

Umgebung: Zum Grundbesitz des Klosters gehören der neun Kilometer entfernte Palmenstrand von Vai *(siehe S. 16 und S. 120)* und die kaum erforschten Ruinen von Itanos. Die in der Antike mächtige Hafenstadt war ab 140 v. Chr. mit Ierapetra verbündet, der in Stein gemeißelte Vertrag ist in Moni Toplou zu sehen. In Itanos gibt es ruhige Strände und Kretische Dattelpalmen *(Phoenix theophrasti)*. Die seltene Palmenart ist schon seit der Antike auf Kreta heimisch – ihre Früchte schmecken leider nicht.

⓫ Zakros

Ζάκρος

Lasithi. **Karte** L10. 🚌 🏔 1000.

Das Bergdorf liegt unterhalb einer schönen, großen Quelle, die das Gebiet in eine fruchtbare Oase verwandelt. Hier findet man Lokale, Läden und Werkstätten, Backhäuser und Wassermühlen.

Umgebung: Von Zakros führt eine acht Kilometer lange Wanderung durch die Zakros-Schlucht und das »Tal der Toten« *(siehe S. 27)* zu einer herrlichen Bucht mit Kiesstrand *(siehe S. 16)*. Am Ende der Schlucht liegt der imposante minoische Palast **Kato Zakros** aus dem 16./15. Jahrhundert v. Chr. Hier fand man einen der ältesten Metallschmelzöfen der Welt.
Rund 20 Kilometer südlich liegen die einsamen Strände Xerokampos *(siehe S. 121)* und Ambelos.

🏛 **Kato Zakros**
⏱ Mai–Sep: 8–18 Uhr; Okt–Apr: 8–15 Uhr. 🖼

Megas ei, kyrie von I. Kornaros, 1770

⓬ Palekastro

Παλαίκαστρο

Lasithi. **Karte** K10. 🚌 🏔 950.

Der Hauptort der Region ist bäuerlich geprägt und bietet eine gute Infrastruktur mit Läden, Bankautomat, Unterkünften, netten Tavernen am Kirchplatz und einem kleinen **ethnografischen Museum**.

🏛 **Ethnografisches Museum**
⏱ Di–So 10–12, 17–19.30 Uhr. 🖼

Umgebung: Zwei Kilometer entfernt liegen der bei Surfern beliebte Kouremenos Beach *(siehe S. 16)* und auf der anderen Seite des markanten Tafelsbergs Kastris der kinderfreundliche Strand von Chiona.

⓭ Makrigialos

Μακρύ-Γιαλος

Lasithi. **Karte** L8. 🚌 🏔 4000.
🚢 Fr.

Makrigialos und das benachbarte Analipsi sind mit ihren langen kinderfreundlichen Stränden *(siehe S. 14)* ein beliebtes Ziel an der Südküste. Einsame Plätze findet man eher in den westlichen Buchten. Makrigialos lockt mit Strandleben, Fischlokalen an der Uferpromenade, dem Blick auf die Bergkulisse und einem Hafen, von dem Boote zu den Traumstränden der unbewohnten Insel Koufonisi *(siehe S. 121)* fahren.

Der Strand von Vai am größten natürlichen Palmenhain Europas

Restaurants auf Ostkreta *siehe Seite 122*

Tintenfisch und Oktopus

Tintenfisch, Oktopus, Kalmar – der Unterschied zwischen den wohlschmeckenden Kopffüßern ist leicht erklärt. Für Freunde von gekonnt zubereiteten Meeresfrüchten ist er jedoch nicht entscheidend, da nicht geschmacksrelevant. Die zehnarmigen Sepien und Kalmare haben einen Tintenbeutel und bilden die größte Gruppe der Tintenfische, die achtarmigen Kraken, die Oktopoden, besitzen Saugnäpfe und sind ebenfalls eine Teilklasse der Tintenfische. Kraken haben Fußballverstand, wie Krake Paul als WM-Orakel 2010 eindrücklich bewies. Sie sind auch sonst sehr intelligent. In einigen Laborversuchen können sie es durchaus mit Säugetieren aufnehmen, etwa wenn es darum geht, den schnellsten Weg aus einem Labyrinth zu finden.

Oktopus mit acht Armen

Die Kopffüßer werden zum Trocknen aufgehängt, aber zuvor kräftig auf Asphalt oder Felsen geklopft, damit das Fleisch seine Struktur verändert und weich wird.

Tintenfische werden mit Reis, Pinienkernen, Käse und Gemüse gefüllt. Sie werden in Tomaten- oder Weinsauce gekocht oder als Salat, gegrillt oder gebacken gegessen.

Kretas Fischerei leidet unter der Überfischung des Mittelmeers. Tintenfische sind allerdings noch immer ein häufiger Fang.

Kalmare erkennt man an ihrem langen schlanken Körper und den zwei segelartigen Schwanzflossen. Sie haben acht gleich kurze Mundarme und zwei lange Fangarme.

Oktopoden sind Meister der Tarnung. Sie können innerhalb von Millisekunden ihre Farbe wechseln und sich ihrer Umwelt anpassen – obwohl sie farbenblind sind.

Karte siehe Extrakarte zum Herausnehmen

Die schönsten Strände Ostkretas

An der schönen Mirabello-Bucht kann man sich Luxus gönnen – oder auf die Spinalonga-Halbinsel spazieren und dort das einfache Strandvergnügen auf Koloky-thas weißem Sand genießen. In Ierapetra und Sitia lassen sich typisch kretisches Stadtflair und Spaß am Strand perfekt kombinieren, Naturfreunde kommen dagegen im einsamen Osten auf ihre Kosten. Dort liegt mit dem Palmenstrand von Vai ein berühmtes Traumziel Kretas. Traumhaft sind aber auch die Strände im äußersten Südosten und seinen unbewohnten Inseln.

Im Süden nie aus der Mode: Strohhüte

Schatten spendende Tamarisken, Kato Zakros

Legende

- Autobahn
- Hauptstraße
- Nebenstraße
- Panoramastraße
- Pfad

Karibikfeeling mit Palmen am Strand von Vai

① **Elounda** Am kleinen sandigen Stadtstrand beim Hafen sorgen Lokale, Beachvolleyball, Wassersport und ein Spielplatz für Verpflegung und Unterhaltung. Eine ruhige Alternative – außer wenn zwischen 12 und 15 Uhr die Ausflugsboote anlegen – ist der weiße Sandstrand Kolokytha auf der Halbinsel Spinalonga, den man zu Fuß erreicht. Cocktails in bequemen Sesseln genießt man Richtung Plaka am Ipanema Beach.

② **Vathi** Ein Hauch von Luxus umgibt den feinen Sandstrand in einer geschützten Bucht, denn hier residiert das schicke Resort Daios Cove. Bislang ist er noch ein Geheimtipp, denn er wurde erst 2010 angelegt. Das flache ruhige Wasser ist für Kinder ideal, Schnorchler finden ihr Glück vor den nahen Felsen.

③ **Sitia** siehe S. 14. Wer eine kleine Abwechslung sucht, spaziert zum östlichen Strandende

und erkundet auf dem Kap Tri-piti die frei zugängliche Agora der einstigen antiken Stadt.

④ **Vai** siehe S. 16. Der Strand von Vai ist ein Traum, aber in der Hochsaison teils überlaufen. Im Schatten von Palmen relaxt man allerdings auch am ruhigen, unerschlossenen Strand nahe der antiken Stätte Itanos, zwei Kilometer weiter nördlich.

⑤ **Kato Zakros** siehe S. 16.

Restaurants auf Ostkreta siehe Seite 122

Traumstrand auf Chrysi

	①	②	③	④	⑤	⑥	⑦	⑧	⑨	⑩
Blaue Flagge	★		★	★	★	★		★		★
Sauberkeit	★	★	★	★	★	★	★	★	★	★
Ruhe			★		★	★	★		★	★
Party							★			
Toiletten	★	★	★	★	★			★		★
Duschen	★	★	★					★		★
Liegen und Schirme	★	★	★	★				★	★	
Rettungsschwimmer	★		★					★	★	
Wassersport	★		★	★				★		★
Meeresschildkröten						★				
Gastro/Shopping	★	★	★	★	★	★		★	★	★
Kinderfreundlich	★	★	★	★	★			★	★	★
Rollstuhlgerecht			★							
Glasbodenboote	★									
Parken	★	★	★	★	★	★		★		★

Vai · Vai
③ Sitia · Palekastro
Chamezi
97
Zakros
⑤ Kato Zakros
Chandras
rigialos
⑥ Xerokampos
⑦ Koufonisi

Erst seit 2010 aufgeschüttet: der Vathi-Strand

Ierapetras langer Kiesstrand zieht sich bis in die Vororte

Infobox

Webcams
w webcamgalore.de
w camteria.com/en/
w kreta-kriti.de/webcams-auf-kreta-uebersicht.html

360°-Panoramafotos
w 360crete.gr

⑥ **Xerokampos** Abgeschiedener als hier lässt sich auf Kreta kaum ein Strandurlaub genießen. Vor rauer Bergkulisse können sich Naturfreunde im Umkreis der weit verstreuten Siedlung ihren ruhigen Lieblingsstrand mit Sand, Kiesel oder Felsen aussuchen – oder mit Lehm als Naturspa. Ein Fahrzeug ist allerdings nötig.

⑦ **Koufonisi** Die unbewohnte Insel erreicht man von Makrigialos mit Ausflugsbooten oder per Wassertaxi. Hier findet man nichts außer 36 Sandstränden und türkisblaues Wasser – ein Traum. Selbst die Römer fanden Koufonisi schon magisch.

⑧ **Ierapetra** An der Küste bei Ierapetra liegen viele schöne Strände, aber auch in der Stadt selbst kann man zu beiden Seiten der quirligen Uferpromenade gut baden – selbstverständlich mit allem Komfort.

⑨ **Chrysi** *siehe S. 16.*

⑩ **Myrtos** Der extrem windgeschützte, graue Kies-Sand-Strand ist bei Familien beliebt, die Kretas Küste jenseits des Massentourismus und doch komfortabel genießen möchten. Unter Kennern gilt er als einer der schönsten Strände an der Südküste. An seinem ruhigen Westende hat man einen großartigen Blick auf das Dorf vor grüner Bergkulisse.

Restaurants

In Kretas weitem Osten kann man insbesondere in den führenden Urlaubsorten Agios Nikolaos und Elounda hervorragend essen gehen. Hier findet man eine breite Auswahl an schönen Restaurants, die sich kretisch-mediterranen oder internationalen Küchentraditionen widmen. Viele überzeugen zudem mit einem stimmungsvollen Ambiente. Danach gibt es noch einen Cocktail mit Blick aufs Meer.

Restaurants

AGIA FOTIA: The River €
Kretisch
71202 Agia Fotia
📞 28420 61557 🕐 tägl.
Das stimmungsvolle Lokal nahe dem Strand von Agia Fotia liegt etwa 15 Kilometer östlich von Ierapetra. Hier wird kretische Küche serviert.

AGIOS KONSTANTINOS: Vilaeti €
Kretisch
72052 Agios Konstantinos
📞 28440 31983
🕐 tägl.
🌐 vilaeti.gr
Das gemütliche Traditionslokal auf der Lasithi-Hochebene gehört zu einem Komplex mit historischen Häusern, die zu schönen Unterkünften umgebaut wurden.

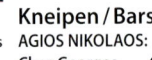

Plakat der Zep Rock & Blues Bar, Agios Nikolaos

AGIOS NIKOLAOS: Amalthea €€
Mediterran
Akti Pagalou 17, 72100 Agios Nikolaos
📞 28410 21801 🕐 tägl.
Restaurant mit freundlichem Service und sehr guter Küche: Im Amalthea schmecken Fleischgerichte vom Grill und das hervorragende Seafood.

AGIOS NIKOLAOS: Migomis €€€
International
N. Plastira 22, 72100 Agios Nikolaos
📞 28410 24353 🕐 tägl.
🌐 migomis.gr
Zum eleganten Migomis gehört auch ein Café. Hoch über dem Voulismeni-See genießt man exzellente Küche, eine große Weinauswahl und einen schönen Blick aufs Meer.

ELOUNDA: Ergospasio €€
Asiatisch
Akti Oloundos 5, 72053 Elounda
📞 28410 42082 🕐 tägl.
🌐 ergospasio.gr
Das asiatische Lokal liegt romantisch in einer umgebauten Johannisbrotmühle direkt am Meer.

PLAKA: Thalassa €€
Seafood
Uferpromenade, 72053 Plaka
📞 28410 42671
🕐 tägl.
Mit Blick auf Spinalonga genießt man im Thalassa Seafood und griechische Küche. Die Aussicht von der teils überdachten Terrasse aufs Meer ist traumhaft.

Kneipen / Bars

AGIOS NIKOLAOS: Chez Georges €€
Café / Cocktailbar
Kornarou 2, 72100 Agios Nikolaos
📞 28410 26130 🕐 tägl.
🌐 chezgeorgescafe.gr
Die Cocktailbar hoch über dem Voulismeni-See ist eine Institution. Hier erlebt man schöne Sonnenuntergänge.

Frischer, leichter *salata kritiki* – Kressesalat mit Feta und Orangen

AGIOS NIKOLAOS: The Zep Rock & Blues Bar €
Bar
Akti Koundourou Stylianou 6, 72100 Agios Nikolaos
📞 69429 46168 🕐 tägl.
🌐 thezep.eu
Gute Laune und Unterhaltung bei klassischem Rock, Blues und Live-Musik sind hier bis in die frühen Morgenstunden während des ganzen Sommers garantiert. Dazu gibt es Guinness oder Cocktails.

AGIOS NIKOLAOS: Puerto Bar €
Bar
Hafen, 72100 Agios Nikolaos
📞 28410 22850 🕐 tägl.
Gute Cocktails, Musik und schöne Lage direkt am Hafen – die Puerto Bar ist ein perfekter Ort, um den Abend zu genießen.

SITIA: The Wall Music Bar €
Bar / Club
E. Venizelou 189, 72300 Sitia
📞 28430 26552 🕐 tägl.
In einem alten Hafengebäude bringt der Club mit guter Musik, Konzerten und Cocktails Farbe in Sitias Nachtleben.

Seafood – eine köstliche Option an der Küste

Preiskategorien € = preiswert €€ = mittel €€€ = gehoben

Shopping

Im ganzen Ostteil der Insel entdeckt man in Städten und Ortschaften hübsche Läden. Nicht zuletzt ist die Region für ihr Olivenöl berühmt. Gepflegt shoppen kann man vor allem in Agios Nikolaos, wo sich in der Fußgängerzone 28 Oktovriou und deren Seitenstraßen die Läden reihen.

AGIOS NIKOLAOS:
Art on Olive Wood €
Holzschnitzerei
28 Oktovriou 22, 72100 Agios Nikolaos
📞 28410 25168
🌐 artonolivewood.com
Olivenholz, schön geschnitzt – bei Art on Olive Wood findet man besonders hübsche Stücke.

AGIOS NIKOLAOS:
Cretan Olive Oil Farm €
Event-Store
Straße Agios Nikolaos – Elounda, km 2, 72100 Agios Nikolaos
📞 28410 24139
🌐 cretanoliveoilfarm.gr
Außerhalb von Agios Nikolaos pflegt Tassos Spirides zusammen mit seinem Sohn Nikos traditio-nelle Methoden des Olivenan-baus. Als Besucher kann man die Produkte kaufen, aber auch – gegen Eintritt – Folklore-Events miterleben, selbst Weintrauben zerstampfen, töpfern und die Ge-heimnisse der kretischen Küche erlernen. Hier wurde das alte Wissen um die Kreta-Diät zusam-mengetragen.

AGIOS NIKOLAOS: Talos €€
Mineralien, Fossilien, Schmuck
Koundourou 11/28 Oktovriou 10, 72100 Agios Nikolaos
📞 28410 25442
Im Schaufenster des schönen La-dens kann man gigantisch große Amethystdrusen bewundern – innen gibt es eine riesige Auswahl an farbenprächtigen Mineralien, faszinierenden Fossilien und handgefertigtem Schmuck.

KAVOUSI: Votania €
Kräuterhof und Biokosmetik
Tholos-Strand, 72200 Kavousi
📞 28410 25452
🌐 votania.com
Etwas außerhalb von Kavousi liegt die Bio-Kräuterfarm direkt am Meer. Votania bietet eine große Auswahl an Tees und Kräu-tern, die von kretischen Wildfor-men stammen, sowie Kosmetik und Massageöle aus eigener Pro-duktion.

Bioqualität aus eigener Produktion: Spezialitäten bei Cretan Olive Oil

Wellness

Die Region um Elounda und Agios Nikolaos ist seit Länge-rem für ihre schicken Hotelanlagen, in denen man sich auf höchstem Niveau erholen kann, bekannt. Spas mit ausge-suchten Wellness- und Fitnessangeboten gehören ganz selbstverständlich zum Angebot der teils sehr luxuriösen Resorts.

AGIOS NIKOLAOS: Daios Cove
Luxury Resort & Villas €€€
Wellness-Hotel und Spa
Vathi, 72100 Agios Nikolaos
📞 28410 62600
🌐 daioscovecrete.com
Rund neun Kilometer südlich von Agios Nikolaos liegt das elegante Daios Cove direkt am neu aufge-schütteten Strand von Vathi. Hier stehen Yoga und Pilates ebenso auf dem Programm wie eine große Bandbreite an wohltuen-den Wellness-Behandlungen. Das relativ neue Resort besitzt einen 2500 Quadratmeter großen Spa-Bereich mit Dampfbad, Sauna, Laconium und Tepidarium. Es gehört zu Griechenlands füh-renden Wellness-Hotels.

ELOUNDA: Aquila
Elounda Village €€€
Wellness-Hotel und Spa
72053 Elounda
📞 28410 41802
🌐 aquilahotels.com
Nicht nur das luxuriöse Spa des Wellness-Hotels konzentriert sich ganz auf das Wohlbefinden sei-ner Gäste. Zur Entspannung die-nen in der malerisch auf einer Halbinsel gelegenen Hotelanlage auch drei Pools mit Blick auf die Mirabello-Bucht, Whirlpool, Dampfbad, Sauna und Softsauna. Hinzu kommt eine Palette an kos-metischen Behandlungen, Massa-gen und Fitness-Angeboten.

Traumpool im Aquila Elounda

Bitte beachten Sie: Einige Lokale und Läden akzeptieren nur Barzahlung.

Westkreta

Der Westen Kretas ist eine Region der starken
Kontraste. Quirliges Stadtleben findet man in
den malerischen Städten Rethymno und Chania,
in denen Venezianer und Osmanen ihre Spuren
hinterlassen haben. Ein Besuchermagnet ist auch die
Samaria-Schlucht im Lefka-Gebirge – ansonsten bieten die »Weißen Berge« vor
allem Einsamkeit in rauer Landschaft. Von ihren wüstenhaften Gipfelregionen
nur wenige Kilometer entfernt, erstrecken sich Zitrusplantagen, Weingärten
und Olivenhaine. Im Norden bieten elegante Stadtstrände mit feinem Sand
Erholung an der Küste, im Süden liegen abgeschiedene Buchten.

Zitrusfrüchte wachsen im Westen auf Plantagen

Mediterrane Palmen am Stadtplatz in Chania *(siehe S. 138f)*

Sehenswürdigkeiten auf einen Blick

1 Rethymno S. 128–130
2 Moni Arkadi
3 Idäische Grotte
4 Anogia
5 Margarites
6 Agia Galini
7 Moni Preveli
8 Plakias
9 Chania S. 138–140
10 Souda
11 Akrotiri-Halbinsel
12 Stavros
13 Samaria-Schlucht S. 144f
14 Chora Sfakion
15 Imbros-Schlucht
16 Frangokastello
17 Sougia
18 Paleochora
19 Kastelli Kissamou
20 Balos

Tour
T2 Amari-Tal S. 135

Zeichenerklärung
siehe hintere Umschlagklappe

0 Kilometer 20

◄ Chanias Leuchtturm – Wegweiser in den venezianischen Hafen *(siehe S. 138)*

Persönliche Favoriten

Kretas Westen lädt zu Entdeckungen ein: In Rethymno und Chania sind historische Welten zu erkunden, wüstenhafte Bergwelten in den Lefka Ori, Strandwelten an der Küste – aber auch die Produkte der Erde und die Weiten des Wassers.

Unter der Oberfläche – eine Fahrt im Glasbodenboot

Für Süßwassermatrosen und Nichttaucher ist eine Fahrt im Glasbodenboot ideal – so entdeckt man die Welt unter Wasser ganz bequem.

Entdeckungstour mit dem Glasbodenboot

Ohrenqualle mit gespanntem Schirm

Unterwasserwelten bieten stets einen faszinierenden Anblick – unter der Wasseroberfläche erstreckt sich ein fantastischer, fremder Kosmos, der bei Weitem noch nicht erforscht ist und immer wieder Anlass zum Staunen gibt. Das Mittelmeer um Kreta ist zwar schon seit Jahrtausenden von Fischern und Seefahrern hervorragend ausgekundschaftet, dennoch ist der Blick in die Tiefe spannend.

MEERESWELTEN

Trockenen Fußes lässt sich Kretas Unterwasserwelt in einem Glasbodenboot entdecken. In Chania bietet Captain Nick unterhaltsame Fahrten. Durch die »Fenster« im Rumpf des Boots wie auch beim Schnorcheln sieht man mediterrane Meeresbewohner und sogar ein Wrack.

Captain Nick
Hafen von Chania. 📞 28210 86732.
🌐 captainnickchania.com

In der Agora – Chanias Markthalle

In Chanias schöner Markthalle treffen nicht nur kulinarische Welten zusammen – sondern auch Einheimische und Besucher.

In Chanias Markthalle mischen sich Kretas vielfältige Aromen zu einem sinnlichen Gesamtkunstwerk. Unter den Eisengestängen ihrer hohen Decken findet man alles, was die Böden der Insel und das Meer vor ihren Küsten an kulinarischen Geschenken zu bieten haben: vegetarische Vielfalt von Avocados bis Zitronen, fangfrische Fische und Meeresfrüchte, eingelegte Oliven und feine Olivenöle, würzige Käsesorten, leckeres Gebäck, Kräuter, Tees, Honig – und Imbissstände für Hungrige. Auch wenn sich Souvenirläden zwischen die Anbieter gemischt haben, ist der Besuch ein sehr kretisches Vergnügen.

Markthalle Agora
Platia Markopoulou, Chania. ⬜ Mo, Mi, Sa 8–14, Di, Do, Fr 8–21 Uhr.

Eingang der Markthalle in Chania

Weingut Manousakis – perfekt vorbereitet auf Gäste

Weinsorten von Weiß bis Rot

Feine Tropfen – Kretas Aromen kosten

Kretas große Weinbaugebiete liegen im Zentrum der Insel, doch auch der Westen hat viele Kellereien und feine Tropfen zu bieten – hier heißt es kosten und entdecken.

In Sachen Wein ist Kretas Westen auf großer Aufholjagd gegenüber den zentral gelegenen Hauptanbaugebieten südlich von Iraklio – nicht in Bezug auf Qualität, denn hier muss sich der Westen keinesfalls hinter dem Rest der Insel verstecken, sondern hinsichtlich der Quantität. Berühmte Weinbauern der Region sind unter anderem die Mönche des Klosters Agia Triada auf der Akrotiri-Halbinsel. Seit dem 17. Jahrhundert werden dort Weingärten gepflegt und gute Weine gekeltert.

KULINARISCHE WELTEN

Am Fuß der Lefka Ori zwischen Chania und Kastelli Kissamou liegen sechs Weingüter, die Gäste willkommen heißen. Nur 15 Kilometer südwestlich von Chania ist das Weingut Manousakis in Vatolakkos eine hervorragende Adresse für Weinliebhaber. Das Gut produziert exzellenten Bio-Wein aus den Rhône-Trauben Syrah, Grenache, Mourvèdre und Roussanne.

Manousakis Winery
Vatolakkos. 📞 28210 78787. ⬛ Führungen vorab buchen. 🆆 manousakiswinery.com

Auf und davon – Segeltrips

Einmal die ganze Welt hinter sich lassen und in das große weite Blau aufbrechen – auf einem Segeltrip gibt man sich ganz dem Meer, dem Wind und den Wellen hin.

Segeln – ein beglückendes Flow-Erlebnis

Einige der schönsten Stellen an Kretas Küsten sind so abgeschieden gelegen, dass man sie nur per Boot erreicht – doch beim Segeln zählt bekanntlich nicht nur das Ziel, sondern auch die Fahrt selbst. Wenn der Wind die weißen Segel bauscht, der Bug durch die Wellen schneidet und bis zum Horizont kein anderes Boot zu sehen ist, stellt sich ein herrliches Gefühl der Freiheit ein. Beim Team von Notos Sailing in Chania erlebt man dieses Glücksgefühl auf eintägigen Trips oder auf längeren Törns – manchmal mit Delfinen als kurzzeitige Wegbegleiter.

Notos Sailing
Hafen von Chania. 📞 69471 81990.
🆆 notos-sailing.com

❶ Rethymno

Réθυμνο

Der geschlossene historische Kern von Kretas drittgrößter Stadt liegt auf einer felsigen Halbinsel, an deren Spitze eine venezianische Festung den kleinen Hafen schützt. Rethymnos Geschichte reicht über 3000 Jahre zurück, seine stimmungsvollen Altstadtgassen wurden jedoch nach dem Vorbild von Venedig angelegt. Heute laden sie mit hübschen Läden, Cafés und guten Restaurants zum ausgedehnten Bummel ein und erzählen mit venezianischen Häuserfronten, Minaretten und osmanischen Holzerkern von den wechselnden Herrschern der Insel.

Blick auf Mole und Leuchtturm in Rethymnos venezianischem Hafen

Überblick: Rethymno

Rethymnos venezianischer Hafen ist ein einziges großes Straßencafé und wird von der mächtigen Fortezza dominiert. Dahinter liegen die verwinkelten Gassen der Altstadt mit venezianischen und osmanischen Häusern. Der schöne Sandstrand beginnt gleich neben dem neuen Hafen.

🏛 Venezianischer Hafen ①

Als die Venezianer im frühen 13. Jahrhundert Kreta eingenommen hatten, entwickelte sich der damals unbedeutende Ort zum Handelsplatz des zentralen Westteils der Insel. »Retimo« wurde Wirtschafts- und Verwaltungszentrum der venezianischen Provinz Castello. Die Venezianer legten einen Hafen an, dessen Becken sie mit einer Mole schützten. Der schlanke Leuchtturm erinnert an ein Minarett, er wurde 1864 unter osmanischer Herrschaft erbaut.

Im malerischen alten Hafen liegen Fischer- und Ausflugsboote, die teils wie alte Piratensegler gestaltet sind. Seinen Kai säumen hübsche alte Häuser, deren pastellfarbene Fassaden zum italienischen Flair beitragen. In den Lokalen hat man abends, wenn sich die Lichter im Wasser spiegeln, einen Traumblick. Leider schlagen sich diese Logenplätze nur im Preis, nicht jedoch in der Qualität der Küche nieder.

Vom venezianischen Hafen führt eine palmenbestandene Strandpromenade am neuen Hafen entlang. Gleich neben der großen Mole beginnt Rethymnos großartiger Stadtstrand *(siehe S. 15)* – 13 Kilometer feiner goldener Sand.

🏰 Fortezza ②

Odos Katechaki. 📞 28310 28101. 🕐 Ostern–Okt: tägl. 8–20 Uhr. 📷

An der Spitze von Rethymnos Halbinsel wacht die venezianische Fortezza (Fortetsa) auf dem Paleokastro. Auf dieser Anhöhe lag vermutlich die antike Siedlung »Rithymna«, im 13. Jahrhundert stand hier schon ein kleines venezianisches Kastell. Nach Angriffen türkischer Piraten Mitte des 16. Jahrhunderts wurde die imposante Festung zwischen 1573 und 1600 errichtet. Sie war so groß, dass sie im Notfall alle Einwohner der Stadt aufnehmen konnte. Allerdings war sie längst nicht so wehrhaft, wie sie heute erscheint: 1646 wurde sie nach nur drei Wochen Belagerung von den Osmanen erobert.

Ein Besuch der Festung lohnt allein schon wegen des weiten Blicks über Meer und Stadt bis zu den Bergen. Beeindruckend sind auch die mächtigen Mauern der Bastionen, langen Gänge und Kasematten. Einige der alten Gebäude stehen noch, so die Häuser des *rettore* (Statthalters) und der Ratsherren sowie die Sultan-Ibrahim-Moschee. Sie wurde 1646 am Standort der venezianischen Nikolauskathedrale von 1580 am höchsten Punkt der Festung errichtet. Die Fortezza ist zudem stimmungsvolle Kulisse für Konzerte und Aufführungen im Open-Air-Theater in der Elias-Bastion.

🏛 Guora-Tor ③

Platia E. Antistasseos.

Neben der Festung errichteten die Venezianer eine Stadtmauer. Von dieser ist nur das zwischen Häusern vermauerte Guora-Tor (Megali Porta) erhalten.

Rethymnos osmanischer Leuchtturm

Restaurants auf Westkreta *siehe Seite 152*

Die Uferpromenade am Hafen führt unter Palmen zum Stadtstrand

Infobox

Information

Karte C7. 🔺 34 000. ℹ️ Odos Sofokli Venizelou, Megaro Delfini, 28310 29148. 🅿️ Do, Parkplatz am Stadtpark. 🎭 Karneval (Feb / März), Sommerfestival (Juni–Sep), Cretan Diet Festival (Juli), Renaissance-Fest (Sep). 🆆 rethymno.gr

Anfahrt

🚢 🚌 Odos E. Kefalogianni.

Das »Große Tor« führt beim Stadtpark, einer grünen Oase mit Spielplatz und Tiergehege, direkt ins Gassengewirr des Altstadtkerns. Die anschließende Odos E. Antistasseos ist mit ihren vielen Läden Rethymnos »kleiner Markt«.

🏛 Archäologisches Museum ④

San Francesco, Odos E. Anistasseos. 📞 28310 54668. 🕐 Di–Sa 8.30–15 Uhr.

Das neue Domizil der Sammlung ist San Francesco, die ehemalige Klosterkirche der Franziskanerinnen. Hinter ihrem reich verzierten Renaissance-Portal präsentiert das Museum Funde aus Höhlen, Gipfelheiligtümern und Nekropolen im Bezirk Rethymno. Zu sehen sind u. a. Keramiken, Skulpturen, Werkzeuge und Münzen von der Jungsteinzeit bis zur römischen Antike. Zu den Highlights gehören kunstvoll mit Pflanzen, Tieren und Jagdszenen bemalte spätminoische Sarkophage (larnakes) aus der zehn Kilometer südlich von Rethymno gelegenen Nekropole Armeni und ein mykenischer Eberzahnhelm.

📞 Neratzes-Moschee ⑤

Odos E. Vernardou 1.

Das Gebäude mit den auffälligen Kuppeln und dem hohen Minarett von 1896 war einst die venezianische Kirche Santa Maria. Sie wurde 1657 zur Moschee umgebaut. Heute sind hier eine Musikschule und ein Konzertsaal.

Die Moschee steht in der quirligen Odos E. Vernardou.

Einheimische, Studenten der hiesigen Universität und Besucher treffen sich in deren zahlreichen gemütlichen *rakadika*, um bis tief in die Nacht *mezedes*, traditionelle Live-Musik und schlicht das Leben zu genießen.

🏛 Museum für Geschichte und Volkskunst ⑥

Odos E. Vernardou 28–30. 📞 28310 23398. 🕐 März–Sep: Mo–Sa 10–14.30 (Winter: unterschiedl.). 📷

Nahe der Neratzes-Moschee widmet sich das Museum in einem venezianischen Palazzo (17. Jh.) dem kretischen Freiheitskampf sowie traditioneller Handwerkskunst. Zu sehen sind neben Werkstätten auch Musikinstrumente, Keramiken sowie sehr schöne Webarbeiten und Stickereien.

Zentrum von Rethymno

① Venezianischer Hafen
② Fortezza
③ Guora-Tor
④ Archäologisches Museum
⑤ Neratzes-Moschee
⑥ Museum für Geschichte und Volkskunst
⑦ Venezianische Loggia
⑧ Rimondi-Brunnen
⑨ Museum für zeitgenössische Kunst
⑩ Tessaron Martyron
⑪ Paläontologisches Museum

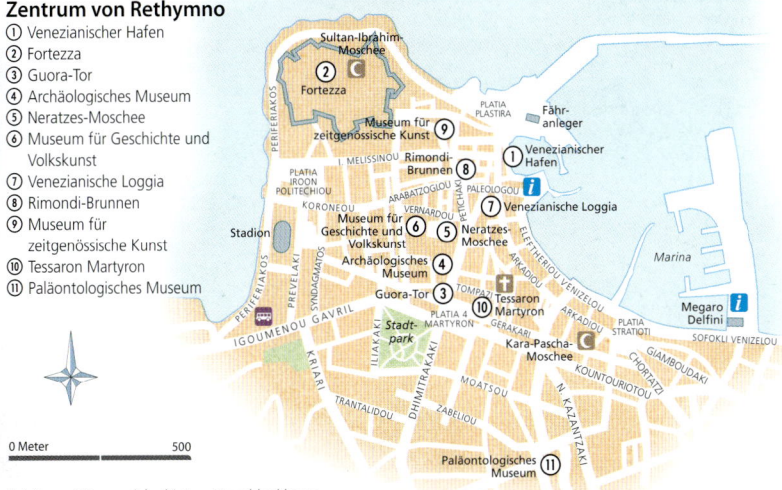

0 Meter   500

Zeichenerklärung *siehe hintere Umschlagklappe*

Karte *siehe Extrakarte zum Herausnehmen*

🏛 Venezianische Loggia ⑦
Odos Paleologou/Arkadiou.
📞 28310 53270. ⭘ So–Fr 10–15,
18–21, Sa 10–18 Uhr.

Die Loggia (16. Jh.) war der elegante Treffpunkt der venezianischen Oberschicht und diente in osmanischer Zeit als Moschee. Heute ist in den schönen Raum ein staatlicher Museumsladen eingezogen.

Zum Shoppen lädt die Odos Arkadiou ein: Die teils verkehrsberuhigte Altstadtstraße säumen nicht nur einige venezianische Häuser, sondern auch eine Vielzahl von Läden.

🏛 Rimondi-Brunnen ⑧
Odos Paleologou.

Auf einem hübschen Platz plätschert der venezianische Brunnen (1626) vor sich hin. Die Wand mit korinthischen Säulen und Löwenkopf-Wasserspeiern ist der Rest einer ursprünglich größeren Anlage. In den umliegenden Gassen entdeckt man viele venezianische Häuser mit Innenhöfen und osmanischen Holzerkern.

🏛 Museum für zeitgenössische Kunst ⑨
Odos Chimaras 5. 📞 28310 52530.
⭘ Mai–Okt: Di–Fr 9–14, 19–22, Sa, So 10–15 Uhr; Nov–Apr: Di–Fr 9–14, Sa, So 10–15 (Mi, Fr auch 18–21 Uhr). 🅿 🆆 cca.gr

Das Museum besitzt rund 400 Ölgemälde, Aquarelle und Zeichnungen des aus Rethymno stammenden Malers Lefteris Kanakakis (1934–1985).

Tessaron Martyron ist nach vier 1824 hingerichteten Christen benannt

Zahlreiche Arbeiten weiterer Künstler geben einen Überblick über die griechische bildende Kunst von den 1950er Jahren bis heute.

🏛 Tessaron Martyron ⑩
Platia 4 Martyron. ⭘ tägl.

Die moderne Kirche an der Grenze von Alt- und Neustadt wurde im byzantinischen Stil erbaut und im Inneren mit Fresken ausgestaltet. Ihr Name erinnert an vier kretische Christen, die hier 1824 von osmanischen Soldaten gehängt wurden, weil sie ihren Glauben nicht aufgeben wollten.

Auf dem gleichnamigen Platz bei der Kirche blickt die Statue auf dem Denkmal für Kretas Nationalheld Kostas Giamboudakis in Richtung Moni Arkadi *(siehe S. 132)*.

🏛 Paläontologisches Museum ⑪
Odos Satha/Markellou. 📞 28310 23083 🅿 ⭘ Di, Do, Sa 9–15 Uhr.

Das Museum präsentiert auf Kreta gefundene Fossilien, u. a. von Zwergelefanten. Sein Sitz ist die Veli-Pascha- oder Mastabas-Moschee, ein auffälliges Gebäude mit neun Kuppeln und Minarett. Davor wachsen in einem kleinen botanischen Garten auf Kreta endemische Pflanzen.

Umgebung: Rund 25 Kilometer westlich verheißt Georgioupoli vor der Kulisse der Lefka Ori Strandvergnügen *(siehe S. 15)* – nicht zuletzt, weil hier einige Bachläufe ins Meer münden. Die vielen Eukalyptusbäume wurden vor über 100 Jahren gepflanzt, um die malariaverseuchten Sümpfe trockenzulegen. Fünf Kilometer oberhalb des Badeorts liegt der klare Kournas-See zwischen steilen Bergen. Kretas einziger natürlicher Süßwassersee steht unter Naturschutz. Östlich in Richtung Panormos gehen die Feriensiedlungen nahtlos ineinander über. In Armeni, südlich von Rethymno, gibt es eine weitläufige **minoische Nekropole**, in der zahlreiche Gräber freigelegt wurden. Einige weisen einen beeindruckend langen Eingang auf.

🏕 Minoische Nekropole
9 km südl. von Rethymno.
⭘ Di–So. ⬤ Feiertage. ♿

Der venezianische Rimondi-Brunnen in der Altstadt

Restaurants auf Westkreta *siehe Seite 152*

Venezianische Bauwerke

1218 hatten die Venezianer die gesamte Insel eingenommen – trotz des von Genua und von Freibeutern unterstützten erbitterten Widerstands der Einheimischen. Kreta wurde zur wichtigsten venezianischen Kolonie, bis die Insel 1669 von den Osmanen erobert wurde. Viele frühe venezianische Bauten wurden bei Aufständen, Erdbeben und osmanischen Angriffen zerstört. Fast alle verbliebenen Bauwerke – Festungen, Stadtmauern, Arsenale, befestigte Wohntürme der Großgrundbesitzer auf dem Land und Stadthäuser mit den typischen verzierten Portalen – stammen aus dem 16. und 17. Jahrhundert.

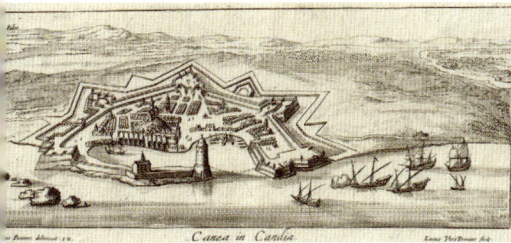

Chania wurde im 16. Jahrhundert verstärkt das Ziel von osmanischen Angriffen. Deshalb wurden ab 1538 eine zwei Kilometer lange Befestigung um die Stadt und am Hafen die Festung Firkas errichtet.

Chanias Hafen wurde ab 1320 angelegt. Die Mole stammt noch aus venezianischer Zeit, der Leuchtturm wurde jedoch 1830 auf der Basis des zerstörten venezianischen »Faro« unter ägyptischer Verwaltung erbaut und erinnert an ein Minarett.

Der Morosini-Brunnen in Iraklio war der kunstvolle Schlusspunkt eines venezianischen Viadukts, über den Wasser in die Innenstadt geleitet wurde.

Rethymnos Fortezza zählt zu den größten Festungen, die Venedig je erbauen ließ. Die Pläne für die imposante Anlage lieferten im 16. Jahrhundert Michele Sanmicheli und Sforza Pallavicini. Sanmicheli entwarf als führender Militärarchitekt seiner Zeit auch das Kastell Koules in Iraklio und Chanias Festungsgürtel.

Karte *siehe Extrakarte zum Herausnehmen*

❷ Moni Arkadi
Moní Αρκαδίου

Rethymno. **Karte** D8. 🚌 📞 28310
83135 / -36. ⏰ Apr, Mai, Sep, Okt:
tägl. 9–19 Uhr; Juni–Aug: tägl.
9–20 Uhr; Nov: tägl. 9–17 Uhr;
Dez–März: tägl. 9–16 Uhr. 🅿️
🏛️ 💶 ♿ ➕ tägl. 6, 18 Uhr.
🌐 arkadimonastery.gr

Moni Arkadis Klosterkirche mit ihren beiden gleich großen Längsschiffen

Auf kurvigen Strecken fährt
man durch eine herrliche Landschaft hinauf zu dem 500 Meter hoch gelegenen Kloster.
Moni Arkadi liegt am Rand
einer kleinen fruchtbaren
Hochebene, auf der Wein, Oliven, Obstbäume, Zypressen
und eine große Vielfalt an
Wildpflanzen wachsen. Vermutlich besteht das Kloster seit
rund 1600 Jahren, belegen
lässt sich seine Geschichte bis
ins 14. Jahrhundert.

Moni Arkadi ist Kretas Natio-
nalheiligtum und gilt in ganz
Griechenland als Symbol des
Freiheitskampfs gegen die Osmanen. Hier ereignete sich am
9. November 1866 eine Tragödie. Der damalige Abt war ein
Führer der Aufständischen und
ließ sich von den Drohungen
des Paschas von Rethymno,
das Kloster zu zerstören, nicht
beirren. In der Folge marschier-
ten 15 000 osmanische Soldaten vor Moni Arkadi auf, in das

sich 964 Menschen, vorwiegend Frauen und Kinder, ge-
flüchtet hatten. Als sie in der
befestigten Anlage der Über-
macht nicht mehr standhalten
konnten, verschanzten sich die
meisten im Pulvermagazin, das
einer der Kämpfer, Adeles Bürgermeister Kostas Giampuda-
kis, in die Luft sprengte.

Moni Arkadi ist noch heute
ein Kloster und zudem eine
bedeutende Gedenkstätte. Alljährlich findet hier am Gedenktag der Tragödie, dem 8. November, eine große Wallfahrt
statt. Das Pulvermagazin, in
dem der kollektive Massensui-
zid stattfand, ist ohne Dach
geblieben, vor dem Kloster

dient eine alte Windmühle als
Beinhaus. Die Explosion über-
lebt hat die zweischiffige Klosterkirche von 1587, deren
schöne Fassade früher die
100-Drachmen-Scheine zierte.

Umgebung: Geschichtsinteres-
sierte zieht es zehn Kilometer
östlich zu den Ruinen von
Eleftherna. Eleftherna wurde
um 700 v. Chr. als griechischer
Stadtstaat gegründet und war
in byzantinischer Zeit Bischofs-
sitz. Seine gut 2300 Jahre alte
Kragsteinbrücke steht noch
immer »bombenfest«, von der
einstigen Akropolis auf einem
Felsplateau hat man einen
herrlichen Blick.

Fassade der Klosterkirche mit Elementen des Barock und der italienischen Renaissance

Restaurants auf Westkreta *siehe Seite 152*

Kafenio

Informeller Treffpunkt und perfekte Nachrichtenbörse – das Kafenio (oder Kafenion) ist sowohl in den Städten als auch auf dem Land eine Institution des griechischen (traditionell männlichen) Soziallebens. In der Regel ist es ein unprätentiöses kleines Lokal, das in Dörfern an einem zentralen Platz gelegen ist. Im Kafenio werden Bier, Raki und *mezedes* serviert, und natürlich Kaffee, den man *glykos* (süß), *metrios* (mittel) oder *sketos* (ohne Zucker) bestellt. Wer keinen griechischen Kaffee *(ellinikós kafés)* verlangt, der am besten stilecht in einem *briki* (oder *mpriki*) schaumig aufgebrüht wird, erhält einen »Nes« (Instantkaffee). Im Sommer schmeckt erfrischender Café frappé: aufgeschäumter Instantkaffee mit Eiswürfeln.

Griechischer Kaffee aus dem *briki*

Traditionell ist das Kafenio eine Männerdomäne. Hier wird kommentiert, diskutiert, politisiert und schlicht getratscht.

Im Creta Palace in Rethymno können die Hotelgäste in einem wunderschönen Kafenio im Stil der 1950er Jahre griechische Kaffeehauskultur und lokale Spezialitäten genießen.

Tavli

Im Kafenio kann man sich unterhalten, in Ruhe Zeitung lesen, Karten spielen oder sich bei einer Partie Tavli die Zeit vertreiben.

Tavli ist das griechische Nationalspiel, auch in den Kafenia gehört das Klackern der Spielsteine zur vertrauten Geräuschkulisse. Das Brettspiel wird in Griechenland vorwiegend in drei Varianten gespielt, die auch zu einer Art »Tavli-Triathlon« kombiniert werden können.

Tavli-Spiel aus Olivenholz

Portes
Diese Variante, die Runde 1 im »Tavli-Triathlon«, entspricht dem international verbreiteten Backgammon. Allerdings gibt es wenige winzige Abweichungen. Beispielsweise wird kein Verdoppelungswürfel verwendet.

Runde 2: Plakoto
Jeder Spieler stellt seine 15 Spielsteine auf sein erstes Feld (Feld 1 für Weiß, Feld 24 für Schwarz). Wie beim Backgammon werden sie in das eigene Viertel bewegt und herausgewürfelt. Gegnerische Steine werden nicht geschlagen, sondern blockiert.

Runde 3: Fevga
Bei dieser Variante werden die weißen Steine zu Beginn auf Feld 12, die schwarzen auf Feld 24 aufgestellt und nicht gegenläufig, sondern entgegen dem Uhrzeigersinn bewegt. Auch hier werden gegnerische Steine nur blockiert.

Karte *siehe Extrakarte zum Herausnehmen*

❸ Idäische Grotte
Ιδαίο Άντρο

Rethymno. **Karte** D10.

Von Anogia führt eine im Winter selten befahrbare Teerstraße über die wildromantische Nida-Hochebene, auf der in rund 1350 Meter Höhe nur einige aus Feldsteinen erbaute Hirtenhütten *(mitata)* die Einsamkeit unterbrechen. An ihrem Westrand liegt am Fuß des Koussakas (2209 m) im Psiloritis-Massiv die Idäische Grotte (Ideo Andro), etwa 15 Gehminuten oberhalb einer einfachen Taverne. Die Höhle war von der minoischen bis zur römischen Zeit eine bedeutende Kultstätte: Hier soll Zeus geboren worden sein, bzw. hier wurde er nach seiner Geburt in der Diktäischen Höhle *(siehe S. 112)* von Nymphen aufgezogen. Bronzeschilde (700 v. Chr.) für rituelle Tänze, die man in der Höhle fand, gehörten der Sage nach den kriegerischen Kureten, die Zeus vor seinem Vater Kronos beschützten. Diesem war prophezeit worden, dass ihn ein Sohn entmachten würde, weshalb er seine Kinder verschlang.

Umgebung: Von der Taverne bei der Höhle führt ein Weg in vier Stunden auf den Psiloritis, mit 2456 Metern der höchste Gipfel Kretas.

Im Osten der Nida-Hochebene schuf die deutsche Künstle-

Die Nida-Hochebene, überwiegend von Grasland bedeckt

rin Karina Raeck 1989–91 zusammen mit Hirten des Gebiets die Landschaftsskulptur *Andartis* (»Partisan«) als Mahnmal für den Frieden. Die über 30 Meter lange Figur besteht aus rund 5000 Steinen.

❹ Anogia
Ανώγεια

Rethymno. **Karte** D10. 🚌 🏔 2400. 🎭 Kulturfestival Yakinthia (Ende Juli). 🆆 anogeia.gr

Kretas größtes Bergdorf liegt rund 750 Meter hoch an einem steilen Hang des Psiloritis und lockt im Sommer mit kühler Bergluft. Es ist ein Zentrum der Schaf- und Ziegenzucht, die großen Herden weiden im Sommer auf der Nida-Hochebene. Ihre Milch wird zu Käse, ihre Wolle zu Teppichen und Decken verarbeitet. Web-arbeiten, Spitzen und Stickereien werden im malerischen Unterdorf Perachori verkauft – Besucher sind in den Webereien willkommen.

Stärkung bieten die teils bezaubernd altmodischen Kafenia am unteren Dorfplatz oder im Oberdorf Armi. Die Tavernen um die Platia Meintani sind für ihre Grillgerichte bekannt. Am Rathausplatz erinnert ein Denkmal an die dreimalige Zerstörung des Dorfs: 1822 und 1867 durch die Osmanen, 1944 durch die deutsche Wehrmacht, die 117 Menschen ermordete.

Beim Hauptplatz in Perachori zeigt das private Skoulas-Museum die naiven Gemälde und Skulpturen des Autodidakten Alkibiades Skoulas.

🏛 **Skoulas-Museum**
Perachori. ⏱ unterschiedl.

❺ Margarites
Μαργαρίτες

Rethymno. **Karte** C9. 🚌 🏔 270.

Das hübsche Dorf an der Nordwestseite des Psiloritis ist ein Mekka für Keramikfans: In Kretas bekanntestem Töpferdorf werden seit dem Mittelalter im großen Stil die typischen unglasierten Tonwaren hergestellt. Hier kann man in den Läden und Ateliers moderne handliche und originelle Gebrauchs- und Dekorkeramiken ebenso erstehen wie große Pithoi (Vorratsgefäße), die in dieser Form schon die Minoer als Vorratsbehälter genutzt haben.

Psiloritis (2456 m), der höchste Gipfel Kretas

Restaurants auf Westkreta *siehe Seite 152*

🅣🅐 Amari-Tal

Das landschaftlich beeindruckende Becken liegt zwischen dem steilen Psiloritis-Massiv und den kargen Hängen des Kedros-Massivs – ein wenig abseits der üblichen Touristenrouten. Auf der reizvollen Rundtour genießt man zwischen Olivenhainen, Weingärten und üppigen Obstplantagen den Blick auf Felsgipfel, tiefe Schluchten und grüne Täler, entdeckt winzige Dörfer, antike Stätten, uralte Kirchen, malerische Klöster – und kostet Kretas beste Kirschen.

① Thronos
In dem Bergdorf entdeckt man Reste eines Mosaiks (4. Jh.), Fresken (14. Jh.) in der Kirche und Relikte der antiken Stadt Sybrita auf einem nahen Hügel.

② Moni Asomaton
In dem malerischen, fast ganz verlassenen Kloster lohnt die wohl 1000 Jahre alte restaurierte Kirche einen Besuch.

③ Amari
Im winzigen Amari erlaubt der venezianische Glockenturm einen grandiosen Blick auf den Psiloritis. Etwas außerhalb hütet die Kirche Agia Anna die wohl ältesten Fresken der Insel (1225).

Im Tal stehen uralte Olivenbäume

⑦ Meronas
In der »Obsthauptstadt« des Tals werden Karneval und Erntefeste gefeiert.

④ Vizari
Westlich des Orts stehen die gut erhaltenen Ruinen einer dreischiffigen byzantinischen Basilika (7. Jh.).

⑥ Kardaki
Nördlich von Kardaki steht malerisch die über 800 Jahre alte Bruchsteinkirche Agios Ioannis Theologos.

(Karte mit Orten: Rethymno, Thronos, Agia Fotini, Moni Asomaton, Opsigias, Meronas, Monastiraki, Amari, Gerakari, Spili, Kardaki, Vryses, Platania, Vizari, Fourfouras, Ano Meros, Platys, Apodoulou, Agia Galini)

Legende
━━ Routenempfehlung
═══ Andere Straße

0 Kilometer   5

Routeninfos

Länge: 92 km.
Rasten: In jedem Dorf gibt es Kafenia und Tavernen, schön ist der Blick über das Tal von der Taverne in Ano Meros. Gegenüber der Kirche bei Kardaki liegt ein idealer Rastplatz für heiße Sommertage: Er bietet Schatten und Trinkwasser.

⑤ Ano Meros
Ein Mahnmal erinnert an die Massaker der deutschen Wehrmacht von 1944 im Amari-Tal. Auch in anderen Dörfern stehen solche Denkmäler.

Karte *siehe Extrakarte zum Herausnehmen*

Der Stadtstrand von Agia Galini liegt zwischen hohen Klippen

❻ Agia Galini
Αγία Γαλήνη

Rethymno. **Karte** E9. 🚌 🏠 650.
🌐 agia-galini.com

Agia Galini liegt südlich des Amari-Tals *(siehe S. 135)* in einer Bucht zwischen hohen Bergen. An der Westseite staffeln sich die weißen Häuser des Ortskerns an einem Hang oberhalb des malerischen Hafens. Das ehemalige Fischerdorf ist ein beliebter Ferienort, in dessen Gassen sich Restaurants, Cafés und Läden reihen.

Agia Galini ist einer der Orte auf Kreta, an denen Dädalus und Ikarus *(siehe S. 93)* losgeflogen sein sollen. Oberhalb des Hafens erinnern zwei geflügelte Statuen an die mythischen Helden. Der Stadtstrand bietet von Liegen bis Tavernen alle Annehmlichkeiten für einen gelungenen Strandtag. Jenseits des Flusses Platys, der für kühles Wasser sorgt, liegt ein ruhigerer Abschnitt.

Umgebung: Vom Stadtstrand führt ein Küstenweg in knapp zwei Stunden nach Osten bis zum einsamen unbewirtschafteten Strand Kokkinos Pyrgos. Vom Hafen aus fahren zudem Boote zum Preveli-Strand und zu den Sandstränden der zehn Kilometer entfernten unbewohnten Paximadia-Inseln, dem legendären Geburtsort von Apollon und Artemis. Per Boot oder Auto erreicht man den Strand von Agios Georgios – ideal zum Schwimmen und Schnorcheln – sowie die Dünen von Agios Pavlos *(siehe S. 151)* im Westen.

❼ Moni Preveli
Μονή Πρέβελη

Rethymno. **Karte** E7. 🚌 📞 28320 31246. ☐ Sommer: tägl. 8–13.30, 15.30–19, So 8–19 Uhr; Winter: nach Vereinbarung. 📷 💻
🌐 preveli.org

Eine wildromantische Strecke führt durch die Kourtaliotiko-Schlucht *(siehe S. 27)* zu dem berühmten Kloster aus dem 15. Jahrhundert. Zu Moni Preveli gehören auch das verlassene Kato Moni Preveli im Tal des Megalopotamos und das bewirtschaftete Moni Piso Preveli oberhalb des Meers.

Moni Preveli spielte beim Widerstand gegen die Osmanen und gegen die deutschen Besatzer im Zweiten Weltkrieg eine wichtige Rolle. Die Mönche versteckten hier alliierte Soldaten bis zu ihrer Evakuierung. Ein Denkmal nahe dem Kloster erinnert an jene Zeit.

Moni Piso Preveli hütet den Klosterschatz in einem Museum, die Kirche (19. Jh.) beherbergt eine prächtige Ikonostase sowie das Reliquienkreuz des Evraim Preveli. Es soll einen Splitter vom Kreuz Christi enthalten und Augenkrankheiten heilen können.

Umgebung: Auf Pisten oder Fußwegen erreicht man den 1,5 Kilometer südöstlich gelegenen Palmenstrand von Preveli *(siehe S. 17)*, einen Traumstrand an der Mündung des klaren Megalopotamos, dessen Ufer eine dichte, fast tropische Vegetation mit Palmen säumt.

❽ Plakias
Πλακιάς

Rethymno. **Karte** D7. 🚌 🏠 340.

Das einstige Fischerdorf liegt an einer herrlichen Bucht mit Bergkulisse am Ende der Kotsifou-Schlucht, durch die zwischen steilen Felswänden eine malerische Straße führt. Der Ferienort bietet eine gute Infrastruktur, nette Tavernen – und einen 1,5 Kilometer langen feinen Kiesstrand, an dessen Ostende Dünen liegen.

Umgebung: In 30 Minuten spaziert man vom Plakias hinauf zum Bergdorf Myrthios, wo ein grandioser Blick und exzellente Lokale mit kretischer Küche warten.

Einer der Naturschätze Kretas: Palmenstrand von Preveli

Restaurants auf Westkreta *siehe Seite 152*

Kretische Wildziege Kri-kri

Nur auf Kreta heimisch sind die Kreta-Stachelmaus, der Kretische Dachs, der Kretische Steinmarder, die Kretische Wildkatze – und die Capra aegagrus cretica, besser bekannt als Kretische Wildziege, Kri-kri oder Agrimi. Die hübschen Tiere mit dem charakteristischen dunklen Aalstrich am Rücken sind vermutlich keine »echten« Wildziegen, sondern Nachfahren domestizierter Ziegen, die vor über 6000 Jahren auf die Insel gebracht wurden. Seitdem spielen die trittsicheren Kletterer in der kretischen Kultur ihre eigene Rolle. Von den Minoern wurden sie auf Bildern und Siegeln verewigt, aus den bis zu 80 Zentimeter langen Hörnern der Böcke fertigte man Bogen. Nicht zuletzt wurden die Kri-kris wegen ihres zarten, schmackhaften Fleisches stets stark gejagt.

Stolzer Bock mit langen Hörnern

Hausziege
Kri-kris und Hausziegen können sich problemlos mischen. Reinrassige Kri-kris waren in den 1960er Jahren durch Überjagung fast ausgestorben, heute leben wieder rund 2000 der streng geschützten Tiere im Nationalpark Samaria-Schlucht sowie auf den Inseln Theodorou, Dia und Agii Pandes.

Die Kri-kri-Geißen sind zierlicher als die Böcke, haben kürzere Hörner und einen viel kleineren Bart. Sie bringen im Frühjahr ein bis zwei Kitze zur Welt.

Sprossen von Zypressen und Kiefern, aber auch die Blätter von anderen Baumarten sowie würzige Kräuter und Gräser bilden die Nahrung der Wildziegen in den karstigen Bergregionen.

Immergrüne Kermes-Eichen werden von den Kri-kris als Futterpflanzen geschätzt, aber auch von den Kermes-Schildläusen. Aus diesen Schildläusen gewann man früher Karmesinrot. Damit färbte Theseus in einer Version der Sage die Segel seines Schiffs, als er nach Kreta aufbrach, um den Minotaurus zu töten.

Karte *siehe Extrakarte zum Herausnehmen*

❾ Chania

Χανιά

Kretas zweitgrößte Stadt wurde der Sage nach von König Kydon gegründet, einem Enkel von Minos. Chania, das in der Antike Kydonia und unter Venedig La Canea hieß, ist seit minoischer Zeit bewohnt und damit eine der ältesten Städte der Welt. Gleichwohl ist es kein Freilichtmuseum, sondern voller Leben und gehört zusammen mit Rethymno zu den Favoriten in der Schönheitskonkurrenz der Inselstädte. Den malerischen historischen Kern von Kretas einstiger Hauptstadt (1841–1971) prägen Gassen mit Läden, Lokalen, venezianischen und osmanischen Bauten.

Der venezianische Hafen mit dem markanten Leuchtturm an der Einfahrt

🔭 Leuchtturm ①

Am venezianischen Hafen.
Rund elf Kilometer reicht das Licht, das Chanias Wahrzeichen nachts in Richtung See ausschickt. Der elegante *Faros* ist einer der ältesten Leuchttürme, die noch in Betrieb sind, und einer der schönsten. An der Einfahrt des venezianischen Hafens ragt er 21 Meter hoch auf die Mole auf, auf der im 16. Jahrhundert ein venezianisches Leuchtfeuer stand. Der *Faros* wurde um 1830 unter ägyptischer Verwaltung erbaut, weshalb er ein wenig an ein Minarett erinnert.

🔭 Venezianischer Hafen ②

Großes Arsenal ☎ 28210 40201.
⭘ wechselnd, zu Veranstaltungen.
Den malerischen Hafen begrenzen an der West- und Ostseite Reste des venezianischen Festungsrings. In seinem Rücken verlaufen die Gassen der geschäftigen Altstadt. Chanias Hafen ist ein beliebtes Fotomotiv: Wie an einer italienischen Piazza drängen sich an der Promenade bunte venezianische Häuser, in die Restaurants und Cafés eingezogen sind. Im östlichen Teil des Beckens liegt der Yachthafen, am Ufer stehen venezianische Arsenale *(Neoria)*. Das hervorragend restaurierte Große Arsenal aus dem 16. Jahrhundert ist Sitz des Zentrums für Mediterrane Architektur, das hier Kultur-Events und Ausstellungen veranstaltet. Einen Traumblick auf Hafen, Stadt und die Lefka Ori (Weißen Berge) genießt man bei einem Spaziergang zum Leuchtturm an der Spitze der langen Mole.

🏛 Schifffahrtsmuseum ③

Akti Kountourioti. ☎ 28210 91875.
⭘ Mai–Okt: Mo–Sa 9–17, So 10–18 Uhr; Nov–Apr: tägl. 9–17 Uhr.
🎭 Feiertage. 📷 📹 ♿
🖥 mar-mus-crete.gr
Festung Firkas ⭘ Apr–Okt: tägl. 9–19 Uhr; Nov–März: tägl. 9–14 Uhr.

Das Museum mit dem schwarzen Anker am Eingang erzählt griechische Marine- und Seefahrtsgeschichte, etwa mithilfe von Karten, Navigationsinstrumenten und nachgestellten Seeschlachten. Ausführlicher Raum wird der deutschen Besatzungszeit im Zweiten Weltkrieg gewidmet.

Ein Highlight ist die Dokumentation über die *Minoa*. Das Schiff wurde nach minoischen Vorbildern rekonstruiert und segelte 2004 von Kreta nach Athen. Zu bewundern ist die *Minoa* in den venezianischen Moro-Werften von 1607 am Ostende des Hafens (nur Mai–Okt).

Das Schifffahrtsmuseum liegt am Eingang der venezianischen **Festung Firkas** aus dem frühen 17. Jahrhundert. Sie beherbergte Soldatenunterkünfte, Munitionslager und das Hauptquartier des Kommandanten. Den Osmanen konnte sie genauso wenig standhalten wie der Festungsring, zu dem neben der Festung Firkas die Salvator-Bastion gehörte. Diese bietet eine tolle Aussicht, in der kleinen ehemaligen Klosterkirche San Salvatore (15. Jh.) kann man byzantinische und postbyzantinische Kunst aus der Region, darunter Ikonen, Mosaiken und Wandmalereien, bewundern.

Vom Schifffahrtsmuseum führen die Gassen in das klei-

Kathedrale Panagia Trimartyri

Restaurants auf Westkreta *siehe Seite 152*

Die Hassan-Pascha-Moschee ist Kretas älteste Moschee

Infobox

Information
Karte B4. 🗺 54 000. ℹ Odos Kriari 40, 28210 92943. 🅿 Do (Westseite Salvator-Bastion, Sa (Odos Minos). 🎭 Kultursommer (Juli–Sep), Sardinenfest (Anfang Sep), Tsikoudia-Fest (Nov). 🌐 chaniatourism.com

Anfahrt
✈ 15 km östl. ⛴ im Hafen von Souda. 🚌 Platia 1866.

ne, aber feine Topanas-Viertel. Es heißt nach dem venezianischen Pulvermagazin (türkisch: top hane), das sich einst an dieser Stelle befand. Hier drängen sich Tavernen und Kunsthandwerkläden, in der Odos Angelou, Douka und Moschon stehen die schönsten venezianischen Palazzi der Stadt. Sie wurden teils von ihren späteren osmanischen Bewohnern mit Holzerkern versehen und sind oft in Hotels umgewandelt worden.

🅲 Hassan-Pascha-Moschee ④
Am venezianischen Hafen.
Die Moschee heißt nach Chanias erstem osmanischem Garnisonskommandanten Küçük Hassan Pascha. Sie wird auch Janitscharen- oder »Ufer-Moschee«, Giali Tzamisi, genannt. Kretas älteste Moschee entstand 1645 und diente bis 1923 als Gebetshaus. Seit ihrer Restaurierung vor einigen Jahren wird sie im Sommer für Ausstellungen genutzt.

🅳 Kydonia ⑤
Auf dem Weg von der Moschee Richtung Großes Arsenal sieht man die Reste der über 1000 Jahre alten byzantinischen Stadtmauer, für die teils Steine und Säulen von antiken Gebäuden verwendet wurden. Sie verläuft um den Kastelli-Hügel, der hier über dem Hafen aufragt. Zwischen dem venezianischen Palazzo auf der Stadtmauer – heute Sitz der Technischen Universität – und dem Großen Arsenal führt die venezianische Eselstreppe auf den Hügel hinauf. Die Treppe wurde mit Bedacht so breit gebaut, dass die mit Lasten beladenen Esel mit allen vier Beinen daraufpassten und sicher den nächsten Schritt wagen konnten. Das Kastelli-Viertel ist Chanias ältestes Siedlungszentrum: Die kleine Ausgrabungsstätte Kydonia in der Odos Kanevarou zeigt, dass hier minoische Häuser standen. Nicht weit entfernt muss der minoische Palast Kydonia gelegen haben. Fans kretischer Handwerkskunst bummeln von Kydonia durch die Odos Katre an einem alten türkischen Hamam vorbei in die Odos Sifaka, wo traditionelle Messer verkauft werden.

Zentrum von Chania
① Leuchtturm
② Venezianischer Hafen
③ Schifffahrtsmuseum
④ Hassan-Pascha-Moschee
⑤ Kydonia
⑥ Archäologisches Museum
⑦ Agios Nikolaos
⑧ Stadtpark Kipos
⑨ Markthalle Agora
⑩ Etz-Hayyim-Synagoge

Zeichenerklärung
siehe hintere Umschlagklappe

Karte *siehe Extrakarte zum Herausnehmen*

🏛 Archäologisches Museum ⑥

Odos Chalidon 21. 📞 28210 90334. 🕐 Di–Fr 8–19, Sa, So 8.30–15 Uhr. 🅿♿♿

Das Museum hat seinen Sitz in der einstigen venezianischen Klosterkirche San Francesco aus dem 14./15. Jahrhundert. Diese diente in osmanischer Zeit als Moschee, deren Reinigungsbrunnen im Innenhof erhalten geblieben ist. Die Kirche bildet die stimmungsvolle Kulisse für Exponate aus minoischer bis römischer Zeit, die in Chania und der weiteren Region gefunden wurden, darunter Schmuck, Skulpturen und ein römisches Bodenmosaik.

🏛 Agios Nikolaos ⑦

Platia 1821. 📞 28210 52229. 🕐 tägl.

Agios Nikolaos, 1320 nach jahrzehntelangem Bau als Kirche eines Dominikanerklosters vollendet, war in venezianischer Zeit Chanias Hauptkirche – und unter den Osmanen seine Hauptmoschee. 1928 wurde sie in die heutige orthodoxe Kirche umgewandelt. Ihren Innenraum schmücken riesige Kronleuchter. Weitaus ungewöhnlicher ist allerdings der äußere Anblick der Kirche, der sich auch durch erstauntes Blinzeln nicht verändert: Agios Nikolaos besitzt nämlich sowohl einen Glockenturm als auch ein Minarett.

Schiffsschraube vor dem Schifffahrtsmuseum

Nach einem Blick in den schönen Kreuzgang lässt man im Kafenio an der Platia 1821 unter Platanen bei Kaffee, *mezedes* und Raki das Flair von Splantzia auf sich wirken. Das einst türkische Viertel bezaubert mit hübschen Gassen, die bis zur venezianischen Stadtmauer führen, Läden und Lokalen. Sein Wahrzeichen ist das Minarett der Aga-Moschee (Odos Daliani). In der malerischen autofreien Straße gibt es Gold- und Silberschmiede.

🌳 Stadtpark Kipos ⑧

Odos Papandreou/Tzanakaki.

Der 1870 eingeweihte Kipos ist eine mediterrane Oase mit einem Gehege, in dem man Wildziegen aus der Nähe betrachten kann. Unterhaltung bieten ein Freilichtkino und das reizende, kinderfreundliche historische Café Kipos.

🏬 Markthalle Agora ⑨

Platia Markopoulou. 🕐 Mo, Mi, Sa 8–14, Di, Do, Fr 8–21 Uhr. **Panagia Trimartyri** 📞 28210 43082. 🕐 tägl.

Die 76 Läden der denkmalgeschützten Markthalle, die nach dem Vorbild des Marseiller Markts entworfen wurde, bieten Käse, Fisch, Brot, Kräuter und Souvenirs. Am besten erkundet man die vier Arme des kreuzförmigen Gebäudes am frühen Morgen, Stärkung bieten einige Lokale. An der Nordseite gelangt man direkt zur Odos Skridlof, Chanias berühmter »Lederstraße«. Folgt man von dort der Hauptstraße Odos Chalidon Richtung Hafen, stößt man auf ein kleines Volkskundemuseum (Mo–Sa 9–15 Uhr) und die Kathedrale **Panagia Trimartyri** (1860).

✡ Etz-Hayyim-Synagoge ⑩

Odos P. Kondilaki. 📞 28210 86286. 🕐 Mai–Okt: Mo–Do 10–18, Fr 10–15 Uhr; Nov–Apr: Mo–Do 10–17, Fr 10–15 Uhr. 🅿 🔗 etz-hayyim-hania.org

Kretas jüdische Geschichte reicht rund 2300 Jahre zurück, 1944 wurde Chanias jüdische Gemeinde unter der deutschen Besatzung mit dem Untergang des Deportationsschiffs *Tanais* großteils ausgelöscht. Die Etz-Hayyim-Synagoge, die seit 1669 ihren Sitz in einer einstigen venezianischen Kirche hat, ist die letzte verbliebene Synagoge der Insel. Ringsum laden die malerischen Gassen des alten jüdischen Evraiki-Viertels zu einem faszinierenden Spaziergang ein.

Chanias Markthalle (1913), errichtet nach französischem Vorbild

Die Gasse Agii Deka nahe dem Archäologischen Museum

Restaurants auf Westkreta *siehe Seite 152*

Webarbeiten und Spitzen

Auf ganz Kreta leuchten auf Märkten und in Läden die Farben von bunten Teppichen, Decken, Wandbehängen und Rucksäcken. Früher wurden sie auf der ganzen Insel aus Wolle und Leinen gewebt, heute schmuggelt sich in das Angebot auch Importware aus dem Ausland. Hochwertige Arbeiten mit komplexen traditionellen Mustern findet man außer in Museen in speziellen Fachgeschäften oder in Werkstätten in »Weberdörfern« wie Kritsa, Axos oder Anogia. Feine kretische Spitzen werden in Gavalochori östlich von Chania noch aus heimischer Seide produziert.

Infobox

Läden (Auswahl)

Roka Carpets
Karte B4. Odos Zambeliou 61, Chania.
☎ 28210 74736
W facebook.com/Roka-Carpets

Kurelu
Karte L3. Angeliki Genitsaridou. Monofatsio-Turm, Pyrgos.
☎ 28930 23094
W kurelu.gr

Arolithos Village Shop
Karte J3. Arolithos.
☎ 28108 21050
W arolithosvillage.gr

Spitzendecken sind oft importiert. Die Techniken für die feinen Handarbeiten kannte man auf Kreta schon in der Antike.

Häkelarbeiten werden auch modern variiert. Die Muster von traditionellen Spitzen lassen häufig venezianische Einflüsse erkennen.

Bunt bestickte Filzschuhe gibt es in allen Farben und Größen. Warm und bequem, stehen sie als Hausschuhe hoch im Kurs. Als Mitbringsel sind sie eine Alternative zu Ledersandalen.

Webteppiche mit einfachen geometrischen Mustern sind individuelle Produkte und in allen Variationen erhältlich.

Florale Muster und leuchtende Farben prägen häufig den Stil der kunstvollen Stickereien auf Decken und Überwürfen.

Karte *siehe Extrakarte zum Herausnehmen*

Tiefblaues Meer: Stavros auf der Akrotiri-Halbinsel

⑩ Souda
Σούδα

Chania. **Karte** B5. 🚌

Die 14 Kilometer lange, drei Kilometer breite Souda-Bucht ist einer der größten und tiefsten Naturhäfen im Mittelmeer und seit der Antike eine strategische Anlaufstelle. Heute liegt hier eine NATO-Marinebasis mit dem einzigen für U-Boote und Flugzeugträger geeigneten Kai im Mittelmeer.

Souda ist zudem der Hafen für die Fähren nach Piräus und für Kreuzfahrtschiffe. Nur wenige Besucher bleiben in der jungen Stadt, die 1870 als osmanische Siedlung angelegt wurde, die meisten fahren sieben Kilometer weiter ins benachbarte Chania *(siehe S. 138–141)*. Wer sich Zeit nimmt, kann im alten Ortszentrum Kato Souda shoppen gehen und in den Lokalen gute Fischküche genießen.

Umgebung: Den vielleicht schönsten Blick auf die Souda-Bucht bietet die osmanische Festung auf dem 150 Meter hohen Plateau von **Aptera**. Die Stadt war von der Bronzezeit bis zum Mittelalter durchgehend besiedelt, entsprechend vielfältig sind die Relikte aus verschiedenen Epochen auf dem weitläufigen Gelände.

Unterhalb von Aptera lockt der Kiesstrand Kalami mit Blick auf die Bucht und einem kleinen Hafen. Fünf Kilometer östlich findet man in Kalives einen malerischen Hafen, hübsche Gassen, einen lebhaften Dorfplatz, Sandstrände sowie eine Festung und eine Wassermühle aus venezianischer Zeit. Vom Sandstrand des benachbarten Badeorts Almirida ist es nicht weit nach Kokkino Chorio auf der Halbinsel Drapanos. Dort wurden Dorfszenen für den Kultfilm *Alexis Sorbas* gedreht.

25 Kilometer südwestlich kann man am Fuß der Lefka Ori im **Botanical Park & Gardens** Hunderte Pflanzenarten aus nächster Nähe entdecken, im guten kretischen Parkrestaurant bei herrlicher Aussicht köstliches Wildgemüse essen und sich mit leckeren lokalen Produkten eindecken.

🏛 **Aptera**
🕐 Di–So 8.30–15 Uhr.

🌳 **Botanical Park & Gardens**
Fournes. 📞 69768 60573.
🕐 März–Nov: tägl. 9–1 Std. vor Sonnenuntergang. ♿ ♿ 🚻
🌐 botanical-park.com

⑪ Akrotiri-Halbinsel
Ακρωτήρι

Chania. **Karte** B5. 🚌 ✈

Die dünn besiedelte Halbinsel beherbergt die Souda Air Base – Teil des Flughafens Chania – und die Raketenabschussbasis NAMFI. Akrotiri ist ein beliebtes Ausflugsziel. An der Westküste reihen sich ab Chania vor dem Nordwind geschützte Buchten und elegante Villen.

Einen Besuch lohnt das schöne Renaissance-Kloster **Agia Triada** (17. Jh., auch Moni Tzagarolon). Im Norden der Halbinsel führt beim Kloster Gouverneto ein 45-minütiger wildromantischer Spaziergang in eine Schlucht zu den Ruinen des Klosters Katholiko hinab. Unterwegs sieht man die Höhle des Eremiten Johannes sowie die Tropfsteingrotte Arkoudiotissa (Bärenhöhle).

⛪ **Agia Triada**
Akrotiri. 📞 28210 63310. 🕐 tägl. 8–18 Uhr. ♿ 🚻

⑫ Stavros
Σταύρος

Chania. **Karte** A5. 🚌

Kretas nördlichster Badeort bietet schöne Strände *(siehe S. 15)* und ist berühmt als Schauplatz legendärer Szenen aus dem Film *Alexis Sorbas*. In dieser Kulisse lehrt Sorbas dem Engländer Basil den Sirtaki, die Seilbahn am Hang nahe dem Strand bricht in einer Szene spektakulär zusammen.

Flugzeugträger USS *Harry S. Truman* in der Souda-Bucht

Erdbeben

Der östliche Mittelmeerraum rund um Kreta ist seismisch sehr aktiv. Die Ursache hierfür ist der knapp 1000 Kilometer lange Hellenische Bogen, der vom Peloponnes entlang Kretas Südküste bis nach Rhodos verläuft. Hier kollidieren die Kontinentalplatten Afrikas und Eurasiens, die sich aufeinander zubewegen. Mit ungeheurer Kraft schiebt sich in dieser sogenannten Subduktionszone die Afrikanische unter die zu Eurasien gehörende Ägäische Platte. Im Lauf dieses Prozesses ist der Untergrund der Ägäischen Platte teils zerbrochen, es bildete sich eine Kette von Vulkanen, zu denen auch Santorin und Kos gehören. Die Spannungen, die sich z. B. durch Verhakungen der Platten aufbauen, entladen sich in bisweilen starken Erdbeben.

Infobox

Verhalten bei Erdbeben
In Häusern sucht man Schutz unter einem stabilen Tisch oder Türrahmen. Sie können sich auch so weit wie möglich von Fenstern entfernt auf den Boden legen. Gebäude sollte man nur zu Beginn des Bebens verlassen, um sich sofort auf große Freiflächen zu begeben. Ansonsten ist die Gefahr zu groß, von herabstürzenden Teilen getroffen zu werden.

Pharos von Alexandria
Der gigantische Leuchtturm (3. Jh. v. Chr.) stand auf der Insel Pharos vor Alexandria und war eines der sieben Weltwunder der Antike. 365 n. Chr. wurde er durch ein Seebeben mit Magnitude 8 oder höher, dessen Epizentrum vor Kreta lag, zerstört. Der nachfolgende Tsunami verwüstete Küstengebiete in Griechenland, Libyen, Zypern und Sizilien.

Phaestos
Die erste Palastanlage zerstörte ein Brand, der durch ein Erdbeben um 1700 v. Chr. ausgelöst wurde.

Knossos
Die minoischen Paläste wurden um 1700 und 1450 v. Chr. durch Erdbeben verwüstet.

Um 1700 v. Chr. Zerstörung des Palasts von Phaestos		**21. Juli 365** Großes Seebeben südlich von Kreta mit Tsunami, Zerstörung von Küstenregionen und des Pharos von Alexandria	**1810** Schäden auf Kreta, in Kairo, Malta und Syrien, auf Kreta sterben Tausende Menschen	
	Um 1630 v. Chr. oder 1520 v. Chr. Erdbeben und Tsunamis im Zusammenhang mit dem Vulkanausbruch von Santorin			
2000 v. Chr.	1000 v. Chr.	0	1000 n. Chr.	2000
Um 1700 v. Chr. Zerstörung der ersten großen Palastanlage von Knossos	**Um 1450 v. Chr.** Zerstörung der jüngeren Palastanlagen von Knossos und Phaestos, möglicherweise durch Erdbeben.	**1303** Erdbeben mit Magnitude 8 auf Kreta, Zerstörung u. a. der Festung von Iraklio	**1856** Schäden auf Kreta und in Ägypten, allein in Iraklio Zerstörung der Kirche Agios Titos und über 500 Tote	

Karte siehe Extrakarte zum Herausnehmen

⑬ Samaria-Schlucht

Φαράγγι της Σαμαριάς

Die längste Schlucht Europas zählt zu den landschaftlichen Höhepunkten Kretas. Nach der Einrichtung des Nationalparks 1962 zogen die ansässigen Bauern weg und hinterließen die heute noch bestehenden kleinen Kapellen. Startpunkt ist der Xyloskalo, ein Steinweg, zugleich Eingang in den Nationalpark, 44 Kilometer südlich von Chania. Von hier führt der Weg 16 Kilometer durch die Schlucht zum Meer hinab. Nach einem anstrengenden, fünf- bis sechsstündigen Fußmarsch erreicht man Agia Roumeli. Am Weg liegen Trinkwasserquellen. Festes Schuhwerk ist empfehlenswert.

Hinweisschild zum Eingang

Blick über die beeindruckende Samaria-Schlucht

Außerdem

① **Agios Nikolaos**

② **Agios Georgios**

③ **Osia Maria**, eine kleine Kirche am Fuß einer steilen Felswand, birgt Fresken aus dem 14. Jahrhundert.

④ **Metamorphosis**

⑤ **Agia Paraskevi**

⑥ **Agios Georgios**

⑦ **Agia Roumeli (Altes Dorf)**

Restaurants auf Westkreta siehe Seite 152

Xyloskalo

Die Samaria-Schlucht erreicht man über den Xyloskalo, einen steinigen Zickzackpfad mit Holzgeländer und -stufen, der auf den ersten zwei Kilometern 900 Höhenmeter überwindet.

Schlucht-bewohner

Legende

🟨 Straße

🟩 Parkgrenze

❚ ❚ ❚ Wanderpfad

Omalos-Hochebene

Ni

Samaria-Dorf
Die Bewohner verließen das Dorf, als die Schlucht 1962 zum Nationalpark erklärt wurde.

Infobox

Information
Karte D4. 44 km südl. von Chania.
◻ Mai–Okt: tägl. 7–16 Uhr (bei guter Witterung). ⤢
Ⓦ sfakia-crete.com

Anfahrt
🚌 bis Xyloskalo. 🚢 Agia Roumeli nach Chora Sfakion (via Loutro); nach Paleochora (via Sougia); letzte Fähre zurück variiert, vor der Anreise prüfen.

Agios Christos
Nahe den Ruinen von Samaria-Dorf steht die weiß gekalkte Kapelle unter einer überhängenden Felswand.

Sideroportes
Nach zwölf Kilometern verengt sich der Weg zwischen zwei hoch aufragenden Felswänden auf nur drei Meter. Diese »Eiserne Pforte« ist die engste Stelle der Schlucht.

0 Kilometer 2

gios orgios
② ⛪
⛪
Osia Maria ③
⛪
⛪
⛪

Metamorphosis
⛪④

⛪⑤ Agia Paraskevi
Agios Georgios
⑥
⑦ Agia Roumeli (Altes Dorf)
⛪

oumeli es Dorf)

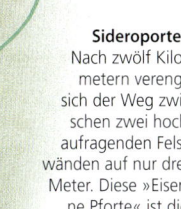

Agia Roumeli (Neues Dorf)
Das ehemalige Piratennest Agia Roumeli war einst auch Exporthafen für Zypressen nach Ägypten. Heute bietet es Tavernen und *domatia* (Gästezimmer).

Zeichenerklärung *siehe hintere Umschlagklappe*

⑭ Chora Sfakion

Χώρα Σφακίων

Chania. **Karte** D5. 🚌 🗺 200.
⛴ 🚌 Ⓦ chora-sfakion-crete.com

In unzähligen Serpentinen führt die landschaftlich beeindruckende Straße von der grünen Askifou-Hochebene in den Lefka Ori hinunter nach Chora Sfakion. Der Hauptort der gebirgigen Region Sfakia ist ein kleiner Küstenort mit einigen wenigen Tavernen, Läden, zwei Kiesstränden und beschaulichem Hafen. Unruhe zieht hier nur ein, wenn am Fährkai Boote zu den umliegenden Ausflugszielen ablegen und wieder ankommen.

Frangokastello, im 14. Jahrhundert von Venezianern erbaut

Umgebung: Chora Sfakion ist Station bei einem Ausflug in die Samaria-Schlucht *(siehe S. 144f)*, denn hier kommen die Boote aus Agia Roumeli an. Ringsum liegen jedoch noch weitere lohnende Ziele.

So setzt von Mai bis September ein- bis dreimal wöchentlich eine Fähre nach Gavdos über. Europas südlichste Insel bietet Natur pur und herrliche Sandstrände *(siehe S. 17)*.

Nicht nur Schnorchel- und FKK-Fans zieht es zum schönen Strand Glyka Nera *(siehe S. 151)*, an dem Quellen spru-

deln. Man erreicht ihn in rund 45 Minuten zu Fuß oder per Boot. Das Küstendorf Loutro ist ein Bilderbuchidyll mit Tavernen, schönen Stränden in der Umgebung und fantastischer Ruhe – hier stellt sich zwangsläufig Gelassenheit ein.

Von Loutro aus gelangt man per Boot oder in einer Stunde zu Fuß zum Marmara-Strand, der mit Felsen, Taverne, Schirmen, glasklarem Wasser und Bergkulisse lockt. Wie ein riesiger Riss in den Bergen beginnt hier die beeindruckende Aradena-Schlucht. Nach rund vier Stunden bergauf führt in dem verlassenen Bergdorf Aradena eine Brücke über die Schlucht. Wagemutige holen sich hier an Sommerwochenenden beim Bungee-Jumping den ultimativen Adrenalinkick.

⑮ Imbros-Schlucht

Φαράγγι Ίμπρου

Chania. **Karte** D5. 🚌 Ⓞ ganzjährig. 🚶

Die knapp acht Kilometer lange Schlucht ist eine tolle Alternative zur Samaria-Schlucht *(siehe S. 144f)* – insbesondere im Frühjahr, wenn die »große Schwester« noch gesperrt ist und die Wildblumen blühen.

Der Einstieg liegt unterhalb des Dorfs Imbros, von dort führt der Weg (feste Schuhe erforderlich!) in rund 2,5 Stunden zum Küstenort Komitades. Unterwegs ist es oft schattig, in der schmalen Schlucht sind die Felswände teils nur zwei Meter voneinander entfernt.

Stärkung für Wanderer bieten Tavernen in Imbros und Komitades, dort kann man auch die Rückfahrt zum Ausgangspunkt organisieren. In Komitades gibt es zudem eine Busverbindung nach Chora Sfakion. Ein Blick in die Kirche Agios Georgios mit Fresken (1314) von Ioannis Pagomenos lohnt sich.

⑯ Frangokastello

Φραγκοκάστελλο

Chania. **Karte** D6. 🚌 🗺 150. 🚌
Festungsturm Ⓞ Mai, Juni: tägl. 10–18 Uhr; Juli–Okt: tägl. 10–20 Uhr.

Die kleine Streusiedlung liegt vor der Kulisse der Lefka Ori auf einer weiten Ebene rings um das mächtige Frangokastello. In der venezianischen Festung (1371–74) ergab sich Kretas Nationalheld Daskalogiannis, Anführer des gescheiterten Sfakioten-Aufstands von 1770. Während der Griechischen Revolution 1828 unterlagen griechische Soldaten den Osmanen. Zwischen Mitte Mai und Anfang Juni erscheinen bei bestimmten Witterungen in Frangokastello im Morgengrauen dunkle *drosoulites* (Tau-Schatten). Der Sage nach sind sie die Geister der Gefallenen, Wissenschaftler erklären das Phänomen mit Luftspiegelungen. Das Kastell ist leer, es wird für Veranstaltungen genutzt. Ein Turm kann jedoch bestiegen werden und bietet einen großartigen Blick auf den Sandstrand mit Lagune, das weite Meer und die Berge.

Ein Sfakiote in kretischer Tracht

Restaurants auf Westkreta *siehe Seite 152*

Tsikoudia – kretischer Raki

Auf dem Festland nennt man ihn Tsipouro, auf Kreta Tsikoudia oder Raki: ein Tresterschnaps, der aus Traubenmaische destilliert wird und zwischen 30 und 40 Volumenprozent Alkohol enthält. Der aromatische Klare wird zu fast jeder Gelegenheit getrunken, sei es im Kafenio, zu *mezedes*, als Digestif, als Begrüßungstrunk, als kleines Dankeschön vom Wirt – selbst als Medizin findet er äußerlich und innerlich Anwendung. Auf Kreta wird Tsikoudia in Großbrennereien und kleinen traditionellen Destillerien produziert, z. B. in Fournes im Weinland bei Archanes – Besucher sind zwischen Oktober und Dezember willkommen. Im Herbst nach der Weinlese lassen Bauern, Wirte und Familien in diesen *kasani* ihren eigenen Raki brennen.

Tsipouro Castro

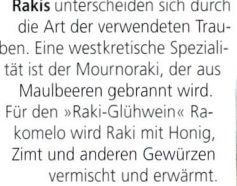

Die Qualität des Raki hängt wie beim Wein von vielen Kriterien ab. Entscheidend ist u. a. der Zuckergehalt der Trauben.

Rakis unterscheiden sich durch die Art der verwendeten Trauben. Eine westkretische Spezialität ist der Mournoraki, der aus Maulbeeren gebrannt wird. Für den »Raki-Glühwein« Rakomelo wird Raki mit Honig, Zimt und anderen Gewürzen vermischt und erwärmt.

Tsikoudia wurde angeblich erstmals von Mönchen im 14. Jahrhundert gebrannt.

Vereinfacht beschrieben wird beim Brennen des Tsikoudia gegorene Trestermaische in einem Kupferkessel erhitzt. Der in der Maische entstandene Alkohol verdampft und wird zu einem Kühler geleitet, wo er kondensiert. Die so gewonnene Flüssigkeit ist der Tsikoudia.

Karte siehe Extrakarte zum Herausnehmen

Kastelli Kissamou in grüner Umgebung nördlich der Lefka Ori

⓱ Sougia
Σούγια

Chania. **Karte** D3. 🚌 🏔 200. ⛴
📞 W sougia.info

Der kleine Küstenort liegt abgeschieden in einer Bucht, die ein 1,2 Kilometer langer Kies-Sand-Strand säumt. Individualreisende finden hier gemütliches Dorfleben.

Umgebung: Vom Hafen führt ein Pfad in 90 Minuten zu den Ruinen des antiken Lissos und ein Küstenweg in vier Stunden zur Tripiti-Schlucht. Im 18 Kilometer entfernten Agia Irini beginnt die Agia-Irini-Schlucht. Die Wanderung (7,5 km) ist ganzjährig möglich.

⓲ Paleochora
Παλαιόχωρα

Chania. **Karte** D2. 🚌 🏔 2400. 🛈 am Hafen, 28320 41507. 🎭 Paleochora Art Week (Sep). ⛴ 📞 W paleochora.com

Der Hauptort im abgelegenen Südwesten bietet eine gute touristische Infrastruktur – und dörfliches Flair, wenn abends die Hauptstraße für Autos gesperrt wird. Dank seiner Lage auf einer Landzunge genießt er die meisten Sonnenstunden auf ganz Kreta und besitzt zwei unterschiedliche Strände (*siehe S. 14*). Abwechslung im Strandglück bieten Bootsfahrten nach Elafonisi (*siehe S. 17 und 150*) oder Gavdos (*siehe S. 17*), ein Sommer-Highlight sind Wal-Safaris (*siehe S. 9*).

⓳ Kastelli Kissamou
Καστέλλι Κισσάμου

Chania. **Karte** B2. 🏔 11 000. ⛴ 📞 W kissamos.gr

Kastelli Kissamou (auch: Kissamos) liegt am Golf von Kissamos zwischen den Halbinseln Gramvousa und Rodopou, wo lange Wanderwege und einsame Buchten locken. Die Provinzstadt ist perfekte Ausgangsbasis für Ausflüge zu den berühmten Stränden von Balos und Falasarna (*siehe S. 16f*) und das bergige Hinterland mit seinen malerischen Dörfern. In Kastelli Kissamou spielen Landwirtschaft und Fischerei die erste Geige, obwohl zwei lange Sand-Kies-Strände zum Baden einladen. Besucher genießen die authentische Atmosphäre, die Kafenia und *rakadika* im Zentrum in der Odos Skalidi (Alter Markt), die Fischlokale am Hafen und den schönen Blick von der Uferpromenade. Einen Blick in die jahrtausendealte Geschichte der Stadt und der Region bietet das moderne **Archäologische Museum**.

🏛 **Archäologisches Museum**
Platia Tzanakaki. 📞 28220 83308. 🕐 Di–So 8.30–15 Uhr. 🚫

⓴ Balos
Μπάλος

Chania. **Karte** A1. ⛴

Der Traumstrand (*siehe S. 16*) liegt auf der fast unbewohnten Gramvousa-Halbinsel, die einst das Refugium von Piraten war. Die Straße ab Kaliviani ist berüchtigt, bequemer fährt man mit dem Schiff ab Kastelli Kissamou. Unterwegs hat man einen schönen Blick auf die Küste und kann auf der Insel Imeri Gramvousa ein venezianisches Kastell erkunden.

Panorama der »Südseelagune« Balos mit einem der Traumstrände Kretas

Restaurants auf Westkreta *siehe Seite 152*

Wale und Delfine

Wer mit dem Boot in einigem Abstand zur kretischen Küste unterwegs ist, trifft nicht selten auf Delfine, die sich bisweilen sogar neugierig nähern. Besonders hoch ist die Wahrscheinlichkeit für ein unterhaltsames »Delfin-Date« in den Gewässern im Nordosten und Südwesten. Auch beim Schnorcheln vor der unbewohnten Insel Dia bei Iraklio kann man sie manchmal erspähen. Weitaus größere Meeressäuger kann man jedoch nur vor der Südküste Kretas antreffen: Hier wurden Grind- und Schwertwale gesichtet, auch Schnabelwale haben hier ihr Revier. Vor allem aber leben in der Region die Giganten der Meere: riesige Pottwale.

Der Gemeine Delfin ist im Mittelmeer weitverbreitet

In den Gewässern vor Südwestkreta lebt ein Bestand von Mittelmeer-Pottwalen, der schätzungsweise rund 200 Tiere umfasst. Die gefährdeten Tiefseejäger ernähren sich hauptsächlich von Tintenfischen, die sie hier am steilen, extrem tiefen Hellenischen Graben in ausreichender Menge finden.

Durch ihr Blasloch stoßen Wale Atemluft aus. Dieser Blas kondensiert und wirkt wie eine Fontäne.

Die häufigsten Delfine vor Kreta sind Streifendelfine. In tieferen Gewässern schwimmen Rundkopfdelfine, die jedoch Küsten und Schiffe meiden, und in den seichten Gewässern um die Insel Gavdos Tümmler.

Delfine faszinierten schon die Minoer, die sie auf farbenfrohen Fresken abbildeten. In der griechischen Mythologie reitet die hochverehrte Muttergöttin Demeter auf einem Delfin.

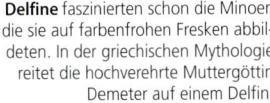

Karte *siehe Extrakarte zum Herausnehmen*

Die schönsten Strände Westkretas

Weicher Sand und Lagunen in leuchtendem Türkis – manche Strände im Westen der Insel wirken, als ob sie direkt aus der Südsee ins Mittelmeer übergesiedelt seien. Andere wiederum sind klassisch kretisch samt Hafen, Fischerbooten, Tavernen, Tamarisken und dem einzigartigen griechischen Licht, das das dunkle Blau des Meers noch intensiver erscheinen lässt. Wer zum Strandglück weder Liegen noch Unterhaltung braucht, findet insbesondere im Süden abgeschiedene Küstenabschnitte mit flachen Stränden zum Schwimmen und Felsen zum Schnorcheln.

Palme
auf Kre
ein sel
Anblick

Verspielter Wegbegleiter im Meer

Legende
≈ Autobahn
— Hauptstraße
···· Nebenstraße
— Panoramastraße
– – Pfad
△ Gipfel

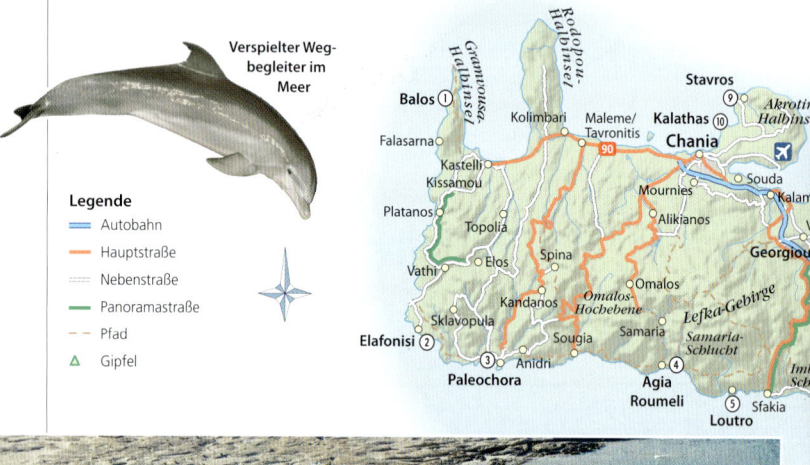

Lagune von Balos, Teil eines großen Naturschutzgebiets

① **Balos** *siehe S. 16* und *S. 148.* In der Hochsaison ist der Strand oft überfüllt, am besten kommt man in dieser Zeit frühmorgens vor den Ausflugsbooten aus Kastelli Kissamou.

② **Elafonisi** *siehe S. 17.* Die »Schatzinsel«, so die Bedeutung des Namens, ist ein streng geschützter Naturschatz. Piratenschätze wird man hier nicht finden, doch bei einem Spaziergang auf der Halbinsel seltene

Pflanzen. Zudem graben hier Unechte Karettschildkröten ihre Nester. Einen Kilometer weiter östlich liegt mit dem **Kedrodasos** ein ungeschliffenes Strandjuwel mit weißem Sand und einem ganzen Wacholderwald – ein Traum.

③ **Paleochora** *siehe S. 14* und *S. 148.*

④ **Agia Roumeli** Die meisten Besucher erleben das Dorf am

Ende der Samaria-Schlucht nur nachmittags mit vielen anderen Wanderern und ziemlich erschöpft – schade. Wer über Nacht bleibt, kann die fantastische Landschaft und auch die Strände in Ruhe genießen. Auf insgesamt drei Kilometern Länge erstrecken sie sich zu beiden Seiten des Dorfs vor eindrucksvoller Bergkulisse.

⑤ **Loutro** Loutro ist nur per Boot zu erreichen, entspre-

Restaurants auf Westkreta *siehe Seite 152*

Preveli mit »Palmendschungel«

	①	②	③	④	⑤	⑥	⑦	⑧	⑨	⑩
Blaue Flagge		★	★					★	★	★
Sauberkeit	★	★	★	★	★			★	★	★
Ruhe			★				★			
Party										
Toiletten	★	★	★	★	★		★	★	★	★
Duschen			★	★	★			★	★	★
Liegen und Schirme			★	★	★		★	★	★	★
Rettungsschwimmer		★	★					★	★	★
Wassersport			★	★	★			★	★	★
Meeresschildkröten	★	★							★	
Gastro/Shopping	★	★	★	★	★		★	★	★	★
Kinderfreundlich	★	★	★				★	★	★	★
Rollstuhlgerecht								★	★	
Glasbodenboote	★								★	
Parken	★	★	★				★	★	★	★

Elafonisi – ein Rückzugsort von Meeresschildkröten

In Loutro ist Verkehrslärm ein Fremdwort

Infobox

Webcams

Ⓦ palaiochora.com
Ⓦ beach-webcam-crete.com
Ⓦ webcam.cretadeluxe.com

360°-Panoramafotos
Ⓦ 360crete.gr

chend ruhige Strände findet man hier. Der kiesige Dorfstrand liegt in einer schönen Bucht mit kleinen Tavernen und weißen Häusern. Eine Gehstunde weiter östlich lockt die Bucht von **Glyka Nera** (»süßes Wasser«) – der Kiesstrand gehört zu den schönsten auf Kreta. Hier badet man in klarem Wasser vor steilen Felswänden.

⑥ Preveli siehe S. 17 und S. 136.

⑦ Agios Pavlos Der Strand des winzigen Küstendorfs liegt geschützt in einer perfekt geschwungenen Bucht. Von dort führt Richtung Westen ein Fußweg über das Kap Melissa zum idyllischen Strand **Akoumiani Gialia**, an dem sich Dünen türmen. Eine Besonderheit sind die fantastisch gefalteten Felsformationen auf Kap Melissa.

⑧ Georgioupoli siehe S. 15 und S. 130.

⑨ Stavros siehe S. 15 und S. 142.

⑩ Kalathas Wenige Kilometer außerhalb von Chania schmeichelt weicher brauner Sand am Strand des kleinen Küstenorts auf der Akrotiri-Halbinsel den Füßen – abends streicheln schöne Sonnenuntergänge die Seele. Das flache Wasser ist perfekt für Kinder, an dem vorgelagerten Inselchen kann man schnorcheln.

Restaurants

In den malerischen Gassen der schönen Altstadtkerne von Chania und Rethymno reihen sich Restaurants und Cafés, Bars und Clubs. Rund um die venezianischen Häfen der beiden Städte findet sicherlich jeder ein Lokal nach seinem Geschmack. Häufig sitzt man in stimmungsvollem Ambiente in geschmackvoll renovierten historischen Gebäuden, die noch aus venezianischer oder osmanischer Zeit stammen.

Gefüllte Weinblätter *(dolmades)*: ein griechischer Klassiker

Restaurants und Cafés

CHANIA: Koukouvaya €
Café
Alexi Minoti, 73100
☎ 28210 27449 ⏱ tägl.
🌐 koukouvaya.gr
Spezialität des Hauses ist der Schokoladenkuchen, die Aussicht hoch über der Stadt trägt zum Genuss bei.

CHANIA: Salis €€€
Neue kretische Küche
Akti Enoseos 3, 73100
☎ 28210 43700 ⏱ tägl.
🌐 salischania.com
Direkt am venezianischen Hafen zelebriert das moderne Gourmet-Restaurant neue kretische Küche.

CHANIA: Tamam €€
Kretisch-orientalisch
Zampeliou 49, 73100
☎ 28210 96080 ⏱ tägl.
In einem einstigen osmanischen Hamam serviert das Tamam kretisch-orientalische Küche.

PLATANI SOUDA:
Don Rosario €€€
Italienisch
Nahe der E75, 73200
☎ 28210 23663 ⏱ tägl.
Die delikate italienische Seafood-Küche ist den Abstecher nach Souda wert. Schöne Terrasse.

RETHYMNO: Castelvecchio €€
Kretisch
Chimaras 29, 74100
☎ 28310 55163 ⏱ tägl.
🌐 castelvecchio.weebly.com
In dem familiengeführten Lokal in einem venezianischen Gebäude isst man romantisch am offenen Kamin oder im Freien unter Bougainvillea.

RETHYMNO:
La Boheme €€
Mediterran / kretisch
Solio 15, 74100
☎ 28315 00881 ⏱ tägl.
🌐 laboheme.rethymnon.com
Das Restaurant in einem venezianischen Palazzo überzeugt mit feiner mediterraner Küche.

RETHYMNO: Yaourtaki
Frozen Yogurt & More €
Café
Ari Velouchioti 1, 74100
☎ 28310 28781 ⏱ tägl.
Einfach lecker: Bei Yaourtaki gibt es Frozen Yogurt und Eis in allen Variationen mit frischen Früchten und vielen Toppings sowie Tee, Kaffee, Milkshakes und Säfte.

Kneipen, Bars und Clubs

CHANIA: Kritamon Wine Bar €€
Weinbar
Kondilaki 38–40, 73100
☎ 28211 11427 ⏱ tägl.
Die schöne Weinbar gefällt mit ihrer breiten Auswahl lokaler und griechischer Weine sowie moderner kretischer Küche.

CHANIA: Vineria 36 €€
Weinbar
Kallinikou Sarpaki 36, 73100
☎ 28210 57590 ⏱ tägl.
Die Gäste der gemütlichen Bar lieben die guten Bioweine und regionalen Spezialitäten.

RETHYMNO: Cul de Sac €
Café-Bar
Platia Titou Petichaki 7, 74100
☎ 28302 26914 ⏱ tägl.
🌐 culdesac.gr
Die Café-Bar nahe dem Rimondi-Brunnen punktet mit Kaffee- und Teespezialitäten, Kuchen, kleinen Gerichten und einer langen Cocktailkarte.

RETHYMNO: Ice Club €
Club
Salaminos 22, 74100
☎ 69499 86294 ⏱ tägl.
Unterhalb der Festung kann man im Ice Club bei guter Musik, Live-Events und Cocktails die Nacht durchfeiern.

Speisefisch seit der Antike: fangfrische Dorade vom Grill

Griechischer Joghurt – versüßt mit Honig und Beeren

Preiskategorien € = preiswert €€ = mittel €€€ = gehoben

Shopping

In den Altstädten von Chania und Rethymno findet man neben den üblichen Souvenirs auch schönes Kunsthandwerk – ein Bummel durch die engen Gassen ist ein unterhaltsames Vergnügen. Wer Lederwaren liebt, ist in Chanias »Lederstraße« Odos Skridlof genau richtig.

Broschen findet man bei Ekaterini nahe dem venezianischen Hafen.

Keramik bei Flakatoras, Chania

Kette bei Feel, Rethymno

CHANIA: Silk Creations
Seide
Episkopou Chrisanthou 47, 73100
☎ 69767 67318
◻ tägl.
Der Rohstoff für die Textilien stammt teils aus der eigenen Seidenraupenzucht. Hier findet man handgefertigte Stickereien, Schals und Kleidungsstücke aus Seide in Top-Qualität.

CHANIA: Flakatoras
Keramik
Zampeliou 19, 73100
☎ 69730 05532
◻ tägl.
🌐 flakatoras-ceramics.com
Im stimmungsvollen Innenhof eines Altstadthauses bietet der Familienbetrieb vielfältige bunte Keramiken an. Es gibt auch eine Auswahl an Keramikschmuck. Im Töpferatelier sind Besucher willkommen.

CHANIA: Mediterraneo Bookstore
Bücher und Karten
Akti Kountourioti 57, 74100
☎ 28210 86904
◻ tägl.
Die Buchhandlung am venezianischen Hafen ist die erste Adresse für Landkarten sowie für Bücher über Kreta und Griechenland – auch auf Deutsch.

CHANIA: Ekaterini
Schmuck
Kondilaki 41, 73100
☎ 28210 97187
◻ tägl.
🌐 ekaterini-eshop.com
Geschmackvollen Designerschmuck von (Ohr-)Ringen bis zu

RETHYMNO: Byzantine Art – Alexandra Kaouki
Ikonen
Melissinou 22, 74100
☎ 28310 24299
◻ tägl.
🌐 alexandraicons.com
Wer schöne Ikonen sucht, sollte Alexandra Kaoukis Atelier am Fuß der Fortezza besuchen. Die Künstlerin fertigt sie auf traditionelle Weise an.

RETHYMNO: Feel
Schmuck
Platia Titos Petichaki 1, 74100
☎ 28310 30042
◻ tägl.
🌐 silver-jewellery.com
Der kleine Laden beim Rimondi-Brunnen ist vor allem für seinen hübschen, teilweise ausgefallenen Silberschmuck bekannt.

Wellness

Einmal die Seele baumeln lassen, aus dem Alltag aussteigen, zur Ruhe kommen und innere Balance finden – Wellness fördert das Wohlbefinden. Wer sich nach dem Shopping einfach verwöhnen lassen möchte, findet dazu vor allem in Chania und Rethymno Gelegenheit.

CHANIA: Al Hammam
Spa
Platia E. Venizelou 14, 73100
☎ 28210 59005
◻ tägl.
🌐 alhammam.gr
Chanias osmanische Bade- und Spa-Traditionen werden im Al Hammam noch gepflegt. Hier wird man im türkischen Dampfbad, mit Massagen, kosmetischen Gesichts- und Ganzkörperbehandlungen rundum verwöhnt. Es gibt u. a. Spezial-Packages für Paare. Nach der abschließenden Mani- und Pediküre fühlt man sich erholt und schön.

CHANIA: Green Care Spa
Beauty
Daskalogianni 45, 73100 Chania
☎ 28215 01540
◻ tägl.
🌐 greencarespa.gr
Ob Thalasso- oder Aromatherapie oder aber kosmetische Behandlungen – im Green Care Spa ist man in professionellen Händen.

RETHYMNO: Agigma
Massage und Therapien
Machiton Cholis Chorofilakis 6, 74100
☎ 28310 22060
⦿ So
🌐 agigma.gr

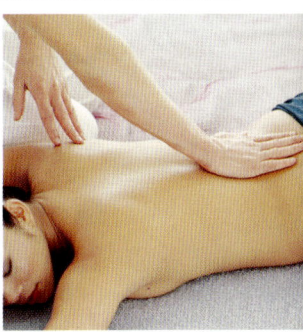

Massagen: entspannend-heilsam

Rund einen Kilometer östlich der Marina findet man bei Agigma Entspannung pur, danach fühlt man sich wie neugeboren. Von klassisch bis Fußreflexzonenmassage – die Masseure haben »heilende Hände«. Sie beherrschen auch alternative Methoden, beispielsweise die Bowen-Therapie.

Bitte beachten Sie: Einige Lokale und Läden akzeptieren nur Barzahlung.

ZU GAST AUF KRETA

Hotels

Kreta zählt seit Langem zu den beliebtesten Reisezielen Südeuropas. Zwischen rustikalem Campingplatz am Strand und eleganter Suite mit Privatpool im Luxushotel können Besucher auf Kreta genau die Unterkunft finden, die ihren Vorlieben und Bedürfnissen entspricht. Auf der Insel gibt es eine riesige Anzahl an Hotels, Pensionen und Ferienhäusern, der Gast braucht nur den Standort zwischen Partymeile in den Ferienorten und abgeschiedenem Landidyll in den Bergen oder an der Südküste zu wählen. In der Hochsaison im Juli und August sollte man sein Quartier allerdings besser vorab reservieren, wenn man seine kostbare Urlaubszeit nicht mit lästiger Zimmersuche verbringen möchte.

Auf Chartertouren muss man sich nicht um die Unterkunft kümmern

Hotelkategorien

In Griechenland werden Hotels wie international üblich mit ein bis fünf Sternen bewertet. Die Einteilung wird von EOT (Griechische Zentrale für Fremdenverkehr, *siehe S. 174f*) vorgenommen und richtet sich nach Kriterien wie Lage, Ausstattung, Sportangebot und Einrichtungen, z. B. Pool und Restaurant. Qualität und Service fallen weniger ins Gewicht, weshalb ein exquisites charmantes Boutique-Hotel geringer eingestuft werden kann als ein übliches Strandhotel, das bestimmte Bedingungen erfüllt.

In der Regel fängt das Angebot bei Zwei-Sterne-Häusern an. Diese müssen Zimmer mit Bad und zumindest ein einfaches Frühstückslokal oder Café besitzen. Bei drei Sternen sind ein Pool oder Hotelstrand sowie ein Restaurant und eine Sportmöglichkeit vorhanden. Vier- und Fünf-Sterne-Häuser bieten eine umfassende Ausstattung sowie u. a. mehrere Restaurants, Wasser- und diverse Sportanlagen bzw. -möglichkeiten. In sehr vielen Hotels steht den Gästen WLAN zur Verfügung.

Hotelbuchung

In der Hochsaison buchen viele Reisende Anfahrt und Unterkunft im Paket – zu dieser Jahreszeit meist die günstigste Option. Wer sich seine Unterkunft lieber unabhängig auswählt, kann Hotels und Campingplätze beispielsweise über die Website des **Griechischen Hoteliersverbands** suchen und sich direkt an die Vermieter wenden. In der Regel haben auch einfache Häuser eine Website mit Kontaktformular.

Im Winter haben die meisten Hotels auf Kreta geschlossen, in der Nebensaison purzeln die Preise teils erheblich. Wer zu dieser Zeit auf der Insel unterwegs ist, kann sich vielerorts spontan einmieten und meist sogar den Preis ein wenig herunterhandeln. Auch Luxushotels gewähren dann Rabatte.

Das Amirandes in Kato Gouves mit Poollandschaften und Privatpools

◀ Im Obstparadies Kreta wachsen Zitrusfrüchte

Direkt an der Mirabello-Bucht: das luxuriöse Aquila Elounda Village

Luxushotels

Die meisten Luxushotels sind an der Küste in und in der Umgebung von Agios Nikolaos und Elounda gelegen. Darüber hinaus findet man entlang der gesamten Nordküste schicke Resorts, in denen man sich mit höchstem Komfort verwöhnen lassen kann. In einigen sind Erwachsene exklusiv unter sich, da die Häuser nur Gäste ab 16 Jahren aufnehmen.

Zum typischen Luxusangebot gehören u. a. Zimmer und Suiten mit Privatpool, ein großer Spa-Bereich mit professionell ausgeführten Wellness-Anwendungen (siehe S. 46 und 166f) und Restaurants mit gehobener Küche.

Boutique-Hotels

Charmante Boutique-Hotels, die Flair und Komfort elegant verbinden, werden bei Kreta-Besuchern zusehends beliebter. Besonders stimmungsvolle und teilweise sehr luxuriöse Unterkünfte – wenngleich häufig ohne Pool, aber meist mit einem Spa und/oder einer lauschigen Dachterrasse samt schöner Aussicht – findet man in den Altstädten von Rethymno und Chania. Dort wohnen die Gäste in historischen venezianischen Palazzi und osmanischen Häusern, die liebevoll und mit viel Geschmack restauriert wurden.

Ferienhäuser und Apartments

Ferienwohnungen und Ferienhäuser stehen vor allem bei Familien hoch im Kurs sowie bei Reisenden, die gern unabhängig unterwegs sind – und auch lieber ihr Essen mit frischen kretischen Produkte selbst zubereiten.

In den Urlaubsorten gehören Ferienwohnungen bisweilen zu Privathäusern, häufig aber zu eigenen Wohnanlagen, die mit Pool, Rezeption und Restaurant ausgestattet sind. Man kann sie wie Hotelzimmer über Reiseveranstalter im Rahmen einer Pauschalreise, über Reisebüros oder Internet-Portale wie **Booking.com**, **Ferienwohnungen.de**, **FeWo-Direkt** oder **Jassu Reisen** buchen. Gleiches gilt für Ferienhäuser, die es in unterschiedlichsten Lagen, Stilen und Ausstattungen zu mieten gibt. Eine gute Auswahl an teils sehr exklusiven Objekten findet man beispielsweise bei **Kreta Ferienhäuser**.

Eine faszinierende Alternative zu den vorwiegend modernen Unterkünften an der Küste sind traditionelle Bauern- oder

Boutique-Hotel Casa Delfino, Chania

Herrenhäuser in den Bergen, wie sie u. a. **Vamos Village** vermittelt.

Oberhalb von Kastelli Kissamou wurde das gesamte, vormals verlassene Dorf Milia in ein stilvolles Öko-Resort umgewandelt. In Agios Konstantinos auf der Lasithi-Hochebene wohnen die Gäste zwischen den Einheimischen in historischen Dorfhäusern, die komfortabel ausgebaut wurden (siehe S. 122).

Privatzimmer

Privatzimmer – domatia – sind vor allem in den kleinen Urlaubsorten an der Küste in großer Zahl vorhanden. In modernen Häusern haben sie in der Regel ein eigenes Bad, bisweilen sind sie mit einer Küchenzeile ausgestattet.

Camping

Auf Kreta gibt es ein gutes Dutzend Campingplätze in allen Kategorien. An manchen kann man Stellplätze für Wohnmobile oder Bungalows mieten. Adressen, Informationen über Lage und Ausstattung findet man auf den Websites der **Panhellenic Camping Association** und des Griechischen Hoteliersverbands.

Wildcampen ist offiziell verboten, wird jedoch an manchen Stellen bis zu einem gewissen Maß geduldet.

Auf einen Blick

Hotels und Camping

Griechischer Hoteliersverband
W grhotels.gr

Panhellenic Camping Association
W greececamping.gr

Ferienhäuser und Apartments

W booking.com
W ferienwohnungen.de
W fewo-direkt.de
W kretaferienhaeuser.de
W jassu.de
W vamosvillage.gr

Restaurants

Den Gaumen verwöhnen und mit aufregenden neuen Aromen kitzeln – zu einem gelungenen Urlaub gehört auch das kulinarische Wohlbefinden. Der sinnliche Genuss wird zugleich zum unvergesslichen Erlebnis, wenn man in gemütlicher Runde mit der Familie und Freunden bei einem guten Essen zusammensitzt. Auf Kreta hat zwar in den letzten Jahren der Pauschaltourismus in All-inclusive-Anlagen zugenommen, dennoch gönnen sich viele Besucher das für einen Griechenland-Urlaub klassische Vergnügen: das einheimische gastronomische Angebot erkunden und die herzliche Gastfreundschaft genießen. Adressen finden Sie in diesem Reiseführer jeweils am Ende einer Region.

Frühstück am Strand von Matala

Restaurants und Tavernen

Früher unterschied man zwischen dem etwas gehobeneren *estiatorion* (Restaurant) und der einfacheren *taverna*. Diese Differenzierung gibt es mittlerweile kaum mehr, dafür jedoch eine Vielfalt an Speiselokalen unterschiedlichster Güte. Deren Bandbreite reicht von international ausgerichteten Nobelrestaurants in Luxushotels über ambitionierte Lokale mit exzellenter neuer kretischer Küche bis zur schlichten Landtaverne. Doch gerade dort, in den einfachen Lokalen jenseits des Touristenrummels an den Küsten, kann man häufig noch gute einheimische Küche essen.

In einer *psarotaverna* (Fischrestaurant) werden vorwiegend Fisch und Meeresfrüchte serviert. Grillstuben heißen *psistaria*. Dort gibt es Gerichte vom Spieß und vom Holzkohlegrill. Neben Lamm ist auch Spanferkel beliebt.

Wer authentische kretische Gerichte kennenlernen möchte, sollte nach einer *paradosiaki taverna* (traditionelle Taverne) Ausschau halten. Dort kann man auch so bestellen, wie es auf Kreta eigentlich üblich ist: Man wählt die gewünschten Speisen einzeln aus und stellt sich so seine Mahlzeit individuell zusammen. Dazu sagt man, ob man alles gleichzeitig oder nacheinander serviert bekommen möchte.

Essen gehen ist für Kreter auch ein soziales Ereignis. Man trifft sich mit der Familie und der *parea* (Freunden und Bekannten), um gemeinsam eine angenehme Zeit zu verbringen. Üblicherweise wird zu solchen Gelegenheiten eine ganze Palette an Gerichten bestellt, von denen sich jeder nach Belieben nehmen kann.

Das Bestellen ist in der Regel auch für Nicht-Griechen unproblematisch, da in den meisten Lokalen die Speisekarte zumindest auf Englisch übersetzt ist. In den Urlaubsorten und Städten sind die Gerichte in den typischen Touristenlokalen häufig sogar mit Foto auf der Karte abgebildet.

Rakadiko und Weinbar

Ein *rakadiko* ist ein Raki-Lokal, es entspricht einer *ouzeri*, einem Ouzo-Lokal. Und da man zum Raki oder Tsikoudia *(siehe S. 147)*, wie er auf Kreta auch genannt wird, in der Regel eine Kleinigkeit isst, gibt es dort eine Vielzahl von warmen und kalten *mezedes*, z. B. Oliven, Tsatsiki, gebratenes Gemüse, eine kleine Portion Tintenfisch o. Ä.

Café in Agios Nikolaos

Cocktail und Dinner mit Aussicht in der Sky Bar des Grecotel Creta Palace, Rethymno

Rakadika sind gesellige Lokale, im Sommer werden sie abends oft zum Open-Air-Club. Selbstverständlich gibt es dort nicht nur Raki zu trinken, sondern etwa auch Wein.

Wer das kretische Weinangebot genauer kennenlernen möchte, sollte sich entweder auf einer Weingüter-Tour durch Verkostungen informieren *(siehe S. 97)* oder eine der gepflegten Weinbars besuchen, die in den Städten zunehmend beliebter werden.

Kafenio und Café
Das Kafenio *(siehe S. 133)* ist eine Institution. Hier kann man stundenlang bei einem griechischen Kaffee sitzen, Zeitung lesen oder Tavli spielen.

Daneben gibt es Cafés, die Espresso, Cappuccino und andere Kaffeespezialitäten servieren, sowie Café-Bars, zu deren Angebot auch Cocktails gehören. Sie ziehen vor allem ein jüngeres Publikum an.

Restaurantsuche
Die besten Tipps erhält man meist von den Kretern vor Ort. Einen sehr guten Überblick über die Gastro- und Weinszene sowie über Kochkurse und empfehlenswerte Produzenten bietet **Meet and Eat in Crete**. Die Broschüren sind kostenlos in den Touristeninformationen erhältlich – oder man informiert sich auf der Website, über die man auch Plätze in zahlreichen Lokalen reservieren kann. Zum Angebot gehört auch eine kostenlose App.

Vegetarische Gerichte
Traditionell basiert die kretische Küche auf reichlich Hülsenfrüchten, Gemüse und Obst, Joghurt und Käse. Zusammen mit dem allgegenwärtigen Olivenöl sind sie wichtige Säulen der Kreta-Diät *(siehe S. 40f)*. Vegetarier können hier unter vielen köstlichen Speisen wählen, auch Veganer sind meist gut versorgt. Viele *mezedes* sind rein pflanzlich, etwa das Platterbsenpüree *fava*. Fleischfreie Klassiker sind u. a. mit Reis gefüllte Zucchiniblüten *(anthous)*, Tomaten *(tomates jemistes)* oder Paprika *(piperjes jemistes)*.

Wer gern Gemüse isst, sollte das typisch kretische Wildgemüse *(chorta)* probieren, sei es als Salat oder gedünstet. Eine gute Adresse, um die Aromen von Portulak *(glystrida)* und Co. zu kosten, ist das Restaurant des Botanical Park & Gardens in Fournes *(siehe S. 142)*.

Öffnungs- und Essenszeiten
Die Öffnungszeiten der Lokale sind zumindest während der Urlaubssaison in den Ferienorten und Städten für die Gäste ähnlich unproblematisch wie die Ladenöffnungszeiten: Im Prinzip herrscht von morgens (spätestens mittags) bis nachts Betrieb. Vielerorts bekommt man selbst nachmittags und zu später Stunde warme Gerichte serviert.

Satt wird man also auch jenseits der klassischen Essenszeiten der Kreter, die sich mittags meist zwischen 13 und 15 mit einem leichten Gericht stärken und sich ab etwa 21 Uhr zur abendlichen Hauptmahlzeit an den Tisch setzen. Sonntags kann allerdings auch das Mittagessen üppig ausfallen.

Bezahlen und Trinkgeld
Grundsätzlich gilt: Die Rechnung wird von einer Person für alle beglichen. Es ist unüblich, dass jeder einzeln bezahlt.

In einigen Lokalen wird eine kleine Gebühr für das Gedeck verlangt. Der Nachtisch, meist eine einfache Speise wie z. B. frisches Obst, wird häufig als kostenloses Schmankerl serviert. Wer Schwertfisch *(xifias)* oder einen anderen großen Fisch bestellt, sollte daran denken, dass dieser häufig nach Gewicht berechnet wird.

Das Trinkgeld gibt man nicht, wenn man die Rechnung bezahlt, sondern lässt es einfach auf dem Tisch liegen, wenn man das Lokal verlässt.

Rauchen
Obwohl laut Gesetz schon seit 2002, dann nochmals seit 2010 ein Rauchverbot in Lokalen besteht (Ausnahme: gesonderte Raucherräume), wird weiterhin hemmungslos gequalmt. Die Regierung hat ein totales Verbot angekündigt.

Auf einen Blick

Meet and Eat in Crete
☎ 69763 03265.
ⓦ meetandeatguides.com

Kretische Küche *siehe Seiten 40f* Speisekarte *siehe Seiten 42f*

Shopping

Kretas Städte laden zu ausgedehnten Shopping-Touren ein, die meisten Besucher begeistern sich vor allem für die Spezialitäten und das Kunsthandwerk der Insel. Hoch im Kurs stehen der aromatische süß-herbe Honig, Kräuter und Tees – und selbstverständlich das Olivenöl. Das flüssige Gold der Insel wird auch in Seifen und anderen Naturkosmetikprodukten verarbeitet, aus Olivenholz werden hübsche Mitbringsel hergestellt. Außergewöhnliche Souvenirs sind Ikonen sowie Töpferwaren und Schmuck, die teils nach antiken Vorbildern gestaltet werden. Doch auch wer Lederwaren liebt, ist auf der Insel mit den unzähligen Ziegen genau richtig. Beliebt sind zudem Textilien.

Hochwertiges Olivenöl – Kretas flüssiges Gold

Öffnungszeiten

Die Öffnungszeiten variieren je nach Geschäftstyp, Saison und Region. Üblicherweise sind Läden montags bis samstags von 9 bis 14 Uhr geöffnet, dienstags, donnerstags und freitags außerdem von 17.30 bis 21 Uhr – die Zeiten können jedoch im Einzelfall erheblich abweichen. Supermärkte sind montags bis freitags durchgehend von 8 bis 20 Uhr, samstags bis 18 Uhr geöffnet, häufig jedoch länger.

Fast rund um die Uhr stehen ganzjährig die Kioske (*periptero*) in Dörfern und Städten zur Verfügung. In dieser griechischen Institution bekommt man von kalten Getränken über Zeitungen und Zigaretten bis zu Schreibzeug und Schmerztabletten eine Unzahl von verschiedensten Waren.

Während der Urlaubssaison haben Souvenir- und Kunsthandwerksläden sowie viele Lebensmittel- und Gemischtwarenläden – insbesondere in den Ferienorten und Städten – täglich von frühmorgens bis spät in die Nacht geöffnet.

Spezialitäten

Kretas Oliven und Olivenöle (*siehe S. 117*) sind für ihre Güte berühmt und werden auf der ganzen Insel in Supermärkten, Lebensmittel-, Bio- und Souvenirläden verkauft. Eine Delikatesse sind eingelegte Oliven. Sie sind in verschiedenen Sorten erhältlich und, in hübschen Gläsern abgefüllt, auch ein beliebtes Mitbringsel.

Die Qualität der Olivenöle kann erheblich variieren. Die oberste Güteklasse ist Natives Olivenöl extra, das einen Säuregrad von höchstens 0,8 Prozent aufweisen darf. Aus der Olivenregion rund um Sitia (*siehe S. 116*) z. B. kommen Olivenöle mit einem Säuregrad von weit unter 0,8 Prozent.

Wie beim Wein (*siehe S. 97*) empfiehlt es sich auch beim Olivenöl, vorab zu verkosten. Möglich ist dies in guten Läden sowie bei den Erzeugern selbst, z. B. bei **Terra Creta**. Diese bieten häufig Führungen über die Plantagen und durch die Produktionsstätten sowie Verkostungen vor Ort an (*siehe S. 111 und 117*).

Gute Adressen für Kräuter, Tees und Gewürze sind die Markthalle in Chania (*siehe S. 126*), die Marktgasse Odos 1866 und Vassiliki in Iraklio (*siehe S. 106*) sowie der Kräuterhof Votania in Kavousi (*siehe S. 123*) und **Botano** unweit von Matala in Kouses.

Eine weitere Spezialität ist Honig, allem voran Thymianhonig. Delikat sind z. B. die Erzeugnisse der Marke Meligyris und die Toplou-Honige von **Si-Mel Savidakis**. Dieser Betrieb kann auch besichtigt werden.

Naturkosmetik

Seifen und Naturkosmetik, die – natürlich – in großem Maß auf Olivenöl basieren, gibt es auf der ganzen Insel. Bekannte Hersteller sind z. B. Naturelia (*siehe S. 106*) und BioAroma aus Agios Nikolaos. BioAroma-Produkte erhält man in den Filialen der Kosmetik-Fashion-Kette **Hondos Center**.

Keramik

Hübsche Keramiken findet man vor allem in den Kunsthandwerksläden in den Städ-

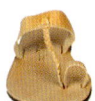

Lederwaren – beliebte Mitbringsel aus Kreta

Spezialitäten erhält man auch in vielen Souvenirläden

ten sowie in den Töpferdörfern Thrapsano (siehe S. 96) und Margarites (siehe S. 134). Dort werden teils die großen, Pithoi genannten Vorratsbehälter angefertigt, wie sie bereits die Minoer verwendeten. Einer der wenigen Töpfer in Margarites, die ihren Ton noch vor Ort abbauen, ist Georgis Dalamvelas in seinem Atelier **Keramion**. An antike Vorbilder angelehnt sind die Keramiken von **Pottery Art** in Thrapsano. Hochwertige Museumskopien fertigt das **Atelier Ceramica** von Nic Gabriel mit Filialen in Agios Nikolaos und Chersonissos an.

Textilien

Viele Stickereien, Spitzen und Webarbeiten (siehe S. 141) werden heute nicht mehr auf Kreta selbst, sondern in Asien angefertigt. Das berühmteste Weberdorf ist Anogia (siehe S. 134). Qualitätvolles findet man z. B. bei Silk Creations (siehe S. 153) oder auch bei **Top Hanas** in Chania.

Lederwaren

Die größte Auswahl an Lederwaren bietet die »Lederstraße« Odos Skridlof (siehe S. 153) in Chania. Dort gibt es Schuhe, Gürtel, Taschen und auch die traditionellen hohen Lederstiefel (stivania).

Holzarbeiten

Eine Besonderheit sind Arbeiten aus Olivenholz, ein Holz, das sehr hart und schwer zu bearbeiten, aber ungewöhnlich gemasert ist. Schöne Schnitzereien bietet z. B. Art

Schmuck

on Olive Wood (siehe S. 123) in Agios Nikolaos. Schach- und Tavli-Spiele aus Olivenholz hat **Mount Athos** in Chania.

Schmuck

Schmuck ist auf Kreta relativ günstig, doch häufig Massenware. Gold- und Silberschmiede, die individuelle Stücke anfertigen, findet man vor allem in Chania, Rethymno und Agios Nikolaos. Attraktiven Schmuck nach antiken Vorbildern führen z. B. Eleni Kastrinogianni (siehe S. 106) und einige Juweliere am Archäologischen Museum in Iraklio.

Ikonen und Antiquitäten

Wer Antiquitäten – z. B. Ikonen, die vor 1830 angefertigt wurden, oder auch Metallarbeiten und sonstiges Kunsthandwerk – erwerben und ausführen möchte, braucht eine Genehmigung des Kulturministeriums. Unproblematisch sind hingegen autorisierte Repliken, wie man sie in den staatlichen **Museumsläden** in Knossos und in der Loggia von Rethymno erhält. Schöne, auf traditionelle Art gemalte Ikonen findet man z. B. bei Byzantine Art (siehe S. 153) in Rethymno und **Ioannis Petrakis** in Elounda.

Auf einen Blick

Spezialitäten

Botano
70400 Kouses. (28920 42295. w botano.gr

Si-Mel Savidakis
72300 Gela Sitia.
(28430 25444.
w toplou-honey.com

Terra Creta
73006 Kolymvari.
(28240 83340.
w terracreta.gr

Naturkosmetik

Hondos Center
25 Avgoustou / Agios Titos, 71202 Iraklio.

(28103 37900.
C. Giannari 35,
73134 Chania.
(28210 28552.
L. Kountourioti 23,
74100 Rethymno.
(28310 55737.
w hondoscenter.gr

Keramik

Atelier Ceramica
C. Paleologou 28,
72100 Agios Nikolaos.
(28410 24075.
G. Sanoudaki 4,
70014 Chersonissos.
(28970 23451.

Keramion
74052 Margarites.
(28340 92135.
w keramion.gr

Pottery Art
70006 Thrapsano.
(69797 86889.
w handmade-pottery.org

Textilien

Top Hanas
Angelou 3, 73134 Chania.

Holzarbeiten

Mount Athos
Kondilaki 12,

73100 Chania.
(28210 83051.
w mount-athos.net

Ikonen und Antiquitäten

Ioannis Petrakis
Mpotis Sfakianakis 8,
72053 Elounda.
(28410 41669.
w greek-icons.com

Museumsläden
Palaiologou / Arkadiou,
74100 Rethymno.
(28310 53270.
Knossos.
74109 Iraklio.
(28103 322570.

Mehrwertsteuer in Griechenland: 24 Prozent, ermäßigt 13 bzw. 6 Prozent

Aktivurlaub

Entspannte Stunden im Liegestuhl am Strand sind eine Seite des perfekten Urlaubs. Für viele Reisende gehört dazu aber auch, aktiv zu werden und Neues zu entdecken. Archäologische Stätten erkunden, historische Altstädte und Klöster besichtigen, die Orchideenblüte im Frühjahr bewundern, Geier und Adler auf den Hochebenen erspähen, Schluchtenwanderungen, Berg- und Mountainbike-Touren – auf Kreta gibt es zahlreiche Möglichkeiten, Sport zu treiben, die Geschichte und Kultur der Insel kennenzulernen und ihre Natur intensiv zu erleben. Besucher können aus einer breiten Palette von Angeboten wählen, die teils genau auf ihre persönlichen Interessen zugeschnitten werden.

Zertifizierter Fremdenführer Nektarios Trifinopoulos in Knossos

Fremdenführer

In Griechenland absolvieren Fremdenführer ein Hochschulstudium, das sie befähigt, die Geschichte, Kultur und Natur des Landes kompetent und in verschiedenen Sprachen zu vermitteln. Besucher können sie z. B. an archäologischen Stätten für eine sachverständige Führung engagieren.

Auf Kreta bieten zertifizierte Fremdenführer über die Organisation **Tourist Guides of Crete** Touren an, bei denen man die Insel unter verschiedensten Aspekten kennenlernen kann. Zum Angebot gehören Naturwanderungen, historische und archäologische Exkursionen, Altstadtspaziergänge in Chania und Rethymno, Kochkurse und vieles mehr. Selbstverständlich kann man auch für die persönlichen Interessen maßgeschneiderte Reisen buchen, mit einem Führer, der fließend Deutsch spricht.

Botaniktouren

Kreta ist ein Mekka für Botanikfans: Von den mehr als 1500 Pflanzenarten auf der Insel wachsen rund 170 nur hier. Einige Spezialanbieter organisieren Reisen für die Erkundung der vielfältigen Flora der Insel *(siehe S. 31)*. Vor Ort kann man deutschsprachige botanische Exkursionen z. B. bei **Flowers of Crete** buchen.

Tierbeobachtung

Vor Kretas Küsten lassen sich Delfine und zwischen Mitte Juni und Ende August sogar Wale beobachten *(siehe S. 9)*.

Die Insel ist zudem ein interessantes Ziel für Hobby-Ornithologen, die eine artenreiche Vogelwelt mit Steinadlern, Lämmergeiern und Eleonorenfalken entdecken können. Ornithologische Touren bietet z. B. **Cretan Adventures**.

Zu den besonders gefährdeten Tierarten der Insel gehört die Unechte Karettschildkröte. An Stränden, an denen die großen Schildkröten ihre Eier ablegen, kümmert sich die Organisation **Archelon** um den Schutz der Tiere. Wer Schildkröten beobachten oder sogar als Freiwilliger mithelfen möchte, wendet sich an die Archelon-Infostände im venezianischen Hafen von Chania, in Rethymno und Matala.

Wandern, Klettern und Canyoning

Die beste Zeit für Wandertouren im Tiefland ist von April bis Juni, im Gebirge von Juni bis August. Der Europäische Fernwanderweg E4 führt über die gesamte Insel von Kastelli Kissamou im Westen durch teils einsame Gebiete bis Zakros im Osten. Auch jenseits der Fernroute locken Wanderungen durch Schluchten, entlang der Küsten und im Hochgebirge. Da es kaum markierte Wege gibt, empfiehlt es sich, Gruppentouren mit Führern zu unternehmen, wie sie **Hellas Reisen** organisieren. Ein deutschsprachiger Anbieter vor Ort ist z. B. **Kretawandern**.

Klettertouren und Canyoning in engen Schluchten unter deutschsprachiger Führung bietet Lior Levi von **Cretan Out-**

Grün und blau – Golfvergnügen mit Blick aufs Meer

Archäologisches Highlight: Delfinfresko im Megaron der Königin, Knossos

door Adventures. Treffpunkt ist im Café Relax in Diskos/Lendas oder nach Absprache.

Radfahren und Motorradfahren
Leihräder gibt es in allen Städten und Urlaubszentren *(siehe S. 183)*. Spezialisten für geführte Mountainbike-Touren z. B. auf die Lasithi-Hochebene oder ins Amari-Tal sind **The Hub MTB** in Malia und **Olympic Bike** in Rethymno.

Wer Kretas Landschaften abseits der üblichen Routen auf Endurotouren entdecken möchte, ist z. B. bei Overcross (www.overcross.com) richtig.

Golf
Der bislang einzige 18-Loch-Platz Kretas liegt sieben Kilometer südlich von Chersonissos. Gäste sind dort im **Crete Golf Club** ganzjährig willkommen. Der von Bob Hunt gestaltete Platz liegt schön in hügeliger Landschaft mit Blick auf die Berge und aufs Meer.

Direkt am Meer spielt man hingegen auf dem 9-Loch-Platz des exklusiven **Porto Elounda Golf & Spa Resort** in Elounda *(siehe S. 166)*.

Reiten
Kreta glänzt mit abgeschiedenen Gebieten, die sich perfekt für lange Ausritte oder gar mehrtägige Reittreks eignen. Rund um die Urlaubsorte finden sich einige Reitställe, die sich für Reitsportler vom Anfänger bis zum Könner eignen. Anbieter sind u. a. Odyssea Stables *(siehe S. 70)* nahe der Lasithi-Hochebene und im

Südwesten das **Lefkoritis Resort** in den Lefka Ori (Weiße Berge). Das aus Natursteinen gebaute Resort ist auch bei Paraglidern und Wanderern beliebt.

Kultur und Kulinarisches
Mit seinen faszinierenden archäologischen und historischen Stätten ist Kreta ein beliebtes Ziel für kulturhistorisch Interessierte. Spezialanbieter für Studienreisen ist u. a. **Studiosus Reisen**.

Da zur Kultur einer Region stets deren Küche gehört, organisieren viele Anbieter kulinarische Ausflüge und Kochkurse, z. B. Natour Lab *(siehe S. 8)* und Cretan Olive Oil *(siehe S. 123)*. Die Weinkultur der Insel entdeckt man entlang den Weinstraßen *(siehe S. 97)*.

Ausritt, Odysseia Stables

Auf einen Blick

Fremdenführer

Tourist Guides of Crete
71201 Iraklio.
☎ 28103 42222.
🌐 travelcrete.gr

Botaniktouren

Flowers of Crete
72053 Elounda.
☎ 28410 42177.
🌐 flowersofcrete.info

Tierbeobachtung

Cretan Adventures
Evans 10, 71201 Iraklio.
☎ 28103 32772.
🌐 cretanadventures.gr

Archelon
🌐 archelon.gr

Wandern, Klettern und Canyoning

Hellas Reisen
Kreuzstr. 2, 01067 Dresden. ☎ (0351) 438 36 10. 🌐 hellas-reisen.de

Kretawandern
72057 Mochlos.
☎ 69737 57341.
🌐 kretawandern.de

Cretan Outdoor Adventures
70400 Diskos/Lendas.
☎ 69090 08502.

🌐 cretan-outdoor-adventures.com

Radfahren und Motorradfahren

Olympic Bike
Adelianos Kampos, 74100 Rethymno.
☎ 28310 72383.
🌐 olympicbike.com

The Hub MTB
V. Kornarou 5, 70007 Malia. ☎ 69442 58619.
🌐 mtbhub.gr

Golf

Crete Golf Club
70014 Chersonissos.

☎ 28970 26000.
🌐 cretegolfclub.com

Reiten

Lefkoritis Resort
73013 Askifou-Sfakia.
☎ 28250 95455.
🌐 lefkoritis.com

Kultur und Kulinarisches

Studiosus Reisen
Riesstr. 25,
80992 München.
☎ (089) 50 06 00.
🌐 studiosus.com

Wassersport

Kreta ist für seine schönen Strände bekannt und hat zudem ein breites Spektrum an Wassersportmöglichkeiten zu bieten. Schnorchler und Taucher entdecken hier eine faszinierende Unterwasserwelt, Segler erkunden die Weiten des Meers, und Surfer lassen sich vom Wind jagen. Rasanten Spaß bieten Hoverboards und Kitesurfen. Dagegen sind Ausflüge mit dem Kajak ein ruhiges Naturerlebnis.

Segelboot von Notos Sailing im venezianischen Hafen von Chania

Schnorcheln und Tauchen

Kreta besitzt viele flache Sandstrände, doch findet man an seinen Küsten auch immer wieder felsige Abschnitte und Buchten, die sich gut zum Schnorcheln eignen. Rund um die Insel gibt es einige empfehlenswerte Spots *(siehe S. 32)*.

Der Blick unter die Oberfläche lohnt sich, denn Kretas Gewässer sind sehr klar und bieten gute Sichtweiten. Unter Wasser entdeckt man neben Barschen, Muränen und anderen großen Fischen vor allem eine faszinierende Vielfalt kleiner Kreaturen, wie Fadenschnecken, Krebse, Seepferdchen und Tintenfische.

Griechenlands Meeresböden sind zudem eine archäologische Schatzkiste. Um das historische Erbe zu schützen, war das Tauchen bis 2006 nur sehr eingeschränkt möglich. Mittlerweile wurden die Vorschriften etwas gelockert, dennoch gelten in Hinsicht auf archäologische Artefakte noch immer sehr strenge Regeln: Antike Objekte, die man unter Wasser entdeckt, dürfen nicht berührt oder gar entfernt werden. Alle archäologischen Funde müssen bei den Behörden gemeldet werden.

Vorwiegend an der Nordküste gibt es eine ganze Reihe von PADI-Tauchschulen. Sie sind in der Regel gut ausgerüstet und

holen Teilnehmer häufig auch von ihren Hotels ab. Empfehlenswert sind beispielsweise Stay Wet Diving *(siehe S. 71)*, das **Chania Diving Center**, **Atlantis Diving Center** und der **Diver's Club Crete**. Zum Angebot des **Pelagos Dive Centre** gehören neben Tauchkursen und Tauchgängen auch Dingisegeln und Windsurfen.

Bei geübten Tauchern sind u. a. die Gewässer vor Paleochora, Tauchgänge zu einem Flugzeugwrack aus dem Zweiten Weltkrieg sowie diverse Unterwasserhöhlen beliebt.

Bootsfahrten

In den Städten und Urlaubsorten findet man viele Möglichkeiten, Kreta auf Bootsfahrten vom Wasser aus zu erkunden und Inseln und schöne Strände zu entdecken. Das bunte Spektrum reicht von Fahrten mit Glasbodenbooten *(siehe S. 126)* und im U-Boot-ähnlichen **Nautilus Catamaran** bis zu mehrstündigen Mini-Kreuzfahrten samt Verköstigung und Landgängen, wie sie etwa Notos Sailing *(siehe S. 127)* mit seinen Segel- und Motorbooten u. a. nach Gramvousa und Balos anbietet.

Äußerst komfortabel erreicht man diese Ziele auch mit den Motoryachten von **Creta Luxury Cruises**. Die schicken Boote können zudem für längere Fahrten und Privatfeiern gechartert werden.

Exklusive Ausflüge für vier bis zehn Personen bietet **Chania X Flyers** mit zwei schnittigen Motorbooten an. Wer sich ein wenig wie James Bond fühlen möchte, lässt sich von

Kouremenos Beach, ein Strand mit hervorragenden Bedingungen zum Windsurfen

Schnelle Fahrt auf der Banane – ein Wasserspaß an vielen Stränden Kretas

Flyboard, Jetlev-Flyer oder Hoverboard rasant durch Wasserkraft hoch in die Luft tragen.

Segeln
Kreta ist ein beliebtes Segelrevier, die Insel kann in einigen Häfen, Marinas und Ankerbuchten angelaufen werden. Unterwegs wird man entlang ihrer langen Küsten immer wieder traumhafte, abgeschiedene Plätze entdecken.

Der Wind ist in der Region überwiegend seglerfreundlich: Im Sommer weht vorwiegend der Meltemi aus Nordwesten mit Windstärken zwischen 4 und 6. Teilweise erreicht er sogar Windstärke 9. Bei solchen ungemütlichen Stürmen können sich allerdings an der Südküste gefährliche Fallwinde entwickeln, die man keinesfalls unterschätzen sollte. Besser ist es, günstigere Bedingungen abzuwarten.

Segeltörns bieten u.a. **Orizon Sailing** auf einer regattatauglichen Elan 410 sowie Notos Sailing. Eine große Auswahl an Segel- und Motoryachten, die man mit und ohne Crew für Törns rund um Kreta chartern kann, findet man auch bei **Yachts Sailing**. Ein bei jungen Leuten beliebter Veranstalter von Segeltörns ist der deutschsprachige Anbieter **Join the Crew** mit Firmensitz in Polen.

Wind- und Kitesurfen
Der Meltemi bläht auch die Segel der Windsurfer, die am bekannten Kouremenos Beach *(siehe S. 110)* hervorragende Bedingungen vorfinden. In vielen Hotels sowie an den Stränden von Chersonissos und diversen anderen Urlaubsorten kann man sich sowohl die Ausrüstung zum Windsurfen leihen als auch Unterricht nehmen.

Eine erste Adresse für Kitesurfen auf Kreta ist der **Chania Surf Club** gleich außerhalb von Chania in Agia Marina sowie weiteren Filialen in Platanias und Elafonisi. Dort kann man nicht nur kitesurfen, sondern auch surfen (lernen) und sich im Stand up Paddling üben.

Kajakfahren
Immer beliebter werden Touren mit Seekajaks, die jenseits des Strandtrubels ein intensives Naturerlebnis versprechen. Tagesausflüge und mehrtägige Touren in verschiedenen Schwierigkeitsgraden – teils kombiniert mit Wanderungen und Klettertouren – organisiert der Outdoor-Spezialanbieter **Enjoy Crete**.

Kitesurfen vor Chania

Auf einen Blick

Schnorcheln und Tauchen

Atlantis Diving Center
Adelianos Kampos,
74100 Rethymno.
28310 71640.
atlantis-creta.com

Chania Diving Center
Arxoleon 1,
73100 Chania.
28210 58939.
chaniadiving.gr

Diver's Club Crete
71500 Agia Pelagia.
28108 11755.
diversclub-crete.gr

Pelagos Dive Centre
Minos Beach Hotel,
72100 Agios Nikolaos.
28410 24376.
divecrete.com

Bootsfahrten

Chania X Flyers
Stalos Beach,
73100 Chania.
69323 65312.
chaniaxflyers.gr

Creta Luxury Cruises
Venezianischer Hafen,
73100 Chania.
69494 23664.
cretaluxurycruises.gr

Nautilos Catamaran
72100 Agios Nikolaos.
69360 51186.
semi-submarine.gr

Orizon Sailing
Akti Tombazi,
73100 Chania.
69721 68832.
orizonsailing.gr

Segeln

Join the Crew
Powstancow Slaskich
16–18, 53-314 Wrocław.
+49 30 8189 6514.
join-the-crew.com

Wind- und Kitesurfen

Chania Surf Club
73100 Agia Marina
69369 20072.
chaniasurfclub.gr

Yachts Sailing
Poseidonos 71,
10557 Athen.
21098 21920.
yachts-sailing.com

Kajakfahren

Enjoy Crete
70013 Stavrakia.
69461 40777.
enjoy-crete.com

Wellness

Luxus und Wellness – der Trend, im Urlaub maximal zu relaxen und sich nach Strich und Faden verwöhnen und behandeln zu lassen, hat auch Kreta erreicht. Ganzheitliche Entspannung, Entschleunigung und der Wohlfühlfaktor sind für viele Besucher Grundvoraussetzung, um sich zu regenerieren – und viele wollen dies in einem gehobenen Ambiente tun. Mit einem veritablen Boom an neuen Luxus-Resorts mit Spa- und Wellness-Angeboten trägt die Insel dem Rechnung.

Sonne, Meer – und Yoga: Schon länger gilt die Sonneninsel auch als Yoga-Hotspot. Vor allem die Abgeschiedenheit der Südküste ist bei Yoga-Anhängern beliebt.

Wellness-Hotels

Gehobene oder luxuriöse Wellness-Hotels werden auf der Insel zusehends beliebter, vor allem an der Nordküste Ostkretas. Das **Daios Cove** *(siehe S. 123)* in Agios Nikolaos gehört zu den führenden Wellness-Anbietern der Insel. Häuser wie das **Ikaros Beach Luxury Resort & Spa**, das Seaside Resort & Spa *(siehe S. 107)*, das **Minos Beach Art Hotel** oder das **Aquila Elounda Village** *(siehe S. 123)* verwöhnen ihre Gäste mit einem umfassenden Angebot auf hohem Niveau. Das **Porto Elounda Golf & Spa Resort** punktet mit einem eigenen 9-Loch-Golfplatz. Im Blickpunkt steht zudem das kulinarische Wohlbefinden – denn auch eine gute, gesundheitsbewusste Küche ist Bedingung für die gelungene Rundumerholung.

Die Wellness-Bereiche der Hotels sind großzügig gestaltet, im **Blue Palace Resort & Spa** erreicht man sie spektakulär mit einem Panoramafahr-

Massagen – Entspannung pur

stuhl. Privatsphäre wird hier großgeschrieben. Die Zimmer haben einen eigenen Pool – mit Blick auf Spinalonga. Solche luxuriösen Suiten bieten u. a. auch **Amirandes Grecotel**, **Mythos Palace** oder **Sensimar Royal Blue Resort & Spa**.

Es gibt aber auch Tages-Spas und Wellness-Anwendungen von kleineren Anbietern, u. a. Al Hammam und Green Care Spa in Chania oder Agigma in Rethymno *(siehe S. 153)*.

Anwendungen

Das Angebot der Wellness-Hotels reicht von therapeutischen Anwendungen über Ayurveda-Kuren, von kosmetischen Behandlungen bis hin zu Fitnessprogrammen mit Personal Trainer. In Hotels, die mit Schönheitschirurgen zusammenarbeiten, kann man sich Botox spritzen lassen.

Ob Hot-Stone-, Fußreflexzonen-, Klangschalen- oder Bindegewebsmassagen – zum Grundangebot gehören verschiedenste Techniken, die von Fachkräften ausgeführt werden. Häufig kommt dabei das kretische Olivenöl mit seinen hautfreundlichen Wirkstoffen zum Einsatz. Auch die vitalisierenden und entspannenden Heilkräuter der Insel werden bei der Aromatherapie oder bei Anwendungen mit heißen Kräuterstempeln genutzt.

Kreta ist zudem der ideale Ort für stressabbauende Thalasso-Therapien. Hierzu gehören u. a. Algen- und Schlickpackungen, die den Körper mit

Traumblick aufs Meer: Infinity-Meerwasserpool des Daios Cove in Agios Nikolaos

Aquila Elounda Village – luxuriöser Rückzugsort an der Mirabello-Bucht

Mineralstoffen und Spurenelementen versorgen, hydrotherapeutische Anwendungen und Massagen. Sonne und reine Luft tragen dazu bei, dass die Heilkräfte von Meerwasser, Seeklima und Algen ihre ganze Wirkung entfalten können.

Yoga

Körperliche Übungen, Training von Atemtechniken, Konzentrations- und Meditationspraktiken und nicht zuletzt Routinen zur Tiefenentspannung, Steigerung der Achtsamkeit und der Bewusstheit – Yoga bietet für gestresste Zeitgenossen sicherlich eine hervorragende Möglichkeit, Gelassenheit zu finden und die Vitalität zu steigern.

Die ganzheitliche Lehre wird auf Kreta seit Langem praktiziert, nämlich seitdem die Hippies in den 1960er Jahren die Insel entdeckten. Heute finden Anfänger und Profis exzellente Bedingungen, um Körper, Geist und Seele in Harmonie zu vereinen – die traumhafte Landschaft trägt entscheidend dazu bei. Kreta hat sich mittlerweile zum Hotspot der internationalen Yoga-Szene entwickelt, die sich ursprünglich an der Südküste traf.

Aromaöle schmeicheln der Haut

Dort sind etwa **Yoga Rocks**, **Yoga On Crete** und **Yoga Plus** bekannte Retreats.

Yoga-Reisen nach Kreta kann man bei diversen Spezialanbietern buchen, etwa **Kretakreativ** oder **Yogatravel**. Häufig kombinieren diese Veranstalter Yoga-Kurse mit weiteren kreativen Angeboten wie Malen oder Töpfern oder gesundheitlichen Praktiken wie Feldenkrais oder Wandern. Ein informatives Portal für Yoga-Reisen verschiedener Veranstalter ist Yoga on Holiday (www.yoga-on-holiday.com).

Nicht wenige Gäste schätzen die Ruhe und Abgeschiedenheit der Südküste rund um die Yoga-Hochburg Triopetra. Doch auch das Angebot der großen Wellness-Hotels an der Nordküste wird gern angenommen. Diese haben in der Regel Yoga- sowie Pilateskurse im Programm – u. a. Daios Cove und Ikaros Beach.

Ein neuerer Trend ist Paddleboard Yoga, wie es z. B. **SUP Yoga** anbietet. Es gewinnt immer mehr Anhänger, da es in der Natur praktiziert wird. Zudem stellt das Paddleboard als instabile, auf dem Wasser schwimmende Unterlage eine besondere Herausforderung dar.

Auf einen Blick

Wellness-Hotels

Amirandes Grecotel Exclusive Resort
71110 Kato Gouves.
☎ 28970 41103.
🌐 amirandes.com

Aquila Elounda Village
72053 Elounda.
☎ 28410 41802.
🌐 aquilahotels.com

Blue Palace Resort & Spa
72053 Elounda.
☎ 28410 65500.
🌐 bluepalace.gr

Daios Cove Luxury Resort & Villas
Vathi, 72100 Agios Nikolaos.
☎ 28412 00488.
🌐 daioscovecrete.com

Ikaros Beach Luxury Resort & Spa
70007 Malia.
☎ 28970 31268.
🌐 ikarosvillage.gr

Minos Beach Art Hotel
72100 Agios Nikolaos.
☎ 28410 22345.
🌐 minosbeach.com

Mythos Palace Resort and Spa
73007 Georgioupoli.
☎ 28250 61713.
🌐 mythos-palace.gr

Porto Elounda Golf & Spa Resort
72053 Elounda.
☎ 28410 68000.
🌐 portoelounda.com

Sensimar Royal Blue Resort & Spa
74057 Panormos Geropotamos.
☎ 28340 55000.
🌐 royalblueresort.com

Yoga

Kretakreativ
Klaus-Honauer-Str. 1, 83512 Wasserburg.
☎ (08071) 27 81.
🌐 kretakreativ.eu

SUP Yoga
73131 Loutraki Beach (Chania).
☎ 69455 00939.
🌐 paddleboardyoga.net

Yoga On Crete
73011 Chora Sfakion.
☎ 28250 91109.
🌐 yogaoncrete.gr

Yoga Plus
74053 Agios Pavlos.
☎ +44 1 582 724214.
🌐 yogaplus.co.uk

Yoga Rocks
74053 Triopetra-Lambi.
☎ 69427 71543.
🌐 yogaholidaysgreece.com

Yogatravel
Buttermelcherstr. 11–15, 80469 München.
☎ (089) 39 88 11.
🌐 yogatravel.de

GRUND-
INFORMATIONEN

Daten und Fakten

Geografische Daten

Fläche: 8261 km^2 (größte griechische und fünftgrößte Insel im Mittelmeer), zusammen mit den umliegenden Inseln 8336 km^2

Ausdehnung:
West–Ost 254 km, Nord–Süd 12–60 km

Naturräume: Gebirge von West nach Ost: Lefka Ori (Weiße Berge), Psiloritis-Massiv, Asterousia-, Dikti- und Tripiti-Gebirge. Dazwischen die Hochebenen von Omalos, Nida und Lasithi sowie Messara-Tiefebene. Steilküste im Süden, Flachküste im Norden.

Höchste Berge: Psiloritis (Idi-Gebirge) 2456 m, Pachnes (Lefka Ori) 2453 m

Küstenlänge: 1066 km

Entfernung von Iraklio

Asien (Türkei)	180 km
Afrika (Libyen)	294 km
Athen	342 km
Wien	2048 km
München	2373 km
Zürich	2685 km
Berlin	2960 km

≈ Meere

Norden: Kretisches Meer
Süden: Libysches Meer
Osten: Karpathisches Meer

⊕ Lage

34°55' bis 35°41' nördlicher Breite,
23°31' bis 26°18' östlicher Länge

⏱ Zeitzone

Osteuropäische Zeit (OEZ) bzw. Osteuropäische Sommerzeit (OESZ; Ende März–Ende Okt)

📄 Verwaltung

Flagge von Griechenland

Griechenland: Die Hellenische Republik (Elliniki Dimokratia) ist seit 1975 eine parlamentarische Demokratie mit dem Staatspräsidenten als Staatsoberhaupt.

Zusammen mit den umliegenden kleinen Inseln bildet Kreta eine der 13 Regionen *(periferia)* des Landes. Diese sind in Gemeinden *(dimos)* unterteilt. Die Regionen haben eine eigene Verwaltung und werden von einem Gouverneur und einem Regionalrat regiert.

Kretas Flagge (1898–1913)

Die Hauptstadt der Region Kreta (Periferia Kriti) ist Iraklio. Die größte Stadt aller griechischen Inseln ist zugleich die viertgrößte Stadt Griechenlands, ein bedeutendes Wirtschaftszentrum und Kretas wichtigster Verkehrsknotenpunkt.

🧍🧍 Bevölkerung

Einwohner: 625 000 (etwas weniger als das Bundesland Bremen)
Bevölkerungsdichte: 72 Einwohner/km^2 (etwa ein Drittel der Bevölkerungsdichte Deutschlands)

Hauptstadt: Iraklio: 174 000 Einwohner (etwa so viele wie Saarbrücken)
Knapp 28 % der gesamten Inselbevölkerung leben in Iraklio.

Weitere Städte:
Chania: 54 000 Einwohner
Rethymno: 34 000 Einwohner
Ierapetra: 16 000 Einwohner
Agios Nikolaos: 12 000 Einwohner

Sprachen und Schrift: Neugriechisch (Standard Modern Greek), die Amtssprache Griechenlands, gilt auch für Kreta. In Touristenzentren wird zudem meist Deutsch und Englisch gesprochen, viele junge Kreter auf dem Land sprechen Englisch.
   Als Schrift wird das griechische Alphabet verwendet. Auf Verkehrsschildern stehen Ortsnamen auch in lateinischer Schrift.

◀ Fähren im Hafen von Iraklio *(siehe S. 72–81)*

 Wirtschaft

Beschäftigungsstruktur: Rund die Hälfte der Erwerbstätigen sind selbstständig beschäftigt. Die meisten sind im Dienstleistungs- und Tourismussektor tätig, der etwa 70 % des Bruttoinlandsprodukts (BIP) der Insel erwirtschaftet. Jeweils rund 15 % des BIP stammen aus Landwirtschaft und Industrie (v. a. Lebensmittel- und Bauindustrie).

Exportschlager: Kreta ist ein Hauptproduzent für Oliven und Olivenöl in Griechenland, mehr als ein Drittel des griechischen Olivenöls stammt von der Insel. Exportiert werden zudem Wein, Gemüse und Obst (v. a. Trauben und Zitrusfrüchte).

Universitäten: Die Universität Kreta hat ihren Sitz in Iraklio und Rethymno, die Technische Universität Kreta in Chania.

Tourismus: Jährlich rund 2,5 bis drei Millionen Urlauber. Die meisten Besucher kommen aus Deutschland, Großbritannien, Russland, Frankreich und Skandinavien.

✈ Verkehr

Flugverkehr: Die Insel besitzt zwei internationale Flughäfen. Der Airport Nikos Kazantzakis in Iraklio ist mit jährlich rund sechs Millionen Passagieren Griechenlands größter Airport nach Athens Eleftherios-Venizelos-Flughafen. Chanias Airport Daskalogiannis rangiert mit rund 2,5 Millionen Passagieren an fünfter Stelle in Griechenland.

Kreuzfahrttourismus: In Iraklio und Chania (Souda) liegen zwei der wichtigsten Waren- und Passagierhäfen im östlichen Mittelmeer. In Bezug auf das Passagieraufkommen ist Iraklio nach Piräus in Athen Griechenlands wichtigster Hafen. 2015 legten hier über 170 Kreuzfahrtschiffe an.

Straßenverkehr: E65 und E75, die 200 km lang von West (Kastelli Kissamou) nach Ost (Sitia) verlaufen, werden abschnittsweise zur Autobahn 90 ausgebaut. Von Nord nach Süd und entlang der zentralen Südküste führen einige gut ausgebaute Straßen. Der Straßenzustand ist stark schwankend.

Klima

Temperaturen

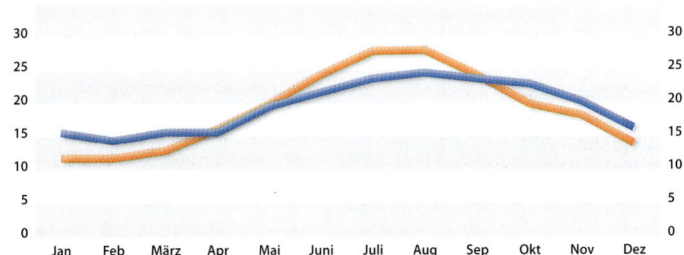

— Mittlere Tagestemperatur (mittags) in °C
— Mittlere Wassertemperatur in °C

Sonnenstunden und Regentage

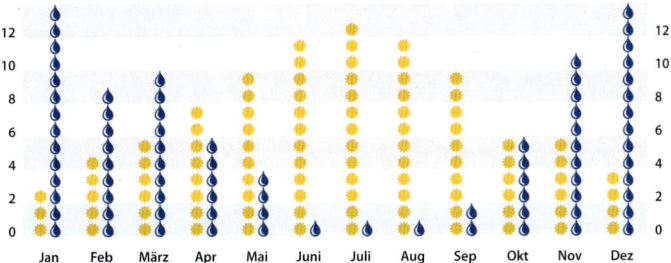

● Durchschnittliche tägliche Sonnenstunden
● Durchschnittliche Regentage pro Monat

Historischer Überblick

Minoische Paläste, griechisch-römi-
che Städte, venezianische Festungen, osmanische Moscheen – Kreta hat eine wechselvolle Geschichte.

Minoischer Schmuck

ab ca. 3000 v.Chr. Minoische Kultur

um 2000 v.Chr. Erster Palast in Knossos

3000 v. Chr.

2000 v. Chr.

ca. 1750/1700–1450 v.Chr. Zweiter Palast in Knossos

ca. 1450–1200 v.Chr. Durch eingewanderte Mykener vom griechischen Festland bildet sich eine mykenisch-minoische Kultur

1000 v. Chr.

ab ca. 700 v.Chr. Dorer vom griechischen Festland gründen Stadtstaaten auf Kreta

ca. 450 v.Chr. Gortyns Stadtrecht zählt zu Europas ältesten erhaltenen Gesetzen

67 v.Chr. Kreta wird zur römischen Provinz

0

21. Juli 365 Schweres Erdbeben

395–1204 Kreta gehört zum Byzantinischen Reich, ab **1054** zur orthodoxen Kirche und erblüht ab etwa **1000** wirtschaftlich

823–961 Sarazenen aus dem maurischen Spanien erobern die Insel. Ihr Zentrum wird Rabat el Kandak (Iraklio)

1000

1100

Sarazenische Flotte auf dem Weg nach Kreta

1218–1669 Während der venezianischen Herrschaft (Regno di Candia) regiert in Candia (Iraklio) ein Statthalter Venedigs. Zahlreiche Kastelle entstehen – auch zum Schutz gegen Seeräuber. Die Bevölkerung muss hohe Abgaben zahlen

1200

1303 Ein Erdbeben zerstört u. a. die Festung von Iraklio

1300

1400

1453 Nach dem Fall Konstantinopels flüchten byzantinische Künstler und Gelehrte nach Kreta

Hafen von Chania, 1252 von den Venezianern ausgebaut

1500

1600

ab 1645 Angriffe der Osmanen, die Hauptfestung Candia (Iraklio) wird 21 Jahre lang belagert

1669–1897 Unter der osmanischen Herrschaft treten viele Kreter zum Islam über.
1770 Scheitern des Aufstands unter Führung von Daskalogiannis gegen die Osmanen

1700

1800 — **19. Jh.** Nach Ausbruch der Griechischen Revolution **1821** verstärken sich auf Kreta Aufstände gegen die Osmanen

1820 — **1823** Osmanisches Massaker in der Milatos-Höhle mit rund 2000 kretischen Opfern

— **1830** Souveränes Griechenland ohne Kreta, das von Ägypten verwaltet wird

1840 — **1840** Kreta fällt erneut unter osmanische Herrschaft, **1841** und **1858** erschüttern Aufstände die Insel

Moschee in Chania aus osmanischer Zeit

1860 — **9. November 1866** Nach erneuten Volksaufständen dringen osmanische Truppen in das Kloster Arkadi ein. Es kommt zum Massenselbstmord: Bei der Explosion des Pulverlagers sterben Hunderte im Kloster verschanzte Kreter

1880 — **1889** Ein Aufstand führt zu bürgerkriegsähnlichen Zuständen

1898–1913 Autonomie Kretas als ein unter Großbritannien (Iraklio), Frankreich (Lasithi), Russland (Rethymno) und Italien (Chania) aufgeteiltes Protektorat

1900

— **1913** Londoner Vertrag: Kreta wird Teil Griechenlands

Flagge des autonomen Kreta (1898–1913)

1920 — **1923** Vertrag von Lausanne: Über 50 000 Türken verlassen Kreta, dafür kommen aus Kleinasien vertriebene Griechen

1940 — **1941–1945** Deutsche Besatzung

— **1946–1949** Griechischer Bürgerkrieg

— **1952** Griechenland wird NATO-Mitglied

1960 — **1967–1974** Militärdiktatur

— **seit den 1970er Jahren** Insel-Tourismus

Die USS *Harry S. Truman* vor Kreta

— **1975** Griechenland wird Demokratie, 90 Prozent der Kreter stimmen bei der griechischen Volksabstimmung für die Republik und gegen die Monarchie

1980

— **1981** Griechenland wird zehntes Mitglied der EWG

2000 — **2002** Einführung des Euro

— **seit 2010** Staatsschuldenkrise. Nur mithilfe der europäischen Partner kann der Staatsbankrott verhindert werden

2020

Der Staatsmann Eleftherios Venizelos (1864–1936) kämpfte für Kretas Vereinigung mit Griechenland. Sein Porträt ziert die 50-Cent-Münze

Praktische Hinweise

Kreta ist ein beliebtes Reiseziel, in dem fast das gesamte Jahr die Sonne scheint. Dank ihrer landschaftlichen Vielfalt und jahrtausendealten Geschichte kann man auf der schönen Mittelmeerinsel vor allem in der Saison zwischen Frühjahr und Spätherbst einen nach persönlichen Interessen maßgeschneiderten Urlaub verbringen. Informationen über die diversen Möglichkeiten erhält man etwa bei den Büros der Griechischen Zentrale für Fremdenverkehr. Kreta ist zudem ein unproblematisches Reiseziel, das leicht erreicht und erkundet werden kann. Wie in anderen EU-Staaten gelten jedoch auch in Griechenland einige wenige länderspezifische Regeln, die man als Gast kennen und beachten sollte – einem entspannten Urlaub steht dann nichts mehr im Weg.

Briefkästen mit Beschriftung in griechischer und lateinischer Schrift

Unerlaubter Grenzübertritt

Griechenland ist ein wichtiges Einreiseland in die EU und den Schengenraum. Denken Sie daran, dass Sie ein Delikt begehen, wenn Sie Personen ohne gültige Papiere und Aufenthaltserlaubnis über die Grenze bringen. Auch wenn dies unwissentlich geschieht, weil Sie z. B. einen Anhalter in Patras oder Igoumenitsa auf die Fähre Richtung Italien mitnehmen, kann ein solches Vorgehen als Menschenschmuggel bewertet und bestraft werden.

Beste Reisezeit

Die Badesaison beginnt Ende April und dauert bis Anfang November. Allerdings ist das Meer zu Beginn ziemlich frisch, schneller erwärmt es sich an der Südküste.

Mit einer stabilen Schönwetterlage kann man von Mai bis Mitte Oktober rechnen. Besonders schön ist der Frühling, der Ende März beginnt. Bis in den Juni ist Kreta grün und mit Blüten übersät. Das Frühjahr ist ideal für Naturfreunde und Kulturinteressierte. Sehenswürdigkeiten sind in dieser Zeit nicht überlaufen, für den Besuch von Ausgrabungsstätten herrschen angenehme Temperaturen. Gleiches gilt für die Nachsaison von Mitte September bis Anfang November.

Die Hochsaison dauert von Juli bis September, Spitzenwerte erreichen die Urlauberzahlen im August. Das Thermometer klettert in dieser Zeit regelmäßig über 30 °C – ideal für einen Strandurlaub und Wanderungen im Hochgebirge.

Einreise und Zoll

Griechenland gehört zum Schengenraum, für EU- und Schweizer Bürger gibt es keine Formalitäten bei der Ein- und Ausreise. Sie sind jedoch verpflichtet, einen gültigen Personalausweis oder Reisepass mitzuführen. Auch Kinder jeden Alters benötigen einen eigenen Ausweis.

Für EU-Bürger bestehen keine Beschränkungen für die Einfuhr von Waren für den persönlichen Bedarf. Als Richtwerte gelten z. B. 800 Zigaretten und zehn Liter Spirituosen mit einem Alkoholgehalt über 22 Prozent. Für Schweizer sind die Höchstmengen niedriger angesetzt. Sie dürfen 200 Zigaretten und einen Liter Spirituosen mitbringen. Detaillierte Informationen erhalten Sie auf der Website der **Europäischen Kommission**.

Verteidigungssprays sind in Griechenland verboten, selbst wenn sie andernorts frei verkäuflich sind. Gleiches gilt für Waffen, z. B. für große Messer.

Antike Fundstücke und Antiquitäten

Eigentlich selbstverständlich: Es ist streng verboten, Steine von archäologischen Stätten mitzunehmen. Für Diebstahl, Beschädigung, illegale Ausgrabung und Ausfuhr solcher Stücke drohen Haftstrafen. Für die Ausfuhr von Antiquitäten benötigt man die Genehmigung des Kulturministeriums.

Information

Die **Griechische Zentrale für Fremdenverkehr (GZF)**, griechisch **Ellenikos Organismos Tourismou (EOT)**, unterhält in Deutschland und Österreich Büros. Dort erhalten Sie Informationsmaterial, Karten und Prospekte.

Auf Kreta befinden sich EOT-Büros in Iraklio, Chania und Rethymno. Am besten ausgestattet ist die moderne Filiale in Iraklio *(siehe S. 73)*. Tourismusbüros gibt es auch in Sitia und Agios Nikolaos. Informationen erhält man zudem bei der Touristenpolizei *(siehe S. 176)*.

"ΚΑΣΤΕΛΛΙ"
"KASTELLI"
Παραδοσιακό Χωριό
Traditional Cretan Village
ΔΗΜΟΣ ΑΓΙΟΥ ΝΙΚΟΛΑΟΥ

Braune mehrsprachige Schilder verweisen auf Sehenswürdigkeiten

Kulturfreunde können sich über die staatlichen Museen, archäologischen Stätten und UNESCO-Welterbestätten des Landes auf dem Internet-Portal Odysseus des griechischen **Kulturministeriums** informieren. Ein breites Spektrum von Natur- und Kulturthemen behandelt das **Kreta Umweltforum** auf seiner Website – Vorschläge für Touren inklusive.

Aktuelle Reiseinformationen gibt es auf den Websites der diplomatischen Vertretungen oder des **Auswärtigen Amtes**.

Etikette
Legere, luftige Kleidung wird überall akzeptiert, allerdings sollte man Bikini und Co. nur am Strand tragen und durch Ortschaften nicht mit nacktem Oberkörper spazieren. Bei der Besichtigung von Klöstern sollten Hosen und Röcke über die Knie reichen und die Schultern bedeckt sein. Vermeiden Sie auch tiefe Ausschnitte.

Sprache und Schrift
Auf Kreta wird wie in ganz Griechenland Neugriechisch gesprochen und das griechische Alphabet verwendet. In Städten und Urlaubszentren kann man sich jedoch gut auf Englisch verständigen, viele Kreter sprechen auch ein wenig Deutsch.

Wegweiser, Verkehrs- und Straßenschilder sind griechisch und englisch beschriftet.

Öffnungszeiten
Die Öffnungszeiten auf Kreta sind unberechenbar. In diesem Reiseführer wurden die aktuellen angegeben, doch sie können sich kurzfristig ändern.

Ermäßigungen
Für Jugendliche bis zu 18 Jahren ist der Eintritt zu staatlichen Museen und archäologischen Stätten frei. In vielen weiteren Museen zahlen sie reduzierte Eintrittspreise. Gleiches gilt für Studenten aus Griechenland und EU-Ländern mit **Internationalem Studentenausweis (ISIC)**. Studenten aus Nicht-EU-Ländern sowie Senioren ab 65 erhalten auch Ermäßigungen. Die Rabatte sind nicht immer angeschlagen, fragen Sie einfach nach.

Jugendliche und Studenten sowie Senioren zahlen zudem bei vielen Fährlinien reduzierte Preise. Erkundigungen lohnen sich in den meisten Fällen.

Öffentliche Toiletten
Ungewohnt, aber notwendig: Damit die Toiletten nicht verstopfen, wirft man das Papier in einen hierfür aufgestellten Eimer.

Internationaler Studentenausweis

Auf einen Blick

Diplomatische Vertretungen

Deutschland
Deutsche Botschaft
Karaoli/Dimitriou 3,
10675 Athen.
📞 + 30 21072 85111.
🌐 athen.diplo.de

Honorarkonsulat
Goethe-Zentrum,
Digeni Akrita 1/Iroon Polytechniou,
73100 Chania.
📞 + 30 28210 68876.
Honorarkonsulat
Dikeossinis 7,
71202 Iraklio.
📞 + 30 2810 26288.

Österreich
Österreichische Botschaft
Vasilissis Sofias 4,
10674 Athen.
📞 + 30 21072 575270.
🌐 bmeia.gv.at/botschaft/athen.html

Schweiz
Schweizer Botschaft
Iassiou 2, 11521 Athen.
📞 + 30 21072 30364.
🌐 eda.admin.ch/athen

Griechenland
Botschaft in Deutschland
Jägerstr. 54–55,
10117 Berlin.
📞 +49 30 20 62 20.
🌐 mfa.gr/germany/de/the-embassy
Botschaft in Österreich
Argentinierstraße 14,
1040 Wien.
📞 +43 1 506 15.
🌐 mfa.gr/missions abroad/de/austria

Botschaft in der Schweiz
Weltpoststr. 4,
3000 Bern 15.
📞 +41 31 356 14 14.
🌐 mfa.gr/bern

Auswärtiges Amt
🌐 auswaertiges-amt.de

Zoll

Europäische Kommission
🌐 ec.europa.eu/taxation_customs

Information

Griechische Zentrale für Fremdenverkehr
Zweisprachiges Portal
(griechisch/englisch)
🌐 visitgreece.gr

Deutschland
Holzgraben 31,
60313 Frankfurt am Main.
📞 +49 69 257 82 70.

Österreich
Opernring 8a,
1010 Wien.
📞 +43 1 512 31 70.

Griechisches Kulturministerium
Zweisprachiges Portal
(griechisch/englisch)
🌐 odysseus.culture.gr

Kreta Umweltforum
🌐 kreta-umweltforum.de

Ermäßigungen

Internationaler Studentenausweis ISIC
🌐 isic.de

Sicherheit und Gesundheit

Im Vergleich mit anderen europäischen Urlaubsregionen ist Kreta ein sicheres Reiseziel mit einer relativ niedrigen Kriminalitätsrate. Dennoch sollte man auch hier die üblichen Vorsichtsmaßnahmen treffen. Vorsicht und Vernunft sind beim Schwimmen im Meer und bei sportlichen Aktivitäten gefragt. Und nicht zuletzt kann ein gewisser Respekt vor der Kraft der Sonne auf Europas südlichster Insel nicht schaden. Falls dennoch Probleme auftreten, können Sie sich an die (Touristen-)Polizei oder an Ärzte und Apotheken vor Ort wenden.

Persönliche Sicherheit

Wie überall sollte man auch auf Kreta einfache Vorsichtsmaßnahmen beherzigen: Schließen Sie Ihr Hotelzimmer ab, und verwahren Sie Wertgegenstände und Papiere wenn möglich in einem Safe. Lassen Sie auch keine Wertgegenstände im Auto liegen, sperren Sie Ihr Fahrzeug immer sorgfältig ab. Nehmen Sie sich zudem vor allem an belebten touristischen Zielen, auf Märkten und in Menschenmengen vor Taschendieben in Acht.

Bei Problemen ist in Städten und Ferienorten die Touristenpolizei die erste Anlaufstelle. Sie ist für Urlauber zuständig, nimmt Beschwerden entgegen (z. B. über Taxifahrer) und fungiert mit Kartenmaterial und Broschüren auch als Informationsbüro. Hier erfahren Sie zudem alles Notwendige über ärztliche Notdienste. Touristenpolizisten können gegebenenfalls für Sie bei der Polizei dolmetschen.

Ansonsten können Sie sich auf der ganzen Insel an die griechische Polizei wenden. Dort erstatten Sie auch bei einem Diebstahl Anzeige. Wenn Sie eine Reisegepäckversicherung besitzen, brauchen Sie einen Nachweis, um nach der Reise bei Ihrer Versicherung Ansprüche geltend machen zu können.

Schusswaffen

Auf Kreta sind viele Schusswaffen in Gebrauch, die teils noch aus dem Zweiten Weltkrieg stammen. Sie kommen häufig bei Hochzeiten oder sonstigen großen privaten Feiern zum Einsatz. *Balothies* heißt der Brauch, zu solchen Gelegenheiten Freudenschüsse in die Luft abzufeuern.

Als Urlauber kommt man mit Schusswaffen in der Regel nur indirekt in Berührung: Un-

terwegs sieht man viele Verkehrsschilder, die teils so zerschossen sind, dass man sie kaum mehr lesen kann.

Achtung, Sonne!

Auf Kreta kann die Sonne enorme Kraft entwickeln. Bereits im April steigt die Gefahr eines Sonnenbrands. Sie sollten deshalb an eine Sonnencreme mit hohem Lichtschutzfaktor denken. Halten Sie sich zumindest zu Beginn Ihrer Reise bevorzugt im Schatten auf, und schützen Sie Ihre Augen mit einer Sonnenbrille mit gutem UV-Schutz.

Eine Kopfbedeckung ist darüber hinaus eine wichtige Vorsichtsmaßnahme gegen einen Sonnenstich, der sich u. a. durch Schwindel und Übelkeit bemerkbar macht. Achten Sie in der Hitze auch darauf, stets ausreichend zu trinken. Wer zu wenig Flüssigkeit zu sich nimmt, kann z. B. Kopfschmerzen und Schwächegefühle entwickeln.

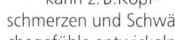

Schwimmweste für Bootsfahrten

Halten Sie es wie die Kreter. Ziehen Sie sich von Mittag bis zum späten Nachmittag in den Schatten zurück.

Gefahren im Meer

Rettungsschwimmer sind nur an einigen Stränden im Einsatz. Halten Sie sich auch hier an übliche Vorsichtsregeln. Un-

Straßenschilder – mit Vorliebe als Schießscheiben zweckentfremdet

Apotheke – am grünen Kreuz erkennbar

terschätzen Sie die Kraft von Wind und Strömungen nicht, schwimmen Sie nicht zu weit hinaus. Auf Booten bieten Schwimmwesten Sicherheit.

Auf Kreta gibt es weder auf dem Land noch im Wasser gefährliche Tiere. Schmerzhaft können jedoch Zusammenstöße mit Quallen sein. Das Nesselgift verursacht heftiges Brennen. Waschen Sie die Stellen mit Meerwasser, oder reiben Sie sie mit Sand ab. Auch Antihistamine sind hilfreich.

Schmerzhaft sind die Stacheln von Seeigeln, die oft an Felsen sitzen. Petermännchen haben giftige Stacheln. Die Fische mit dem grantigen Gesichtsausdruck vergraben sich im Sand. Sie sollten sich an einen Arzt wenden, falls die Schmerzen sehr stark sind, die Stacheln sich nicht entfernen lassen oder allergische Reaktionen auftreten.

Medizinische Versorgung
In allen Städten gibt es Krankenhäuser. Darüber hinaus stellen die mit einem roten Kreuz ausgeschilderten Gesundheitszentren *(Kentro Ygeias)* die medizinische Versorgung auch in kleineren Ortschaften sicher. Auf ganz Kreta findet man zudem (Zahn-)Arztpraxen. Ärzte und Zahnärzte sprechen oft Englisch und häufig auch Deutsch, da viele einen Teil ihrer Ausbildung im Ausland absolviert haben.

Erste-Hilfe-Set

Gesetzlich krankenversicherte Bürger der EU haben bei Vorlage der europäischen Krankenversicherungskarte (EHIC) Anspruch auf Behandlung bei Ärzten, Zahnärzten, in Gesundheitszentren und Krankenhäusern, wenn diese dringend erforderlich ist. In der Regel muss man die Behandlung bei Ärzten, Zahnärzten und in Privatkliniken vor Ort bar bezahlen und kann die Rechnung nach der Rückreise bei der eigenen Krankenkasse zur Rückerstattung einreichen.

Es empfiehlt sich jedoch dringend, eine Auslandsreisekrankenversicherung abzuschließen. Sie sollte die Kosten für einen notwendigen Krankenrücktransport in das Heimatland sowie die Behandlung bei Privatärzten oder in Privatkliniken übernehmen. Diese sind üblicherweise besser ausgestattet als die staatlichen Einrichtungen.

Manche Kreditkarten beinhalten eine Reisekranken- und Reiserücktrittsversicherung, die sich je nach Vertrag auch auf mitreisende Familienmitglieder erstrecken kann. Erkundigen Sie sich bei Ihrem Kreditkartenunternehmen nach den für Sie gültigen Konditionen.

Apotheken
Griechische Apotheken *(Farmakeio)* sind am grünen Kreuz erkennbar, das oft als tanzende Lichtreklame die Aufmerk-

samkeit auf sich zieht. Apotheken haben in der Regel montags bis freitags von 8.30 bis 14 Uhr und von 16 bis 19.30 Uhr geöffnet, samstags von 8.30 bis 16 Uhr. Allerdings können diese Öffnungszeiten lokal variieren. Einige Apotheken haben auch nur vormittags und niemals am Samstag geöffnet, andere sind abends bis 21 Uhr offen. An geschlossenen Apotheken ist auf Griechisch und in Städten und Urlaubszentren häufig auch auf Englisch angeschlagen, welche Apotheken im Umkreis aktuell Notdienst haben.

Griechische Apotheker sind hoch qualifiziert und können bei kleineren Unfällen oder Verletzungen umfassend helfen. Die meisten sprechen gut Englisch. Reisende sollten jedoch unbedingt benötigte Medikamente von zu Hause mitnehmen. Wegen der andauernden Kapitalverkehrskontrollen sind gelegentliche Engpässe bei importierten Medikamenten möglich.

Auf einen Blick

Notrufnummern

Europäische Notrufnummer
112 (kostenlos).

Polizei
100.

Touristenpolizei
171.

Ambulanz
166.

Notfalldienst Krankenhäuser, Gesundheitszentren und Apotheken
1434.

Küstenwache
108.

Feuerwehr
199.

Pannenhilfe
10400.

Banken und Währung

In den Städten und Urlaubszentren entspricht das Bankenwesen internationalem Standard. Dort ist das Netz an Bankfilialen und Geldautomaten dicht, sodass weder Geldwechsel noch Bargeldabhebungen ein Problem darstellen. Girocard und Kreditkarten werden weithin akzeptiert. In abgelegeneren Regionen sollte man sich jedoch vor Touren mit ausreichend Bargeld (vorwiegend mit kleineren Scheinen) versorgen.

NATIONAL BANK OF GREECE

Logo der NBG, des größten
Kreditinstituts Griechenlands

Banken und Geldwechsel

Die größten Banken in Griechenland (und auch auf Kreta) sind Ethniki Trapeza tis Ellados (National Bank of Greece, NBG), Alpha Bank, Piraeus Bank und Eurobank. Die Filialen sind in manchen Gebieten der Insel allerdings eher dünn gesät. In der Regel haben Banken montags bis donnerstags von 8 bis 14 Uhr sowie freitags von 8 bis 13.30 Uhr geöffnet.

In Urlaubsorten und an Flughäfen sind die Öffnungszeiten meist länger. In kleinen Orten kann es vorkommen, dass Filialen nur tageweise zu bestimmten Stunden öffnen.

Griechenlands Zahlungsmittel ist der Euro. Bargeld in anderen Währungen kann in Banken und Postämtern gewechselt werden, zudem in den Wechselstuben der Flug- und Fährhäfen und in großen Hotels.

Wegen der griechischen Staatsschuldenkrise gibt es seit 2015 Kapitalverkehrskontrollen. Für von ausländischen Geldinstituten ausgegebene Bankkarten gelten nach Angaben der griechischen Behörden keine besonderen Beschränkungen im Hinblick auf die Höhe von Geldabhebungen.

Geldautomaten

Vor allem in Städten und in den Urlaubsorten finden sich zahlreiche Geldautomaten. Mit den gängigen Kredit- und Debitkarten können Sie an den Automaten Geld bis zu Ihrem individuellen Tageslimit abheben (beachten Sie die Gebühren Ihrer Bank).

Kredit- und Debitkarten

Kreditkarten wie **Visa** und **MasterCard**, aber auch **American Express** und **Diners Club** werden auf Kreta akzeptiert. Am Eingang von Hotels, Restaurants und Läden sind die entsprechenden Logos der Geldinstitute abgebildet.

An vielen Geldautomaten kann man auch mit Debitkarten wie der **girocard** (früher EC- bzw. Maestro-Karte) Geld abheben. Es gibt sie in zwei Ausführungen, mit Maestro- oder mit VPay-Logo. Beide Ausführungen funktionieren gleichermaßen.

Kreditkarten sind die beste Zahlungsweise für Flug- und Fährtickets, Hotels und Mietwagen. Auch mit der girocard kann man in manchen Restaurants und Läden bezahlen.

ALPHA BANK

Logo der Alpha Bank

Preiswerte Unterkünfte, Tavernen, auch viele Restaurants, Tankstellen und viele Läden akzeptieren meist keine Kartenzahlung.

Bargeld

Die Kreter bevorzugen immer noch Bares, auch wenn die griechische Regierung versucht, Bargeldzahlungen einzuschränken. Da Kreta ein sehr sicheres Urlaubsziel ist, können Urlauber auch problemlos Bargeld von zu Hause auf die Insel mitnehmen.

Auf einen Blick

Banken

Alpha Bank
25 Avgoustou 94, 71202 Iraklio.
☎ 28102 29563.

A. Vassiliou 2,
70014 Chersonissos.
☎ 28970 26100.

E. Venizelou 2, 73132 Chania.
☎ 28210 47230.

E. Venizelou 109, 72300 Sitia.
☎ 28430 24671.
🌐 alphabank.gr

Kartenverlust

Allg. Notrufnummer
☎ +49 116 116.
🌐 116116.eu

American Express
☎ +49 69 97 97 2000.

Diners Club
☎ +49 69 900 150 14.
☎ 210 326 0000.

MasterCard
☎ 00800 11 887 03 03.

Visa
☎ 00800 11 638 0304.

girocard
☎ +49 69 74 09 87.

Griechische Euro-Motive: der Politiker Eleftherios Venizelos (1864–1936) und die Entführung der Europa

Kommunikation

Telefonzellen der Telefongesellschaft OTE (mittlerweile unter Führung der Telekom) gibt es noch, doch gehören Mobiltelefone und Internet auf der Insel zum Standard. Die Netze der Anbieter sind in weiten Teilen flächendeckend und ermöglichen eine problemlose Kommunikation. Postämter der Griechischen Post Ellinika Tachidromia (ELTA) sind auch in kleineren Ortschaften zu finden. Informationen und Unterhaltung bieten deutschsprachige Zeitungen, TV- und Radiosender.

Jorgos und Nana telefonieren wie alle Jugendlichen mobil

Telefonieren

Öffentliche Telefonzellen der Telefongesellschaft OTE funktionieren mit Karten, die Sie an Kiosken und in vielen Läden erhalten. Mit Ihnen können Sie auch ins Ausland telefonieren.

Griechische Telefonnummern sind zehnstellig. Festnetznummern beginnen mit 2, Handynummern mit 6. Wählen Sie stets die gesamte Nummer, eine 0 als Vorwahl ist weder für Ferngespräche noch für Handynummern erforderlich.

Wenn Sie aus dem Ausland einen griechischen Anschluss anrufen, wählen Sie 0030 als Ländervorwahl und die zehnstellige Teilnehmernummer. Um in Griechenland ins Ausland zu telefonieren, wählen Sie die jeweilige Ländervorwahl *(siehe rechts)*, die Ortskennzahl ohne 0 und die Teilnehmernummer.

Mobiltelefone und WLAN

Ab Mitte Juni 2017 entfallen die Roaming-Gebühren für eine zeitweilige Nutzung von Mobiltelefonen im EU-Ausland, es gelten die jeweils nationalen Tarife.

In vielen Hotels, Lokalen und an Flughäfen steht kostenloses WLAN (»Free WiFi«) zur Verfügung.

Post

Postämter haben montags bis freitags von 7.30 bis 14 Uhr, teils auch bis 20 Uhr, geöffnet. Ein Standardbrief (als Priority Mail) oder eine Postkarte ins europäische Ausland kostet 0,90 Euro und benötigt bis zu drei Tage. Briefmarken gibt es in Postämtern und in Läden, die Postkarten verkaufen.

Roter Briefkasten für Expresspost, gelber für reguläre Post

Zeitungen und Zeitschriften

In Städten und Urlaubsorten erhält man deutschsprachige Printmedien häufig schon am Erscheinungstag. Jeden Mittwoch erscheint die deutschsprachige *Griechenlandzeitung* (www.griechenland.net).

TV und Radio

Die staatlichen und vielen privaten griechischen TV- und Radiosender bieten ein breites Programm. In den meisten größeren Hotels werden deutschsprachige TV-Sender per Satellit empfangen.

Ein äußerst informativer deutschsprachiger Internet-Radiosender ist Radio Kreta (www.radio-kreta.de).

Auf einen Blick

Post

Agios Nikolaos
28 Oktouvriu 9, 72100 Agios Nikolaos. 28410 23744.

Chania
Peridou 10, 73101 Chania (bis 20 Uhr, Sa bis 14 Uhr).
28210 28444.

Chersonissos
D. Akrita 1, 70014 Chersonissos. 28970 22022.

Ierapetra
V. Kornarou 7, 72200 Ierapetra.
28420 22271.

Iraklio
Platia Daskalogianni 1, 71001 Iraklio (bis 20 Uhr, Sa bis 14 Uhr). 28102 89994.

Rethymno
Moatsu 19, 74101 Rethymno (bis 20 Uhr). 28310 22303.

Kurier

DHL Service Point
Leof. Knossou 2, 71306 Iraklio.
28102 46312. dhl.gr

Auslandsvorwahlen

Griechenland **0030**
Deutschland **0049**
Österreich **0043**
Schweiz **0041**

Reiseinformationen

Mit rund 300 Sonnentagen im Jahr ist Kreta ein beliebtes Urlaubsziel: Zwischen zweieinhalb und drei Millionen Besucher kommen in der Saison zwischen April und November an den Flughäfen und Häfen der Insel an. Die meisten Urlauber erreichen Kreta mit dem Flugzeug und landen auf den internationalen Flughäfen in Iraklio und Chania. Von einigen Flughäfen in Griechenland wird zudem der Binnenflughafen in Sitia angeflogen. Wer mit dem eigenen Fahrzeug anreist oder schon die Reise zum Erlebnis machen möchte, lässt sich auf dem Mittelmeer den Seewind um die Nase wehen und setzt mit der Fähre von Italien nach Griechenland und weiter von Athens Hafen Piräus nach Kreta über.

Taxis vor Iraklios internationalem Flughafen Nikos Kazantzakis

Internationale Flüge

Wie die meisten Inseln ist Kreta mit dem Flugzeug leicht und bequem zu erreichen. Vom Beginn der Vorsaison im April bis zum Ende der Nachsaison Anfang November bieten zahlreiche internationale Airlines Charterflüge von verschiedenen Städten in Deutschland, Österreich und der Schweiz an. Dazu gehören airberlin, Condor, easyJet und Germanwings, Ryanair sowie die Schweizer Fluglinie Edelweiss und die österreichische Airline NIKI. Mit diesen Airlines erreicht man die Insel meist mit Direktflügen, die je nach Abflugsort zwischen 2,5 und gut drei Stunden dauern.

Auch außerhalb der Reisesaison ist Kreta von Flughäfen in Deutschland, Österreich und der Schweiz aus regelmäßig mit Linienflügen erreichbar. Die größte griechische Fluggesellschaft **Aegean Airlines** sowie **Lufthansa, Austrian, Swiss** u. a. fliegen die Insel ganzjährig direkt oder mit einem Zwischenstopp, beispielsweise in Athen, an.

Inlandsflüge

Innergriechische Flüge vom Festland und von anderen Inseln landen auf den internationalen Flughäfen in Iraklio und Chania sowie auf dem Binnenflughafen in Sitia. Sie sind vor allem für Besucher interessant, die Kreta als Teil einer Rundreise besuchen.

So verbinden die griechischen Fluglinien Aegean Airlines, **Sky Express**, Astra Airlines und **Olympic Air** Iraklio, Chania und Sitia mit Athen und Thessaloniki sowie mit Rhodos und einigen anderen griechischen Inseln.

Flughäfen

Kreta besitzt mit dem **Heraklion International Airport Nikos Kazantzakis** und dem **Chania International Airport Ioannis Daskalogiannis** zwei internationale Flughäfen.

Iraklios Airport ist der zweitgrößte Flughafen Griechenlands und platzt in der Hochsaison aus allen Nähten. Versuchen Sie deshalb bei der Abreise, sehr pünktlich zu kommen. Das Einchecken und die Sicherheitsüberprüfungen können in dem bisweilen überlasteten Flughafen relativ lange dauern.

Bei der Ankunft besteht in beiden Flughäfen die Möglichkeit, in Bankfilialen und Wechselstuben Euros abzuheben bzw. Fremdwährungen in Euro umzutauschen, etwa für die Weiterfahrt mit öffentlichen Verkehrsmitteln.

Gleich neben dem Flughafengebäude von Iraklio befinden sich Haltestellen von Linienbussen. Mit diesen kann man mehrmals täglich in rund 20 Minuten zum großen Busbahnhof in der City oder Richtung Osten in die Urlaubsorte Chersonissos und Malia fahren. Auch vom Flughafen Chania pendeln mehrmals täglich Linienbusse in rund 30 Minuten ins Stadtzentrum. Tickets erhält man im Bus.

Bei der Ankunft stehen vor beiden Flughafengebäuden

Fahrpreistafel an einem Taxistand

Kreta – beliebtes Ziel für Kreuzfahrtschiffe wie die AIDAdiva

zudem Taxis bereit, die günstig in die Stadtzentren und auch zu entfernten Orten fahren.

An beiden Flughäfen betreiben diverse Mietwagenfirmen Büros. Der Weg von der Ankunftshalle zu den jeweiligen Car Parks ist ein Katzensprung, selbst in Iraklio muss man nur über die Straße gehen. Wer seinen Mietwagen bei einem kretischen Unternehmen gebucht hat, das nicht am Flughafen vertreten ist, kann sich in der Regel dort abholen lassen. Dies gilt auch für Mietwagenfirmen in Sitia.

Fährverbindungen

Inselhüpfer erreichen Kretas Häfen an der Nordküste u. a. von Rhodos und Thira (Santorin) sowie einigen anderen Dodekanes- und Kykladen-Inseln. Ansonsten ist Kreta mit der Fähre von Athens Hafen Piräus aus zu erreichen. Von dort setzen Schiffe von **ANEK Lines**, **Minoan Lines**, **Blue Star Ferries**, **Lane Sealines** und **Hellenic Seaways** täglich nach Iraklio und Chania (Souda) sowie einmal wöchentlich nach Sitia über. Während der Saison ist das Angebot an Fährverbindungen größer und kann sich auch kurzfristig ändern *(siehe hintere Umschlaginnenseiten)*.

Wer mit dem eigenen Fahrzeug nach Kreta reist, spart sich meist die lange Reise nach Athen und wählt die kürzere Route über Italien. Von Venedig, Triest, Ancona, Bari und Brindisi setzen täglich Fähren von Minoan Lines, Blue Star Ferries, ANEK und einigen anderen Reedereien zu den griechischen Häfen Igoumenitsa und Patras über. Von dort kann man über Land nach Athen fahren, um von Piräus aus nach Kreta weiterzureisen.

Tickets für Fähren können vor der Abfahrt in den jeweiligen Häfen oder vor Ort in Reisebüros gekauft werden. Dies ist jedoch nur möglich, wenn noch Plätze vorhanden sind. Die Kabinen, in denen man auf der Überfahrt schlafen kann, sind jedoch häufig schnell ausgebucht. Gleiches gilt für die Stellplätze für Fahrzeuge.

Um auf Nummer sicher zu gehen, sollte man insbesondere in der Hochsaison und rund um Feiertage die Überfahrt schon einige Zeit vorab buchen. Die Tickets kann man in Reisebüros und direkt auf den Websites der Fährlinien erwerben. Auch auf Portalen wie **www.directferries.de**, **www.gtp.gr**, **www.greekferries.gr** und **www.greece-ferries.com** ist es möglich, Termine und Angebote der Reedereien zu vergleichen und zu buchen.

Kreuzfahrten

In Iraklio und Chania (Souda) liegen zwei bedeutende Kreuzfahrthäfen. Vom Pier in Iraklio führt ein markierter Fußweg in rund 15 Minuten in die historische Innenstadt. Noch näher liegt der Busbahnhof, von dem aus Busse in kurzen Abständen nach Knossos fahren.

Vom Hafen in Souda erreicht man mit dem Taxi in wenigen Minuten Chanias Altstadt.

Direkt in der Innenstadt liegt der Hafen von Agios Nikolaos – hier muss man nur aussteigen und kann gleich mit dem Sightseeing beginnen oder sich an den Strand legen.

Auf einen Blick

Flughäfen

Iraklio (HER)
Heraklion International Airport
N. Kazantzakis, 71601 Iraklio.
☎ +30 28103 97800.
W heraklion-airport.info

Chania (CHQ)
Chania International Airport I.
Daskalogiannis, 73100 Chania.
☎ +30 28210 83800.
W chania-airport.com

Sitia (JSH)
Sitia Public Airport, 72300 Sitia.
☎ +30 28430 24424.

Airlines

Aegean Airlines
☎ +49 06 9238 5630 (D).
W aegeanair.com

Austrian
☎ +43 5 17 66 10 00 (A).
W aua.com

Lufthansa
☎ +49 69 86 799 799 (D).
W lufthansa.com

Olympic Air
W olympicair.com

Sky Express
W skyexpress.gr

Swiss
☎ +41 848 700 700 (CH).
W swiss.com

Fähren

ANEK Lines
W anek.gr

Blue Star Ferries
W bluestarferries.com

Hellenic Seaways
W hellenicseaways.gr

Lane Sealines
W lane-kithira.com

Minoan Lines
W minoan.gr

Auf Kreta unterwegs

Kreta besitzt insbesondere an der Nordküste ein gut ausgebautes Straßennetz, am flexibelsten ist man mit einem eigenen Fahrzeug unterwegs. Doch auch mit öffentlichen Bussen erreicht man viele Orte bequem und günstig. Sie sind vor allem bei Fahrten in die Städte das Verkehrsmittel der Wahl: Dort sind während der Hauptsaison Parkplätze rar, der Verkehr kann anstrengend sein.

Straßen und Verkehr

Kretas Hauptachse ist die teils autobahnähnliche, streckenweise zweispurige Nationalstraße 90 bzw. Europastraße 65/75. Sie verbindet an der Nordküste Kastelli Kissamou, Chania, Rethymno, Iraklio und Agios Nikolaos. Sie wird *New Road* genannt und ist als *New National Road* ausgeschildert. Östlich von Agios Nikolaos ist die Straße bis Sitia sehr kurvig.

Viele kretische Straßen führen durch gebirgiges Gelände, sie sind oft kurvig und steil. Häufig haben sie schlechte Beläge und weisen Schlaglöcher auf. Teilweise ist eine Durchschnittsgeschwindigkeit von unter 30 Stundenkilometern realistisch, zumal nicht alle Straßen im bergigen Inland asphaltiert sind.

In Stadtzentren ist der Verkehr dicht und wird durch enge Einbahnstraßen geleitet. Parkplätze sind rar und zudem meist kostenpflichtig.

Achtung: Mopedfahrer überholen einen im Stadtverkehr gern links und rechts. Einfacher ist es, wenn Sie mit öffentlichen Bussen anreisen. Gewöhnungsbedürftig ist auch das Überholen auf der New Road: Wo sie nicht zweispurig ist, fahren langsamere Autos möglichst weit rechts – auch auf das Bankett –, um schnellere Fahrzeuge vorbeizulassen.

Verkehrsregeln

Raser müssen mit hohen Strafen rechnen, halten Sie sich an die erlaubten Höchstgeschwindigkeiten für Pkws (Motorräder): innerorts 50 (40) km/h, auf Landstraßen 90 (70) km/h und auf Teilen der New Road 110 (90) km/h. Gleiches gilt für Alkohol am Steuer. Hier gilt als Obergrenze 0,5 Promille.

Denken Sie zudem daran, dass Fahrzeuge im Kreisverkehr nicht Vorfahrt haben, sondern den einbiegenden Fahrzeugen Vorfahrt gewähren müssen.

Verkehrsschilder

Kretas Verkehrsschilder sind zweisprachig auf Griechisch und Englisch beschriftet, aber leider nicht immer zu sehen. Häufig sind sie bis zur Unkenntlichkeit besprüht oder zerschossen oder werden von Büschen verdeckt. An Kreuzungen stehen sie oft erst hinter den Abfahrten, sodass man sie zu spät entdeckt.

Mit dem eigenen Fahrzeug

Wer Kreta mit dem eigenen Fahrzeug bereist, muss die Zulassungsbescheinigung Teil I (bzw. Fahrzeugschein) mitführen. Empfehlenswert ist zudem die Grüne Versicherungskarte. Sie erleichtert z. B. bei einem Unfall die Abwicklung.

Die Mindestdeckungssummen für die Autohaftpflichtversicherung ist in Griechenland relativ niedrig. Erkundigen Sie sich bei Ihrem Autoversicherer, wie Sie ausreichenden Versicherungsschutz erhalten.

Tankstellen

Tankstellen sind abends meist ab 19 oder 21 Uhr sowie sonntags geschlossen, länger haben sie z. B. an der New Road geöffnet. In den Städten ist mindestens eine Tankstelle nachts in Betrieb, rund um die Uhr stehen zudem Tankstellen bei den Flughäfen zur Verfügung. Kreditkarten werden nur selten akzeptiert.

Pannenhilfe

Der griechische Automobilclub **ELPA** ist Partnerclub des **ADAC** und anderer Automobilclubs in Deutschland, Österreich sowie der Schweiz. Die ELPA-Pannenhilfe ist über die Notrufnummer 10400 erreichbar.

Autovermietung

Mietwagenfirmen finden Sie an den Flughäfen in Iraklio und Chania, in allen Städten und Urlaubsorten. Für die Anmietung braucht man den nationalen Führerschein und in der Regel eine Kreditkarte.

In Kreta gibt es viele ungeteerte Pisten, für die Fahrt zu bekannten touristischen Zielen braucht man aber keinen Geländewagen. Doch unabhängig davon, welchen Autotyp Sie mieten: Achten Sie auf die Versicherungsbedingungen.

Kann passieren: Schafherde auf einer Bergstraße

Ein von Blüten fast verdeckter kretischer Carport

Schäden an Unterboden, Reifen und Glas sind in der Regel nicht mitversichert.

Motorräder

Motorräder und Mopeds sind in allen größeren Ortschaften und Städten zu mieten. Häufig sind sie in keinem guten Zustand. Bringen Sie auch besser Ihren eigenen Helm mit.

Busse

Mit den bequemen **KTEL**-Linienbussen erreicht man alle Städte, großen Ortschaften und bekannten Sehenswürdigkeiten. Je eine Gesellschaft ist für die östlichen Regionen Iraklio und Lasithi sowie für die westlichen Regionen Chania und Rethymno zuständig. Die Tickets kauft man an den Busbahnhöfen oder, wenn man in Dörfern oder auf freier Strecke zusteigt, auch im Bus.

Die Fahrkarten für die Stadtbusse in Iraklio, Chania und Rethymno erhält man an Automaten oder Kiosken.

Taxis

Taxis kann man an der Straße stoppen oder telefonisch bestellen. In Städten und an Flughäfen gibt es Taxistände. Dort sind die Fahrpreise zu gängigen Zielen angeschlagen. Achten Sie darauf, dass das Taxameter eingeschaltet ist. Bei längeren Touren können Sie den Preis vorab vereinbaren.

Üblich ist, dass Taxifahrer Passagiere, die in dieselbe Richtung fahren, »einsammeln«. Wundern Sie sich also nicht, wenn Fremde zusteigen. Jede Partei zahlt den vollen Fahrpreis – was allgemein als korrekt angesehen wird.

Mieträder

Fahrräder und Mountainbikes werden in Städten und Ferienorten vermietet. In Iraklio und Chania stellen auch die städtischen Verwaltungen Räder zur Verfügung. In Iraklio kann man sie z. B am Jesus-Tor gegen Vorlage eines Ausweises ausleihen. In Chania meldet man sich dazu unter www.chania.cyclopolis.gr vorab an.

Schiffsverbindungen

Schiffsverbindungen sind insbesondere im Südwesten ein wichtiger Teil des Verkehrssystems. Dort erreicht man zwischen Chora Sfakion und Paleochora einige Ortschaften nur per Schiff. Fähren und Wassertaxis fahren zudem zu den vorgelagerten Inseln.

Inlandsflüge

Regelmäßige Flugverbindungen zwischen Chania, Iraklio und Sitia bieten die griechischen Fluggesellschaften Olympic Air und Sky Express (siehe S. 180f) an.

Städtische Leihräder am venezianischen Hafen, Chania

Textregister

Danksagung und Bildnachweis

Dorling Kindersley bedankt sich bei allen, die bei der Entstehung dieses Buchs mitgewirkt haben.

Programmleitung
Dr. Jörg Theilacker

Projektleitung
Stefanie Franz

Projektassistenz
Sonja Baldus, Antonia Wiesmeier

Fotografien
Jürgen Roß, Barbara Rusch

Illustrationen
Stephen Conlin, Paul Weston

Kartografie
Mohammad Hassan, Suresh Kumar, Animesh Kumar Pathak

Redaktion
Dr. Elfi Ledig

Bildredaktion, Kartenregister
Sonja Baldus

Gestaltung und Umschlag
Ute Berretz

Schlussredaktion
Philip Anton, Petra Zanner

Bildnachweis
o = oben, m = Mitte, u = unten, l = links, r = rechts, d = Detail.

Leider konnten nicht alle Urheber der Abbildungen ermittelt werden. Wir bitten dies zu entschuldigen. Bitte melden Sie sich gegebenenfalls beim Verlag.

Aego Spa Center 107o.
AIDA 181o.
Aktor 27r.
Amirandes Grecotel Exclusive Resort 156u.
Aquila Elounda Resort & Spa 44−45, 46u, 46−47m, 47r, 123u, 157o, 167o.
Aquila Porto Rethymno 165o.
Baldus, Renate 4om, 4m, 99mr, 109mr, 158l, 182o.
Beer o'Clock 105m.
Captain Nick's Glass Bottom Boat 126ol.
Casa Delfino 157u.
Creta Luxury Cruises 156l.
Creta Palace 133r.
Cretan Olive Oil 123l.
CretAquarium 95ml.
Daios Cove Luxury Resort & Villas 121r, 166u.
Dourakis Winery 97m, 97ul.
ELTA Hellenic Post 179ur.
Europäische Zentralbank 173du, 178u.
Gone Surfing 110o, 164ul, 164ur.
Grecotel Creta Palace 159o.
HeliAlpha 110u.
Manousakis Winery 127 (vier Fotos).
Mitos Art 106m.
Natural History Museum of Crete 70u.
Notos Sailing 127ul, 164o.
Odysseia Stables 70m, 163r.
Platanias Pharmacy 177o.
Roß, Jürgen 2−3, 8ul, 9o, 10−11, 12−13, 15mr, 16ml, 22o, 22u, 23u, 27o, 28−29, 41u, 46d, 51u, 55o,

64−65, 66u, 67o, 68m, 69mr, 72−73 (alle vier Fotos), 74o, 74d, 75o, 78 (alle zwei Fotos), 81d, 94u, 96 (alle zwei Fotos), 98o, 98u, 99o, 102ul, 111ml, 113mr, 115o, 117o, 117ml, 117ul, 119ul, 124, 125 (alle zwei Fotos), 126ul, 128 (alle zwei Fotos), 129o, 130 (alle Fotos), 131mr, 131u, 132o, 134o, 135 (alle drei Fotos), 137m, 137ul, 138 (alle Fotos), 139o, 140 (alle drei Fotos), 141l, 142o, 144 (alle drei Fotos), 146o, 148 (alle Fotos), 150u, 151u, 154−155, 160l, 161o, 172u, 173o, 174m, 176ul, 176ur, 180l.
Rusch, Barbara 4m, 20dml, 20−21m, 50o, 50l, 50dm, 50du, 55u, 76l, 76dl, 76−77m, 77do, 77r, 77dl, 90d, 106u, 141ul, 153do, 153l, 161d, 162l, 163o, 172do, 175o, 179ul, 180ur, 183u.
Seaside Resort & Spa 107m.
The Zap Rock & Blues Bar 122m.
Vassilakis Estate 111mr.
Visit Greece Kontos 22l, Y. Skoulas 99ml.
west-crete.com 1m, 137do.
Wines of Crete 97mu.
Wikimedia Commons mit folgenden Lizenzen:
Creative Commons 1.0 Verzicht auf Copyright Jebulon 8d, 85dr, 91m, 143ul, 143ur; Maesi64 145o, 145ml.
Creative Commons 2.0 generisch Frente 67du, 147ur; Marek Bakasja 121o; Robert Strauss 26−27m; Wolfgang Staudt 151m.
Creative Commons 2.5 generisch Afrank99 dur.
Creative Commons 3.0 AlMare 77dr; Andree Stephan 99du; Beemwej 147ul; Benoît Prieur 15o; Dkoukoul 16mr; Eemanno 121u; Froztbyte 170u, 173dm; Gerd A.T. Müller 74du; H. Zell 149u; Jaqen 92du; Jerzy Strzelecki 112o; Jose Mario Pires 94o; Jürgen Heegmann 92−93m, Lapplaender 24−25, 26l, 137ur, 144du, 145mr, 151ur; Marc Ryckaert 23o, 114u, 116o, 118u; 92dl; Max_Ryazanov 112u; Nikater 15ml, 113u; Olaf Tausch 20do, 20du, 21dul; P. Vasiliadis 118o; Pepanos 103ur; Pradigue 80u; Wolfgang Sauber 21dm, 131m; Wouter Hagens 116u.
Creative Commons 4.0 international C messier 79ml, 80o, 114o; Conrad Gesner 147mr; Jose Mario Pires 90o; Mihael Grmek 113m, 113ml; Mike Peel 91dul; Uoaei1 17u, 136u, 151o; Zde 21o, 21dmo 114dm. Gemeinfrei Aeleftherios 131o; AnonMoos 93o (alle vier Fotos); Arthur Evans 91dur; Cplakidas 172m; cs:User:-xfi- 170m; DcoetzeeBot 93r; François de Dijon 75u; Johann Bernhard Fischer von Erlach 143m; Luu 145u; Paul Farley 142u, 173mr; Ptkfgs 133du; Shakko 79mr, 79ul.
Genauere Angaben zu den Lizenzen finden Sie unter: www.creativecommons.org/licenses

Extrakarte
Jürgen Roß.

Umschlag
Vorderseite: Jürgen Roß.
Rückseite: Dorling Kindersley.
Buchrücken: Jürgen Roß.

Sprachführer Griechisch

Seit 1976 ist Neugriechisch (Standard Modern Greek) Amtssprache in Griechenland. Zwei Sprachformen, die Volkssprache (Dimotiki) und die ans Altgriechische angelehnte Hochsprache (Katharevousa), hatten darauf Einfluss. Es gibt kein einheitliches System, Neugriechisch in lateinischer Schrift darzustellen. Die deutsche Transkription der Orte dieses Reiseführers orientiert sich an der Amtssprache und verwendet keine Akzente. Rechnen Sie damit, dass Sie teilweise andere Schreibweisen vorfinden, etwa Hania statt Chania oder Plateia statt Platia.

Ausspracheregeln

Der Akzent in griechischen Wörtern zeigt an, welche Silbe betont wird. In der rechten Aussprache-Spalte wird die betonte Silbe durch einen fett gedruckten Buchstaben angezeigt.

Das griechische Alphabet

A α	A a	**A**rm
B β	V v	**W**o
Γ γ	G g	**j**a (folgt danach ein e oder i), **n**ein (folgt ein í oder γ)
Δ δ	D d	**th** wie im Englischen
Ε ε	E e	**E**i
Ζ ζ	Z z	**s**o
Η η	I i	**I**gel
Θ θ	Th th	**th** wie im Englischen
Ι ι	I i	**I**gel
Κ κ	K k	**K**ind
Λ λ	L l	**L**and
Μ μ	M m	**M**ann
Ν ν	N n	**n**ein
Ξ ξ	X x	Ta**x**i
Ο ο	O o	**O**chse
Π π	P p	**P**artei
Ρ ρ	R r	**R**aum
Σ σ	S s	sü**ß** (Sonne, wenn danach ein μ folgt)
ς	s	wenn am Wortende
Τ τ	T t	**T**ee
Υ υ	Y y	**I**gel
Φ φ	F f	**F**isch
Χ χ	Ch ch	Lo**ch**, aber **hier**, wenn danach ein a, e oder i-Laut folgt
Ψ ψ	Ps ps	Ma**pp**e
Ω ω	O o	**O**chse

Buchstabenkombinationen

Im Griechischen gibt es Kombinationen von zwei Vokalen, die wie ein Laut ausgesprochen werden:

Αι αι	Ai ai	**E**i
Ει ει	Ei ei	**I**gel
Οι οι	Oi oi	**I**gel
Ου ου	Ou ou	Fl**u**t

Es gibt ebenso Kombinationen von zwei Konsonanten, die wie ein Laut ausgesprochen werden:

Μπ μπ	Mp mp	**B**all, manchmal Lam**p**e in der Wortmitte
Ντ ντ	Nt nt	**D**ach, manchmal Hun**d** in der Wortmitte
Γκ γκ	Gk gk	**G**rill, manchmal Ha**ng** in der Wortmitte
Γξ γξ	nx	A**n**gst
Τζ τζ	Tz tz	Hi**tz**e (hart)
Τσ τσ	Ts ts	Hi**tz**e (weich)
Γγ γγ	Gg gg	Ha**ng**

Notfälle

Hilfe!	**Βοήθεια!**	Voitheia!
Halt!	**Σταματήστε!**	Stamatiste!
Rufen Sie … einen Arzt!	**Φωνάξτε ένα γιατρό!**	Fonaxte ena giatro!
… einen Krankenwagen/ die Polizei/ die Feuerwehr	**Καλέστε το ασθενοφόρο/την αστυνομία/την πυροσβεστική**	Kaleste to asthenoforo/tin astynomia/tin pyrosvestiki
Wo ist das nächste Telefon/ Krankenhaus/ Apotheke?	**Πού είναι το πλησιέστερο τήλεφωνο/ νοσοκομείο/ φαρμακείο?**	Pou einai to plisiestero tilefono/ nosokomeio/ farmakeio?

Grundwortschatz

Ja	**Ναι**	Nai
Nein	**Οχι**	Ochi
Bitte.	**Παρακαλώ.**	Parakalo.
Danke.	**Ευχαριστώ.**	Efcharisto.
Entschuldigung.	**Με συγχωρείτε.**	Me synchoreite.
Auf Wiedersehen.	**Αντίο.**	Antio.
Guten Morgen.	**Καλημέρα.**	Kalimera.
Gute Nacht.	**Καληνύχτα.**	Kalinychta.
gestern	**Χθές**	Chthes
heute	**Σήμερα**	Simera
morgen	**Αύριο**	Avrio
hier	**Εδώ**	Edo
dort	**Εκεί**	Ekei
Was?	**Τί?**	Ti?
Warum?	**Γιατί?**	Giati?
Wo?	**Πού?**	Pou?
Wie?	**Πς?**	Pos?

Nützliche Redewendungen

Wie geht's?	**Τί κάνεις?**	Ti kaneis?
Danke, gut.	**Πολύ καλά, ευχαριστώ.**	Poly kala, efcharisto.
Wie ist Ihr Name?	**Πς λέγεστε?**	Pos legeste?
Wo ist/ sind …?	**Πού είναι?**	Pou einai?
Sprechen Sie Englisch?	**Μιλάτε Αγγλικά?**	Milate Anglika?

| Ich verstehe nicht. | **Δεν καταλαβαίνω.** | Den katalavaino. |
| Könnten Sie langsamer sprechen? | **Μιλάτε λίγο πιο αργά παρακαλώ?** | Milate ligo pio arga parakalo? |

Nützliche Wörter

groß	**Μεγάλο**	Megalo
klein	**Μικρό**	Mikro
heiß	**Ζεστό**	Zesto
kalt	**Κρύο**	Kryo
gut	**Καλό**	Kalo
schlecht	**Κακό**	Kako
geöffnet	**Ανοιχτά**	Anoichta
geschlossen	**Κλειστά**	Kleistá
links	**Αριστερά**	Aristera
rechts	**Δεξιά**	Dexia
geradeaus	**Ευθεία**	Eftheía
nah	**Κοντά**	Konta
weit	**Μακριά**	Makria
früh	**Νωρίς**	Noris
spät	**Αργά**	Arga
Eingang	**Η είσοδος**	I eisodos
Ausgang	**Η έξοδος**	I exodos
Toilette	**Οι τουαλέτες /WC**	Oi toualetes
besetzt	**Κατειλημμένη**	Kateilimeni
nicht besetzt/ frei	**Ελεύθερη**	Eleftheri

Shopping

Wie viel kostet das?	**Πόσο κάνει?**	Poso kanei?
Ich hätte gern …	**Θα ήθελα …**	Tha ithela …
Nehmen Sie Kreditkarten?	**Δέχεστε πιστωτικές κάρτες?**	Decheste pistotikes kartes?
Wann öffnen/ schließen Sie?	**Ποτέ ανοίγετε/ κλείνετε?**	Pote anoigete/ kleinete?
teuer	**Ακριβό**	Akrivo
preiswert	**Φθηνό**	Fthino
Größe	**Το μέγεθος**	To megethos
weiß	**Λευκό**	Lefko
schwarz	**Μαύρο**	Mavro
rot	**Κόκκινο**	Kokkino
gelb	**Κίτρινο**	Kitrino
grün	**Πράσινο**	Prasino
blau	**Μπλε**	Mple
Apotheke	**Το φαρμακείο**	To farmakeio

Bank	**Η τράπεζα**	I trapeza
Friseur	**Το κομμωτήριο**	To kommotirio
Kiosk	**Το περίπτερο**	To periptero
Post	**Το ταχυδρομείο**	To tachydromeio
Supermarkt	**Σουπερμάρκετ/ Υπεραγορά**	»Supermarket«/ Yperagora

Sehenswürdigkeiten

Auskunft	**Ο ΕΟΤ**	O EOT
Touristenpolizei	**Η τουριστική αστυνομία**	I touristiki astynomia
Strand	**Η παραλία**	I paralia
Höhle	**Το σπήλαιο**	To spilaio
Kirche	**Η εκκλησία**	I ekklisia
Insel	**Το νησί**	To nisi
Kloster	**Μονή**	moni
Berg	**Το βουνό**	To vouno
Museum	**Το μουσείο**	To mouseio
Schlucht	**Το φαράγγι**	To farangi

Transport

Wann fährt … ab?	**Πότε φεύγει το …?**	Pote fevgei to …?
Wo ist die nächste Bushaltestelle?	**Πού είναι η στάση του λεωφορείου?**	Pou einai i stasi tou leoforeiou?
Busticket	**Εισιτήριο λεωφορείου**	Eisitirio leoforeiou
Hafen	**Το λιμάνι**	To limani
Taxi	**Το ταξί**	To taxi
Flughafen	**Το αεροδρόμιο**	To aerodromio
Fähre	**Το φερυμπότ**	To »ferry-boat«

Im Hotel

Haben Sie ein freies Zimmer?	**Εχετε δωμάτια?**	Echete domatia?
Doppelzimmer	**Δίκλινο με μονά κρεβάτια**	Diklino me moná krevátia
Einzelzimmer	**Μονόκλινο**	Monoklino
Zimmer mit Bad	**Δωμάτιο με μπάνιο**	Domatio me mpanio
Schlüssel	**Το κλειδί**	To kleidi
Ich habe reserviert.	**Εχω κάνει κράτηση.**	Echo kanei kratisi.
Zimmer mit Meerblick/ Balkon	**Δωμάτιο με θέα στη θάλασσα/ μπαλκόνι**	Domatio me thea sti thalassa/ mpalkoni
Gilt der Preis inklusive Frühstück?	**Το πρωινό συμπεριλαμβάνεται στην τιμή?**	To proino symperilamvanetai stin timi?

Im Restaurant

Haben Sie einen Tisch frei?	**Εχετε τραπέζι;**	Echete trapezi?
Ich möchte einen Tisch reservieren.	**Θέλω να κρατήσω ένα τραπέζι.**	Thelo na kratiso ena trapezi.
Die Rechnung bitte.	**Τον λογαριασμό, παρακαλώ.**	Ton logariazmó parakalo.
Ich bin Vegetarier.	**Είμαι χορτοφάγος.**	Eimai chortofagos.
Speisekarte	**Ο κατάλογος**	O katalogos
Glas	**Το ποτήρι**	To potiri
Flasche	**Το μπουκάλι**	To mpoukali
Messer	**Το μαχαίρι**	To machaíri
Gabel	**Το πηρούνι**	To pirouni
Löffel	**Το κουτάλι**	To koutali
Frühstück	**Το πρωινό**	To proino
Mittagessen	**Το μεσημεριανό**	To mesimeriano
Abendessen	**Το δείπνο**	To deipno
Hauptgericht	**Το κυρίως γεύμα**	To kyrios gevma
Vorspeise	**Τα ορεκτικά**	Ta orektika
Nachtisch	**Το γλυκό**	To glyko
Café	**Το καφενείο**	To kafeneio
Fischrestaurant	**Η ψαροταβέρνα**	I psarotaverna
Grillrestaurant	**Η ψησταριά**	I psistaria
Weinhändler	**Το οινοπωλείο**	To oinopoleio
Ouzeri	**Το ουζερί**	To ouzeri

Speisen und Getränke

Kaffee	**Ο καφές**	O Kafes
mit Milch	**με γάλα**	me gala
mit Zucker	**χωρίς ζάχαρη**	choris zachari
nicht so süß	**μέτριος**	metrios
Tee	**τσάι**	tsai
Wein	**κρασί**	krasi
rot	**κόκκινο**	kokkino
weiß	**λευκό**	lefko
Wasser	**Το νερό**	To nero
Tintenfisch	**Το χταπόδι**	To chtapodi
Fisch	**Το ψάρι**	To psari
Käse	**Το τυρί**	To tyri
Brot	**Το ψωμί**	To psomi

Zahlen

1	**ένα**	ena
2	**δύο**	dyo
3	**τρία**	tria
4	**τέσσερα**	tessera
5	**πέντε**	pente
6	**έξι**	exi
7	**επτά**	epta
8	**οχτώ**	ochto
9	**εννέα**	ennea
10	**δέκα**	deka
11	**έντεκα**	enteka
12	**δώδεκα**	dodeka
20	**είκοσι**	eikosi
30	**τριάντα**	trianta
40	**σαράντα**	sararanta
50	**πενήντα**	peninta
60	**εξήντα**	exinta
70	**εβδομήντα**	evdominta
80	**ογδόντα**	ogdonta
90	**ενενήντα**	eneninta
100	**εκατό**	ekato
1000	**χίλια**	chilia

Zeit

eine Minute	**ένα λεπτό**	ena lepto
eine Stunde	**μία ώρα**	mia ora
ein Tag	**μία μέρα**	mia mera
eine Woche	**μία εβδομάδα**	mia evdomada
ein Monat	**ένας μήνας**	enas minas
ein Jahr	**ένας χρόνος**	enas chronos
Montag	**Δευτέρα**	Deftera
Dienstag	**Τρίτη**	Triti
Mittwoch	**Τετάρτη**	Tetarti
Donnerstag	**Πέμπτη**	Pempti
Freitag	**Παρασκευή**	Paraskevi
Samstag	**Σάββατο**	Savvato
Sonntag	**Κυριακή**	Kyriaki
Januar	**Ιανουάριος**	Ianouarios
Februar	**Φεβρουάριος**	Fevrouarios
März	**Μάρτιος**	Martios
April	**Απρίλιος**	Aprilios
Mai	**Μάιος**	Maios
Juni	**Ιούνιος**	Iounios
Juli	**Ιούλιος**	Ioulios
August	**Αύγουστος**	Avgoustos
September	**Σεπτέμβριος**	Septemvrios
Oktober	**Οκτώβριος**	Oktovrios
November	**Νοέμβριος**	Noemvrios
Dezember	**Δεκέμβριος**	Dekemvrios

Kreta in Literatur und Film

Literatur

Die Blütezeit der kretischen Literatur begann Ende des 16. Jahrhunderts unter dem Einfluss der italienischen Renaissance. Zu den bedeutendsten Dichtern jener Epoche gehören Georgios Chortatzis (1545–1610) und Vitsentzos Kornaros (1553–1614). Der bekannteste und meistgelesene Schriftsteller der Insel ist allerdings Nikos Kazantzakis (1883–1957). Im deutschsprachigen Raum wurde er vor allem durch seinen Roman *Alexis Sorbas* (1946) berühmt. Bis heute ist Kreta als Schauplatz für Romane und Krimis beliebt.

Bedeutende Schriftsteller

Georgios Chortatzis (1545–1610): Seine oft inszenierte Tragödie *Erofili* spielt in Ägypten.

Vitsentzos Kornaros (1553–1614): Kornaros' romantisches Epos *Erotokritos* erzählt in 10 012 Versen die Liebesgeschichte von Erotokritos und Aretousa.

Nikos Kazantzakis (1883–1957): Kazantzakis' berühmter Schelmenroman *Alexis Sorbas* von 1946 handelt von der schicksalhaften Begegnung des intellektuellen Ich-Erzählers mit dem Freigeist Alexis Sorbas auf Kreta.

Odysseas Elytis (1911–1996): Der in Iraklio geborene Poet erhielt für seine Dichtungen, darunter der von Mikis Theodorakis teils vertonte Gedichtband *Gepriesen sei (To axion esti)* von 1959, 1979 den Literaturnobelpreis.

Ioanna Karystiani (*1952): Der Roman *Die Frauen von Andros* (2003) der in Chania geborenen Schriftstellerin erzählt vom Schicksal zweier Schwestern auf der Insel Andros. 2013 wurde er von ihrem Ehemann Pantelis Voulgaris erfolgreich verfilmt.

Allgemeine Porträts

Eberhard Rondholz: *Griechenland. Ein Länderporträt* (2011) ist eine differenzierte und umfassende Darstellung Griechenlands.

Ulf-Dieter Klemm und Wolfgang Schultheiß: In ihrem Sammelband *Die Krise in Griechenland: Ursprünge, Verlauf, Folgen* (2015) bieten internationale Autoren aus unterschiedlichen Fachrichtungen Erklärungsansätze für die griechische Krise.

Geschichte und Kultur

Gustav Schwab: In *Die schönsten Sagen des klassischen Altertums* (1838) sind in drei Bänden die Sagen der griechischen und römischen Antike versammelt.

Stanley Moss: In *I'll Met by Moonlight* (1957) dokumentiert der britische Journalist und ehemalige Offizier, wie der deutsche General Heinrich Kreipe im Zweiten Weltkrieg von kretischen Widerstandskämpfern und britischen Spezialkräften bei Archanes gefangen genommen wurde.

Theocharis E. Detorakis: *Geschichte von Kreta* (1997) ist eine umfangreiche historische Darstellung der Inselgeschichte.

Lesley Fitton: *Die Minoer* (2004) zeichnet ein ausführliches Bild der minoischen Kultur.

Pavlos Tzermias: *Eleftherios Venizelos' historische Leistung* (2004) beschreibt den Weg des griechischen Politikers zu Weltruhm.

Tilmann Bechert: *Kreta in römischer Zeit* (2011) ist der erste Bildband über eine weitgehend unbekannte Epoche.

Romane und Krimis

Pandelis Prevelakis: *Die Chronik einer Stadt* (1938, dt. 1981) beschreibt Rethymno Anfang des 20. Jahrhunderts. Bekannt wurde sie durch die innovative Darstellung: In der »Mythistorie« vermischen sich historische Darstellung und mythische Beschreibungen.

Rhea Galanaki: *Das Leben des Ismail Ferik Pascha* (2001) erzählt die wahre Geschichte zweier Brüder, die sich im 19. Jahrhundert als Antagonisten im kretischen Widerstandskampf als Feinde gegenüberstehen.

Klaus Eckhardt: *Tote trinken keinen Raki* (2002) ist der erste Band der bekannten auf Kreta spielenden Kriminalromanreihe um den Privatdetektiv Jak Anatolis.

Victoria Hislop: *Die Insel der Vergessenen* (2006) handelt von einer Frau, die die Vergangenheit ihrer Familie in der Leprakolonie auf Spinalonga erforscht.

Jürgen Bosch: *Melambés oder Die Frau vom Strand* (2008) ist ein Liebes- und Kriminalroman über den Rechtsanwalt Max Bauer, der den Auftrag bekommt, eine verschwundene Frau zu finden.

Stephan Kinkele: *Aphrodites Vermächtnis* (2012) befasst sich mit dem beginnenden Aufstand der Griechen gegen die osmanische Herrschaft in den 1820er Jahren.

Petros Markaris: *Zurück auf Start* (2015) ist ein Kriminalroman mit Kommissar Kostas Charitos, der auch durch den Alltag des Krisenlandes Griechenland führt – Fiktion und Realität in Zeiten der Finanzkrise.

Kinder- und Jugendbücher

Eleni Doundoulaki-Oustamanolaki: *Märchen von Mund zu Mund: Wie sie in Kreta die Alten den Jungen erzählen* (1996) ist eine Sammlung traditioneller Märchen aus der Region um den legendären Berg Juchtas.

Dimiter Inkiow: *Die spannendsten griechischen Sagen* (2007) ist ein Vorlesebuch für Kinder ab ca. fünf Jahren.

Filme

Kreta war Drehort für ganz unterschiedliche Filme. Mit Abstand am berühmtesten ist die Verfilmung von Nikos Kazantzakis' Roman *Alexis Sorbas*. Der Kassenschlager wurde 1965 mit drei Oscars ausgezeichnet und für den Golden Globe, den British Film Academy Award und den United Nations Award nominiert.

Der Millionenschatz oder The Moon-Spinners (1964): Verfilmung des gleichnamigen Buchs von Mary Stewart. Der Film handelt von der ungewollten Verwicklung der jungen Britin Nikki Ferris in einen Juwelenraub auf Kreta.

Eleni (1985): Verfilmung des gleichnamigen autobiografischen Buchs von Nicholas Gage. Der Film erzählt die Geschichte seiner aufopferungsvollen Mutter während des griechischen Bürgerkriegs in den 1940er Jahren.

Als die Deutschen vom Himmel fielen (2008): Olga Schells Film befasst sich mit dem Widerstand der kretischen Bevölkerung gegen die deutschen Truppen, die im Mai 1941 die Mittelmeerinsel angriffen.

Highway to Hellas (2015): In Aron Lehmanns Komödie zur Schuldenkrise spielt Christoph Maria Herbst die Hauptrolle.

VIS-À-VIS-REISEFÜHRER

Ägypten • Alaska • Amsterdam • Apulien • Argentinien
Australien • Bali & Lombok • Baltikum • Barcelona &
Katalonien • Beijing & Shanghai • Belgien & Luxemburg
Berlin • Bodensee • Bologna & Emilia-Romagna
Brasilien • Bretagne • Brüssel • Budapest • Chicago
Chile • China • Costa Rica • Dänemark • Danzig
Delhi, Agra & Jaipur • Deutschland • Dresden
Dublin • Florenz & Toskana • Florida
Frankreich • Gardasee • Gran Canaria
Griechenland • Großbritannien • Hamburg
Hawaii • Indien • Irland • Istanbul • Italien • Italienische
Riviera • Japan • Jerusalem • Kalifornien • Kambodscha & Laos
Kanada • Karibik • Kenia • Korsika • Krakau • Kreta • Kroatien
Kuba • Las Vegas • Lissabon • Loire-Tal • London • Madrid • Mailand
Malaysia & Singapur • Mallorca • Marokko • Mexiko • Moskau
München & Südbayern • Myanmar • Neapel • Neuengland • Neuseeland
New Orleans • New York • Niederlande • Nordspanien • Norwegen
Österreich • Paris • Peru • Polen • Portugal • Prag • Provence & Côte d'Azur
Rom • San Francisco • St. Petersburg • Sardinien • Schottland
Schweden • Schweiz • Sevilla & Andalusien • Sizilien • Slowenien
Spanien • Sri Lanka • Stockholm • Straßburg & Elsass • Südafrika
Südtirol & Trentino • Südwestfrankreich • Teneriffa
Thailand • Thailand – Strände & Inseln • Tokyo
Tschechien & Slowakei • Türkei • Umbrien •
USA • USA Nordwesten & Vancouver • USA Südwesten &
Las Vegas • Venedig & Veneto • Vietnam & Angkor
Washington, DC • Wien • Zypern

www.dorlingkindersley.de

Fährverbindungen

ALBANIEN

Venedig

GRIECHENLAND

Kerkyra
(Korfu Stadt)
Korfu
Igoumenitsa
Lefkimmi
Parga
Paxos
Volos
Skiathos
Glifa
Agiokampos
SPOR
IONISCHE
INSELN
Lefkada
Nydri
Vasiliki
Agios Konstantinos
Atokos
Fiskardo
Vathy
Ithaka
Kefalonia
Argostoli
Sami
Skala Oropou
Poros
Lourdata
Patra
Agios
Nikolaos
Kyllini
ATH
(ATH
Salamis
Piräa
Zakynthos
Stadt
Zakynthos
Angistri
Ägina
Methana
Poros
Ermioni
Spetses
Hydra
Leonidi
Spetses
Hydra
ARGO-
SARONISCHE
INSELN
Kalamata
Gythio
Monemvasia
Neapoli
Agia Pelagia
Kythira
Potamos
Andikythira
Kastelli
Kissamou
Paleochora

Fährverbindungen von und nach Kreta

Die Insel Kreta ist ganzjährig mit Fähren zu erreichen. Es gibt tägliche Verbindungen zwischen Piräus und Städten auf dem Peloponnes mit Iraklio, Chania, Kastelli Kissamou und Rethymno auf Kreta.

Zusätzlich verkehren regelmäßig Fähren zwischen Kreta und den umliegenden Inseln der Kykladen, Karpathos oder Kythira. Alle dodekanischen und nordostägäischen Inseln sind ebenfalls mit Umsteigemöglichkeiten über dritte Inseln zu erreichen.

Die vorliegende Karte zeigt die griechischen Fährverbindungen in der Hochsaison. Die Routen und Abfahrtszeiten variieren je nach Jahreszeit. Aktuelle Informationen zu Fährverbindungen gibt es bei den griechischen Touristeninformationszentren oder direkt bei den Fähranbietern.

Infobox

Greek Travel Pages
☎ +30 21032 47511.
🌐 gtp.gr

Visit Greece
☎ +30 21033 10529.
🌐 visitgreece.gr

Minoan Lines
☎ +30 28103 99899.
🌐 minoan.gr

ANEK Lines
☎ +30 21041 97400.
🌐 anek.gr